ESCUELA DE CHEFS

ESCUELA DE CHEFS

TÉCNICAS PASO A PASO PARA LA PRÁCTICA CULINARIA

BLUME

JOANNA FARROW

Título original:
Chef School

Editores:
Nicola Hill
Lisa John
Penny Stock

Diseño:
Miranda Harvey

Traducción:
Margarita Gutiérrez Manuel

Revisión técnica de la edición en lengua española:
Ana María Pérez Martínez
Especialista en temas culinarios

Coordinación de la edición en lengua española:
Cristina Rodríguez Fischer

Primera edición en lengua española 2009

Av. Mare de Déu de Lorda, 20
08034 Barcelona
Tel. 93 205 40 00 Fax 93 205 14 41
e-mail: info@blume.net

I.S.B.N.: 978-84-8076-852-8

Impreso en China

WWW.BLUME.NET

El horno debe precalentarse a la temperatura especificada. Si utiliza un horno con ventilación asistida, asegúrese de seguir las instrucciones del fabricante. Las parrillas también deben precalentarse.

Este libro incluye recetas hechas con nueces o derivados de ellas. Resulta recomendable para todos los alérgicos a las nueces y sus derivados, y a todos aquellos potencialmente vulnerables a ese tipo de alergias (mujeres embarazadas, madres en período de lactancia, minusválidos, ancianos, bebés y niños), que eviten los platos preparados con nueces o con aceites elaborados a partir de ellos. Como medida preventiva, es aconsejable comprobar las etiquetas de los ingredientes preparados por su posible contenido de derivados de nueces.

Las autoridades sanitarias aconsejan no tomar huevos crudos. Este libro incluye algunas recetas preparadas con huevos crudos o ligeramente cocidos. Aconsejamos a la población más vulnerable (mujeres embarazadas, madres en período de lactancia, minusválidos, ancianos, bebés y niños) que se abstenga de consumir platos preparados con huevos crudos o sólo ligeramente cocidos.

El pollo debe consumirse cocinado a fondo. Para comprobar que el pollo está bien hecho, pinche una parte gruesa de la pieza del ave con un tenedor o cuchillo: los jugos de cocción deben salir transparentes y no de color rosado ni rojo.

CONTENIDO

UTENSILIOS

Las siguientes páginas describen utensilios especializados distintos a los habituales. Vale la pena invertir en un equipo duradero de calidad, ya que le durará muchos años y le dará mejores resultados. Los cuchillos son la parte más esencial del equipo de cocina y deben guardarse envueltos, en un bloque o en una tira metálica. No los guarde sueltos en un cajón, ya que las hojas pueden estropearse, además de constituir un peligro. Muchos utensilios se emplean para tipos específicos de cocción, por ejemplo, para preparar pasta casera o para trabajar con chocolate o con las técnicas pasteleras. Facilitan la ejecución de los diferentes pasos, pero no son esenciales.

CUCHILLOS

Cuchillo de cocinero
Este cuchillo multiusos se presenta en diferentes tamaños, entre 7 y 25 cm. Puesto que se utiliza constantemente, es preferible disponer de dos o tres tamaños.

Cuchillo mondador
Cuchillo pequeño para preparar frutas y hortalizas.

Cuchillo mondador curvado
Cuchillo pequeño de hoja curvada, útil para pulir hortalizas y conferirles formas redondeadas.

Cuchillo para deshuesar
Cuchillo de hoja fina para deshuesar y preparar carne y aves (*véanse* págs. 40-79). La punta curvada se ha diseñado para alcanzar zonas intrincadas de las piezas.

Cuchillo para filetear
Cuchillo de hoja fina flexible para separar la carne del pescado de las espinas (*véanse* págs. 84-87).

Cuchillo paleta
Cuchillo de hoja flexible de extremo redondeado para extender cremas y glaseados (*véanse* págs. 223-225). Está también indicado para dar la vuelta a las *crêpes* y otros alimentos fritos, así como para levantar porciones de pasteles y pan. Disponible en diferentes tamaños.

Cuchillo de sierra
Útil para cortar de manera limpia alimentos como los bizcochos. Un cuchillo de sierra pequeño es útil para preparar cítricos (*véase* pág. 139).

Cuchillo y tenedor trinchante
A menudo se venden juntos. El conjunto consta de un cuchillo de hoja larga y un tenedor de dos dientes con una guarda situada entre la hoja y el mango.

Medialuna
Cuchillo de hoja semicircular con un mango a cada extremo, diseñado para picar hierbas.

Abridor de ostras
Cuchillo de hoja fuerte y puntiaguda con una guarda protectora entre la hoja y el mango, que se utiliza para abrir ostras (*véase* pág. 101).

CUCHILLO PALETA Y TENEDOR PARA CHOCOLATE

Cuchillo para pomelos
Cuchillo flexible de hoja serrada y punta curvada que se emplea para segmentar pomelos y otros cítricos (*véase* pág. 139).

Chaira
Es el afilador de cuchillos más profesional. Una chaira de calidad dura muchos años y no estropea las hojas de los cuchillos como otros afiladores.

OTROS UTENSILIOS PEQUEÑOS

Descorazonador de manzanas
Elija un descorazonador con un extremo afilado para cortar el corazón de manera limpia (*véase* pág. 141).

Acanalador de cítricos
Pequeña herramienta con una base afilada que corta en tiras finas la corteza de los cítricos o que se emplea para decorarla (*véase* pág. 139).

Rallador de cítricos
Esta herramienta tiene una hilera de agujeros, cada una con un borde afilado, que separa tiras delicadas de la corteza curvada de los cítricos (*véase* pág. 139).

Vaciador de melón
Disponible en varios tamaños, entre 1 y 3 cm, se utiliza para formar bolas decorativas con la carne de melones y otras frutas y hortalizas carnosas.

Tijeras de cocina
Útiles para cortar hierbas y cordel para bridar un ave y pulir carnes y pescados.

Tijeras para aves
Disponibles en varios estilos, tienen una hoja serrada. Se utilizan para cortar los huesos y cartílagos de las aves (*véase* pág. 66).

Cascador para marisco
Para abrir cuerpos de bogavante y patas de cangrejo. Para cascar las pinzas es preferible utilizar un martillo (*véanse* págs. 96-99).

Pinza para mariscos
Se utiliza para retirar la carne de las langostas y bogavantes, así como para extraer la carne de las pinzas y las patas (*véase* pág. 99).

Descamador de pescado
Utensilio ideal para retirar las escamas del pescado (*véase* pág. 83). También puede utilizar un cuchillo de hoja gruesa o el filo de un cuchillo afilado.

Aguja para mechar
Utensilio pequeño y puntiagudo que agarra tiras de grasa por su extremo grueso para insertarlas a través de la carne (*véase* pág. 44).

Aguja para bridar
Aguja grande metálica que se emplea para bridar carnes y aves (*véanse* págs. 72-73).

Pinzas para pescado
Pinzas fuertes para retirar las espinas del pescado (*véase* a la derecha y pág. 89). También puede emplear unas pinzas normales.

Prensaajos
Para prensar el ajo finamente; disponible en varias formas y tamaños (*véase* pág. 112).

Deshuesador de cerezas
Pequeño utensilio con una punta metálica ideado para deshuesar cerezas (*véase* pág. 141). También puede emplearse para deshuesar aceitunas.

Rueda para pasta
La rueda tiene un borde liso u ondulado para cortar cintas de pasta (*véanse* págs. 176 y 180); también sirve para cortar formas de pasta rellenas (*véanse* págs. 180-181). Asimismo, se comercializa un cortador de rueda con una banda perforada a cada lado de la hoja, que corta las cintas formando unos bordes ondulados (*véase* pág. 177).

Cortador de pastas de diferentes anchos
Existen unos cortadores con una hilera de siete ruedas para poder cortar seis cintas de pasta a la vez. Esta herramienta tiene un mango ajustable para que las ruedas puedan colocarse a diferentes anchuras para poder cortar cintas finas y anchas (*véase* pág. 177).

Cortador para raviolis
Tienen forma redonda o cuadrada y pueden ser de bordes lisos o acanalados. Llevan un mango de madera para poder facilitar la presión. Utilícelos para cortar pasta rellena, como raviolis o tortellinis (*véanse* págs. 180-181). En su lugar puede emplear pequeños cortadores metálicos o plásticos.

CORTADOR DE PASTAS DE DIFERENTES ANCHOS

PINZAS PARA PESCADO

PINCELES Y BROCHAS PARA PASTELERÍA

Estampador de mantequilla
Los estampadores de mantequilla de madera se empleaban tradicionalmente para modelar mantequilla en forma de bloques o bolas. Pueden ser lisos o con incisiones. Estos últimos son ideales para preparar formas de pasta *garganelli* (*véase* pág. 178).

Cuchara para sacar bolas de helado
Está disponible en diferentes tamaños. Aunque la mayoría son redondas, algunas forman óvalos.

Pinceles y brochas para pastelería
Las brochas de pastelería se utilizan para glasear panes y pastas (*véase* pág. 211), mientras que los pinceles más pequeños se emplean para glasear frutas y pétalos con azúcar o pastas (*véase* pág. 193).

Tenedor para bañar chocolate
Se trata de un tenedor de tres dientes bien espaciados para que el chocolate derretido pueda caer limpiamente sobre el cuenco.

CACEROLAS

Freidora
Cacerola grande y pesada, con un cesto interior para sacar patatas fritas u otros alimentos una vez cocidos (*véase* pág. 127).

Cacerola refractaria
Una cacerola refractaria sirve tanto para cocinar sobre el fuego como en el horno y es ideal para guisos y cazuelas. Ahorra tiempo al evitar transferir ingredientes de un recipiente a otro una vez se han dorado (*véase* pág. 53).

Besuguera
Recipiente largo y estrecho con una trébede interior para cocinar pescados enteros y troceados (*véase* pág. 94). Utilice una lo suficientemente grande para colocarla sobre dos quemadores.

Cacerola para pasta
Esta cacerola grande tiene un cesto perforado interior, fácil de levantar, que escurre la pasta (*véase* pág. 182). Sustituye a una cacerola grande y a un colador pesado.

Cacerola para espárragos
Recipiente alto con un cilindro interior perforado para que los espárragos puedan cocerse de pie y que las delicadas yemas puedan estar fuera del agua.

Sartén para *crêpes*
Sartén de fondo grueso y pesado ideal para preparar *crêpes* y tortitas (*véase* pág. 165). Su borde pequeño facilita el proceso de darles la vuelta y deslizarlas al plato una vez cocidas.

Parrilla
Placa plana de fondo grueso y de forma redonda o cuadrada que puede calentarse a elevadas temperaturas para cocinar *scones* (*véase* pág. 166), carnes, hamburguesas y broquetas.

Parrilla acanalada
Se emplea para cocinar piezas de carne o pescado, así como salchichas y broquetas; sus acanaladuras dejan unas atractivas marcas sobre los ingredientes (*véase* pág. 50).

CACEROLA PARA PASTA

Fuente para asar
Es aconsejable disponer de dos fuentes de fondo grueso para asar, una pequeña y otra grande. Para mantener los alimentos grasos elevados sobre la base también es aconsejable tener una rejilla.

Olla
Es útil para cocinar grandes cantidades de caldo (*véanse* págs. 16-19). También es adecuada cuando se ha de cocinar para muchas personas.

Baño María
Baño de agua en el cual fuentes, moldes o cuencos descansan sobre una fuente para asar en la que se ha vertido agua caliente, para cocinar en el horno (*véanse* págs. 240-241). La humedad evita que los alimentos se resequen con el calor del horno. También se entiende como baño María el proceso en el que un cuenco refractario descansa sobre una cacerola con agua dispuesta sobre el fuego.

Cacerola doble
Cacerola con otro recipiente interior que se emplea para preparar salsas delicadas

CACEROLAS

y mantenerlas calientes (*véase* pág. 26) y para derretir chocolate (*véase* pág. 246). La cacerola inferior contiene agua muy caliente y crea un calor suave para la cocción. Puede utilizar en su lugar un cuenco refractario dispuesto sobre una cacerola con agua caliente.

Salteadora
Sartén de paredes rectas y altas que ofrece suficiente espacio para poder mover los ingredientes, mediante el sacudido de la sartén a medida que éstos se saltean.

MOLDES PARA TARTAS

MOLDES

Placa para raviolis

Placa metálica seccionada con pequeñas cavidades de bordes dentados diseñada para preparar raviolis (*véase* pág. 180 y fotografía pág. 9). Para emplearla, forre la placa con una lámina de pasta muy fina y presione sobre las secciones. Reparta el relleno en el interior, extienda agua con un pincel sobre la parte de la pasta expuesta y cubra con una segunda lámina de pasta. Pase por encima el rodillo, para separar los cuadrados entre los bordes dentados.

Círculos para tartas

Círculos metálicos que descansan sobre una placa para hornear para preparar tartas (*véase* pág. 190). De diámetro y profundidad variables, pueden tener bordes lisos o acanalados.

Tarteras

Pueden tener paredes lisas o acanaladas y diferentes diámetros y profundidades (*véanse* págs. 190-191). Los moldes para tartas de fondo desmontable son muy útiles para este cometido.

Moldes para tartas

Disponibles en muchos tamaños y formas, algunos con fondos desmontables (*véanse* págs. 190-191).

Moldes metálicos para púdines

Estos moldes individuales tienen generalmente 175 ml de capacidad y son útiles para cocer al vapor preparaciones dulces y saladas, así como para cuajar postres con molde y helados (*véanse* págs. 240-241).

Tarteras hondas

Moldes ideales para preparar empanadas hondas (*véanse* págs. 202-203). Disponiblesen diferentes tamaños, a menudo tienen paredes cóncavas.

VAPORERAS

Vaporera de bambú

Vaporera asiática ideal para cocinar alimentos sobre un *wok* con agua hirviendo (*véase* pág. 133). También pueden colocarse sobre una sartén normal.

Vaporera plegable

Vaporera metálica perforada, de paredes plegables, que puede utilizarse en cacerolas normales. Ideal para cocinar al vapor pequeñas cantidades de hortalizas (*véase* pág. 133).

APARATOS ELÉCTRICOS

Freidora eléctrica
Las freidoras eléctricas con termostato son muy útiles para freír por inmersión (*véase* pág. 127).

Heladora eléctrica
Las mejores heladoras eléctricas llevan un compresor (*véanse* págs. 231 y 235). Las versiones pequeñas más económicas pueden introducirse en el interior del congelador.

Batidora eléctrica manual
Batidora de brazo largo y estrecho que puede sumergirse en ollas y cacerolas para preparar purés con las hortalizas y batir salsas y sopas (*véase* pág. 21). Muy eficaz y rápida, aunque no tan eficiente como un robot eléctrico si desea una consistencia muy homogénea.

CORTADORES Y RALLADORES

Rallador de nuez moscada
Se trata de un rallador en miniatura, con una cavidad para albergar una nuez moscada entera. También existen molinillos para nuez moscada parecidos a los de pimienta.

Mandolina
Herramienta con una hoja ajustable para cortar muy finas hortalizas como patatas, zanahorias y pepino (*véase* pág. 131). Lleva, por lo general, una guarda para proteger los dedos.

Máquina para pasta
Hay dos tipos de máquinas para pasta. La máquina eléctrica para pasta, más elaborada, que mezcla, amasa y extruye la pasta en varios tamaños. Es muy cara y necesita mucho espacio de almacenaje. Para la mayoría de las cocinas domésticas, una máquina para pasta manual para extender y cortar formas de pasta alargadas es ideal (*véase* pág. 176). Están fabricadas con acero inoxidable, por lo que son fáciles de limpiar, pero no deben sumergirse en agua.

MÁQUINA PARA PASTA

TERMÓMETROS

Termómetro para horno
Útil para comprobar la temperatura del horno en sus diferentes zonas.

Termómetro para azúcar
Facilita el proceso de cocinado del azúcar, por ejemplo, en la preparación de almíbares de azúcar y caramelo, en que se necesita un termómetro que lea con eficacia diferentes temperaturas para alcanzar distintas densidades de almíbar (*véanse* págs. 242-243).

Termómetro para carne
Útil para comprobar la temperatura interior de una carne o del pescado al asarse (*véase* pág. 46).

Termómetro para chocolate
Se utiliza para asegurarse de que el chocolate no se recaliente en su proceso de derretido (*véase* pág. 246).

OTROS UTENSILIOS

Pasapurés
Tamiz provisto de un mango y varias hojas que reduce a puré patatas y otros ingredientes, para convertirlos en salsa o pasta lisa (*véanse* págs. 36 y 124).

Prensapatatas
Utensilio manual, generalmente de acero inoxidable, que presiona patatas cocidas gracias a una base perforada para obtener un puré perfectamente liso y sin grumos (*véase* pág. 124). También es útil para preparar puré con hortalizas de raíz.

TERMÓMETRO PARA AZÚCAR

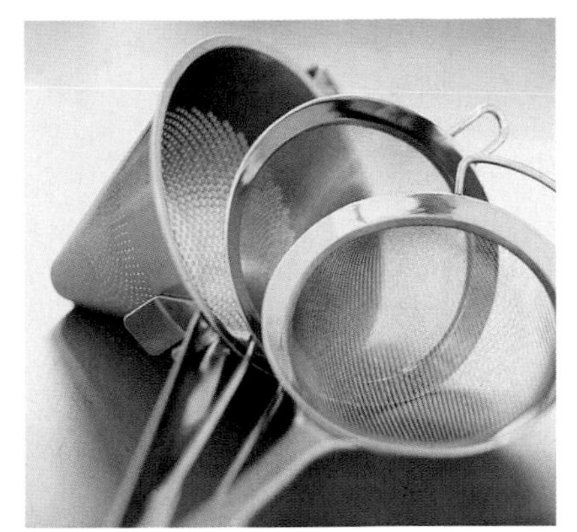

TAMICES

MOLDES

MANGAS PASTELERAS

Chino
Fabricado en malla metálica perforada, es ideal para filtrar líquidos y purés (*véase* pág. 16).

Anillos metálicos
Los anillos metálicos por lo general son de acero inoxidable y se presentan en diferentes tamaños, normalmente entre 6 y 9 cm de diámetro y entre 3 y 10 cm de altura. Se utilizan para modelar porciones individuales de patés y preparaciones a base de pescado y hortalizas, así como helados y *mousses*. Un conjunto de anillos es útil, pero uno solo puede emplearse para texturas firmes y retirarse una vez que los ingredientes se han compactado y mantienen su forma.

Moldes para bombas y helados
Los moldes metálicos para bombas son profundos con una base plana, o bien redondos para que el helado cuaje en forma de esfera (*véase* pág. 233). También hay disponibles moldes individuales. Como alternativa, utilice moldes pequeños para púdines.

Moldes individuales
Moldes pequeños y profundos para hornear bizcochos y congelar porciones individuales de helado (*véase* pág. 234). Indicados para preparar púdines de Yorkshire individuales (*véase* pág. 167).

Legumbres para hornear
Pequeñas cuentas metálicas o cerámicas conductoras del calor que se emplean para hornear a ciegas (*véase* pág. 191). Puede utilizar en su lugar legumbres secas y reservarlas sólo para este propósito.

Centrifugadora de ensaladas
Cuenco grande con un cestillo interior que se hace girar para escurrir las hojas de ensalada.

Rodillo de extremos finos
Un rodillo de madera largo de bordes finos es útil para extender pasta fresca (*véase* pág. 176). También puede utilizar un rodillo normal.

Servidor para pasta
Se utiliza para servir la pasta larga. Las cucharas dentadas atrapan la pasta y evitan que resbale de nuevo a la olla.

Secadero para pasta
Se utiliza para colgar la pasta casera con el fin de que se seque (*véase* pág. 178). Disponible en madera o plástico, consta de una serie de varillas que se disponen alrededor de una base.

Mangas pasteleras
Disponibles desde tamaños pequeños para la aplicación de glaseados hasta muy grandes para crema, purés de patata o merengue (*véanse* págs. 160-161). Para la pasta *choux* (*véase* pág. 199) y el merengue, elija una boquilla rizada o lisa entre 1 y 2,5 cm.

Manga pastelera
Para la aplicación de puré de patata (*véase* pág. 124), crema o merengue (*véanse* págs. 160-161), existen mangas lavables de nailon, mientras que las mangas desechables de papel son ideales para chocolate y glaseados (*véase* pág. 247). Es necesario cortar el extremo de la manga antes de utilizarla para poder ajustar la boquilla. Tenga cuidado de no cortar demasiado.

Espátulas
Espátulas flexibles de metal o plástico para extender la crema o los glaseados de las tartas (*véanse* págs. 224-225). También puede servir una espátula limpia y nueva de empapelar.

Papel sulfurizado reutilizable
Este papel puede emplearse para cubrir una placa de horno o puede recortarse con la forma de un molde de pastelería (*véanse* págs. 216-217). Es totalmente antiadherente y puede utilizarse una y otra vez.

Acetato
El acetato flexible de plástico se utiliza para trabajos decorativos con chocolate (*véanse* págs. 248-249). Disponible en papelería y otros proveedores.

Elaboración de una manga pastelera de papel
Corte un cuadrado de papel de horno de 25 cm. Dóblelo en diagonal por la mitad para obtener un triángulo. Corte el papel por la mitad sólo por un lado de la línea de pliegue. Sosteniendo un trozo con el borde más largo alejado de usted, enrolle la esquina del triángulo correspondiente a su lado derecho hasta alcanzar la esquina central para obtener un cono. Lleve la esquina de la izquierda por encima del cono, de manera que las tres esquinas se encuentren. Doble las esquinas varias veces para evitar que el cono se deshaga. Corte la punta e inserte una boquilla de manga pastelera si lo desea, o bien llene hasta la mitad la manga y corte la punta para poder trazar líneas.

CALDOS Y SALSAS

Al servir una carne tierna y jugosa, un suculento trozo de pescado o un plato de verduras frescas, es la salsa que lo acompaña, aunque sea simple, la que permite que el plato sea especial. La salsa debe complementar y realzar los alimentos a los que acompaña añadiéndoles sabor, color y textura sin enmascararlos. Puede ser tan sencilla como una reducción de los fondos de cocción, una infusión de aromas en mantequilla o una salsa más elaborada, espesada con ingredientes como huevo, harina, crema de leche o verduras trituradas.

Los caldos son esenciales para aromatizar algunas de estas salsas, así como fondos de cocción, sopas, guisos, estofados, empanadas y muchos otros platos. La elaboración de un buen caldo casero es muy fácil y, por regla general, se utilizan ingredientes que de otra manera se desecharían, como una carcasa de pollo o las espinas de pescado.

Todos los caldos pueden refrigerarse o congelarse cuando se preparan con antelación, de manera que no tenemos necesidad de ir al supermercado en el último momento. Si no tiene sobras de otros alimentos, con frecuencia el carnicero y el pescadero pueden ofrecerle huesos y recortes a un precio muy económico. El tiempo de cocción de un caldo varía considerablemente. Mientras que un caldo ligero de pescado puede elaborarse en menos de una hora, un caldo de ternera bien aromatizado precisa una cocción prolongada para extraer todos los aromas; un proceso reconfortante, que recompensa y que no implica ningún esfuerzo cuando prevemos estar varias horas en casa.

CALDOS DE BUEY Y DE TERNERA

Son los caldos más sabrosos y se utilizan para salsas, sopas, estofados y guisos. Los huesos de ternera contienen más gelatina que los de buey, lo que implica una buena textura y una mayor versatilidad para platos de pollo y de caza. Asimismo, un caldo de ternera espeso y gelatinoso puede usarse para sellar patés y empanadas. Los huesos previamente tostados producen un caldo más rico y oscuro que los crudos. Además, puede añadirse cualquier recorte de carne.

Para aproximadamente 1 litro

1,5 kg de huesos de buey o ternera
2 cebollas grandes, sin pelar y cortadas en cuartos
1 zanahoria grande picada gruesa
2 tallos de apio picados gruesos
unas hojas de laurel
tomillo y perejil
1 cucharadita de pimienta negra en grano

1 Tueste los huesos sobre una placa de hornear, con el horno precalentado a 200 °C, durante 30 minutos. Retire el exceso de grasa y ponga los huesos en una cacerola o una olla donde quepan holgadamente; añada los residuos de la placa.

2 Agregue el resto de los ingredientes y cubra con agua fría. Llévelo lentamente a ebullición y retire toda la espuma que suba a la superficie. Baje el fuego para que el caldo hierva lentamente y déjelo cocer sin tapar durante unas 4 horas. Cuélelo en una jarra con ayuda de un chino y déjelo enfriar.

1

VARIANTES

Para preparar un caldo de cordero, utilice huesos de cordero en lugar de los de buey o ternera. Úselo en guisos, estofados o sopas de cordero. Puede reducirse para añadirlo a una empanada de carne o una salsa de cordero.

Para elaborar un caldo de cerdo gelatinoso destinado a platos de cerdo o de ave, use huesos de cerdo en lugar de los de buey o ternera. Añada un par de pies de cerdo o manitas de ternera para asegurar la consistencia gelatinosa. Tueste los huesos en el horno durante 30 minutos.

Para preparar un caldo de jamón, trocee un hueso o un codillo de jamón e introdúzcalo en una cazuela con una cebolla pelada y troceada, un puerro, 2 tallos de apio y algunos clavos de olor. Cuézalo lentamente durante 2-3 horas antes de colarlo. Úselo como base para sopas que contengan judías, lentejas u otras legumbres secas. Cueza primero las legumbres en agua y después añádalas al caldo junto con hierbas y hortalizas; incluya patatas.

Almacenaje

El caldo debe refrigerarse una vez colado a través de un chino o un tamiz de malla ya frío. Los caldos de carne roja se conservan hasta una semana; los de cerdo y pollo, hasta tres días, y los de pescado y verduras sólo de un día para otro. Una vez refrigerado, puede eliminarse la grasa de la superficie con una cuchara. Para conservarlo más tiempo, congélelo en recipientes rígidos o bolsas de congelación fuertes. Se conservará 3-4 meses.

CALDO DE POLLO

Prepárelo con los restos de un pollo asado grande y de calidad, incluidos todos los recortes, menudillos y fondos de cocción de la placa de horno. Los huesos crudos del pollo pueden utilizarse para preparar un caldo más ligero, pero tuéstelos primero si desea un color más intenso y más sabor.

Para aproximadamente 1 litro

1 carcasa grande de pollo y todos los recortes o 500 g de huesos o alas crudos de pollo
1 cebolla sin pelar y picada gruesa
1 zanahoria grande picada gruesa
1 puerro picado grueso
varias hojas de laurel
1 cucharadita de pimienta blanca o negra en grano

1 Para tostar los huesos o alas crudos de pollo, colóquelos en una bandeja e introdúzcalos en el horno precalentado a 200 °C durante 30 minutos. Ponga los huesos de pollo y los restos en una cazuela u olla en la que quepan holgadamente.

2 Añada el resto de los ingredientes y cubra con agua fría.

3 Lleve el caldo lentamente a ebullición, y una vez alcanzada, baje el fuego para que hierva suavemente, sin tapar, durante 2 horas. Cuélelo sobre una jarra o cuenco y déjelo enfriar.

VARIANTE

Para elaborar un caldo de caza, sustituya los huesos y restos de pollo por los huesos de un ave de caza pequeña, como la paloma o la perdiz, de las que únicamente haya utilizado las pechugas (*véase* pág. 66), y añada los huesos de cualquier otra pieza de caza, ya sea de pelo o de pluma, para conseguir una cantidad suficiente. Añada una cucharadita de bayas de enebro y un puñado de hojas de tomillo para intensificar el sabor. El caldo de caza es ideal para los guisos y pasteles de caza de invierno.

Consejos para preparar caldos

No mezcle huesos diferentes, ya que los sabores serán confusos. La excepción la constituyen los huesos de buey y ternera, los de cerdo y ave o los de cerdo y ternera, los cuales tienen unos sabores más neutros, que se complementan entre sí. No añada nunca sal a un caldo, ya que más adelante puede necesitar reducirlo (y de esta manera quedará más salado) o aromatizarlo.

1

2

CALDO DE PESCADO

Para preparar este caldo, utilice las espinas y los restos de cualquier pescado blanco, incluidas la cabeza y la cola del lenguado, la platija, el bacalao, el merlango, la merluza, el rodaballo, el hipogloso o la pescadilla, pero evite los pescados azules, que aportarán un sabor demasiado fuerte que enmascarará otros aromas. También pueden usarse los desechos del marisco, como las cabezas y las cáscaras de gambas.

Para aproximadamente 900 ml

25 g de mantequilla
1 kg de espinas y restos de pescado blanco
1 cebolla pequeña o varias escalonias picadas gruesas
2 tallos de apio en rodajas
150 ml de vino blanco seco
varias ramas de perejil
varias rodajas de limón
1 cucharadita de pimienta blanca o negra en grano

1 Derrita la mantequilla en una cazuela grande hasta que burbujee. Añada las espinas y los restos de pescado y sofríalos ligeramente, hasta que la carne se haya blanqueado, pero no tostado.

2 Añada el resto de los ingredientes y cúbralos con agua fría.

3 Lleve el caldo a ebullición y retire la espuma que ascienda a la superficie. Baje el fuego, de manera que el caldo hierva lentamente y cuézalo sin tapar durante 30-40 minutos. Cuélelo sobre una jarra o un cuenco y déjelo enfriar.

VARIANTE

Para preparar un caldo corto, un caldo más ligero utilizado para la cocción de pescados enteros o trozos de pescado, a los cuales aporta jugosidad y sabor, ponga en una cazuela una cebolla, 2 zanahorias, 2 tallos de apio (todo troceado), varias hojas de laurel y ramas de perejil, 3 cucharaditas de vinagre de vino blanco, 1 cucharadita de pimienta blanca o negra en grano, 2 rodajas de limón, 1 cucharadita de sal, 300 ml de vino blanco y 1 litro de agua. Llévelo a ebullición, baje el fuego y cuézalo a fuego lento durante 30 minutos. Cuélelo y déjelo enfriar antes de usarlo.

1

2

3

CALDO DE VERDURAS

Este caldo carece del intenso aroma de los caldos de carne, pero de la misma manera puede reducirse mediante ebullición para intensificar su sabor. Evite las hortalizas verdes de sabor fuerte como la col, y las harinosas como las patatas, ya que enturbiarán el caldo. Un puñado de setas secas aporta una interesante intensidad de sabor. Añada una cebolla sin pelar si desea un caldo de color intenso.

Para aproximadamente 1 litro

1 cucharada de aceite de oliva o vegetal
2 cebollas enteras y sin pelar
2 zanahorias picadas gruesas
2 tallos de apio picados gruesos
500 g de una combinación de otras verduras, como chirivía, hinojo, puerros, calabacín, tomate y setas picados gruesos
un puñado generoso de perejil y tomillo
1 cucharadita de pimienta negra o blanca en grano
1,5 litros de agua fría

1 Caliente el aceite en una cazuela u olla grande y sofría ligeramente las verduras hasta que empiecen a ablandarse.

2 Añada las hierbas, los granos de pimienta y el agua. Llévelo a ebullición, reduzca el fuego y déjelo cocer muy lentamente durante 30 minutos.

3 Deje enfriar el caldo antes de colarlo.

1

2

3

TÉCNICAS PARA SALSAS

El sabor y la consistencia son elementos esenciales de una salsa; el primero procede del uso de ingredientes básicos de buena calidad, preparados y cocinados adecuadamente, y la consistencia es la consecuencia del correcto equilibrio de estos ingredientes. La mayoría de las salsas deben cubrir ligeramente los alimentos a los que acompañan, a modo de una película suave y brillante. Las salsas demasiado espesas pueden resultar empalagosas e insípidas.

CÓMO ESPESAR UNA SALSA

En ocasiones, las salsas se espesan en los primeros pasos de la receta, como en el caso del *roux* o rubio, mientras que otras veces se hace al final, por ejemplo, triturando verduras o frutas o añadiendo crema de leche o mantequilla.

Roux

Es una mezcla de mantequilla y harina, cocinadas ligera y conjuntamente antes de añadir el líquido, como en el caso de la salsa bechamel (*véanse* págs. 24-25). Antes de añadir el líquido, el *roux* debe cocinarse correctamente, ya que de otra manera será difícil eliminar el sabor de la harina.

Beurre manié

Es también una mezcla de mantequilla y harina, pero preparada como una pasta que posteriormente se añade a la salsa. Es una manera práctica de espesar una salsa ligera o un guiso o estofado en el que el caldo ha quedado demasiado ligero. Se elabora batiendo 15 g de mantequilla ablandada y harina para unos 600 ml de líquido. Añádalo a la salsa o caldo caliente y bátalo con unas varillas hasta obtener una salsa homogénea, brillante y espesa. Una vez realizada la mezcla, cuézala durante 2-3 minutos más para cocinar la harina.

Maicena y arruruz

Estos almidones se usan para espesar salsas tostadas, así como salsas de frutas o a base de productos lácteos. Deben mezclarse con un poco de agua fría o zumo (utilice 1 cucharadita de almidón por cada 2 cucharadas de líquido). Añada la mezcla a la salsa, fondo de cocción o leche caliente o fría y llévelo a ebullición batiéndolo hasta que espese. 1 cucharadita de almidón espesará 300 ml de líquido.

BEURRE MANIÉ

ROUX

MAICENA

Pan

En la cocina mediterránea, el sabroso pan, troceado o rallado, se añade a sopas y salsas como espesante. Eche un puñado de trozos o pan rallado en un guiso ligero de verduras o pescado o en una sopa (sobre todo aquellas que contienen pimiento y tomate) y cocínelo a fuego lento, de manera que el pan se ablande y absorba el líquido. Triture en el robot o con la batidora para obtener una textura suave. Para espesar la salsa de pan que acompaña a platos de ave o caza se utiliza una gran cantidad de pan.

Ligar con yema de huevo y crema

Es un método útil para aportar un poco más de sabor, cremosidad y riqueza a una salsa ligera, especialmente en los platos de pescado y las salsas blancas. Mezcle 2 yemas de huevo con 150 ml de crema de leche ligera y añada un cucharón de salsa o del fondo de cocción. Vierta la mezcla a la salsa y remueva a fuego muy suave hasta que espese ligeramente. No permita que hierva, ya que la salsa se cortaría.

Reducción

Para evitar añadir a una salsa ingredientes como el huevo, el yogur o cualquier otro que pueda cortarse, tenemos la opción de reducirla mediante la ebullición, con lo que conseguimos espesar la salsa, al tiempo que intensificamos su sabor. Utilice este método para salsas de textura ligera y sabor suave. Llévela a ebullición y hiérvala sin tapar hasta que se evapore parte del líquido.

Enriquecer con mantequilla

Añadir un poco de mantequilla a una salsa enriquece su sabor y añade brillo, cuerpo y melosidad. Es un método útil para aportar profundidad a una salsa tostada ligera, así como a sopas de verdura y salsas de fondos de cocción (*véase* pág. 27). Fuera del fuego, agregue una nuez de mantequilla fría con unas varillas y bátala hasta que se mezcle bien. No ponga la salsa al fuego, ya que la mantequilla se fundiría y subiría a la superficie.

Triturar

Algunas salsas, especialmente las de frutas o verduras, pueden espesarse triturándolas bien con el robot o con la batidora. Una vez cocinada, triture por partes antes de verterla en la cazuela limpia para recalentarla si es necesario.

PAN

LIGAR CON YEMA DE HUEVO Y CREMA

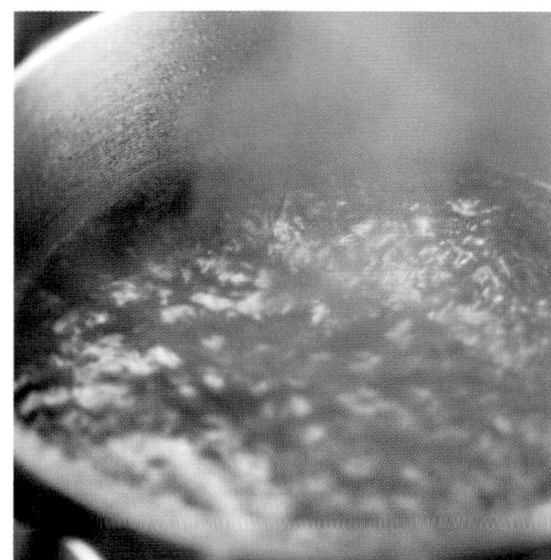

REDUCCIÓN

RECUPERACIÓN DE UNA SALSA CON GRUMOS

Las salsas a base de un *roux* (*véase* pág. 20) son las que presentan grumos con mayor facilidad, porque al añadir el líquido se va formando una pasta. Para eliminar todos los grumos, bata con firmeza la salsa en la cazuela con una batidora de varillas. Si siguen quedando grumos, puede pasarse por un tamiz a una cazuela limpia o triturarse en el robot o con la batidora hasta que quede homogénea.

MANTENER CALIENTE UNA SALSA

Utilice una cazuela doble o el baño María (*véase* pág. 10), de manera que la salsa se mantenga caliente sin alcanzar demasiada temperatura. Como alternativa, vierta la salsa en un cuenco refractario, ponga el cuenco sobre una cacerola con agua caliente apenas agitándose y cubra el cuenco con una tapa o papel de aluminio.

EVITAR LA FORMACIÓN DE UNA PELÍCULA

Puede aplicarse a las salsas que deben mantenerse calientes o que deben enfriarse si se han preparado con antelación. Coloque un círculo de papel sulfurizado húmedo o engrasado directamente sobre la superficie de la salsa, o bien cubra la salsa caliente con un poco de mantequilla, de manera que se derrita sobre su superficie.

DESGRASAR UNA SALSA

Para retirar las zonas grasas acumuladas en la superficie de una salsa, arrastre suavemente un trozo de papel de cocina por su superficie, de manera que absorba la grasa.

AÑADIR SABOR A LAS SALSAS

Se puede dar vida a una salsa insípida con un chorrito de zumo de limón o su ralladura, vinagre de vino o de fruta, un puñado de hierbas recién picadas o especias tostadas. Añada una cucharada de miel, gelatina de grosella roja, azúcar mascabado o melaza a una salsa demasiado acre.

MANTENER CALIENTE UNA SALSA

EVITAR LA FORMACIÓN DE UNA PELÍCULA

DESGRASAR UNA SALSA

SALSAS OSCURAS

Son el resultado de la reducción de caldos de calidad, cocinados a fuego lento con verduras y otros aromatizantes para producir una salsa sabrosa y contundente. Normalmente se sirven acompañando carnes, caza y, algunas veces, aves. La siguiente salsa puede conservarse en el frigorífico durante varios días y acepta bien el recalentado.

SALSA OSCURA ENRIQUECIDA

Para 600 ml

25 g de mantequilla
1 cucharada de aceite vegetal
50 g de beicon sin ahumar cortado en dados
1 cebolla pequeña picada
1 zanahoria picada
1 tallo de apio picado
75 g de champiñones cortados en láminas
1 cucharada de tomate concentrado
varios brotes de tomillo
1 vaso (alrededor de 150 ml) de vino tinto
1 litro de caldo de buey o de ternera (*véase* pág. 16)
1-2 cucharaditas de arruruz
sal y pimienta

1 Derrita la mantequilla con el aceite en una cacerola grande y sofría ligeramente el beicon, la cebolla, la zanahoria y el apio durante 15-20 minutos, hasta que todo esté bien dorado y caramelizado. Añada las setas y sofríalas 5 minutos.

2 Vierta el tomate concentrado y el vino tinto y llévelo todo a ebullición. Baje el fuego y cueza suavemente hasta que la mayor parte del líquido se haya evaporado. Incorpore el caldo y llévelo a ebullición. Cueza a fuego lento, sin tapar, hasta que haya reducido aproximadamente a la mitad.

3 Tamice la salsa sobre una cacerola limpia.

4 Mezcle una cucharadita de arruruz con un poco de agua y añádalo al recipiente, removiendo hasta que espese. La salsa debe cubrir muy ligeramente el dorso de la cuchara de madera. Si es necesario, añada un poco más de arruruz. Sazone al gusto y sírvala caliente.

2

3

4

VARIANTES

Para conseguir una salsa oscura ligera, prescinda del beicon y los champiñones y sofría 400 g de alas de pollo con las verduras hasta que estén doradas. Utilice vino blanco en lugar del tinto y caldo de pollo en vez de caldo de buey o ternera (*véase* pág. 17).

Para preparar una salsa cazadora para pollo, derrita 25 g de mantequilla en una sartén y sofría ligeramente 100 g de champiñones laminados finos. Añádalo a la salsa oscura ligera descrita anteriormente con 2 cucharadas de estragón o perejil.

Para elaborar una salsa de madeira para acompañar carnes, pollo, cerdo o caza, añada 150 ml de madeira a la salsa oscura enriquecida y cueza 10 minutos. Incorpore una nuez de mantequilla antes de servir.

Para preparar una salsa de naranja que acompañe a un plato de pato o caza, añada 1 corteza rallada muy fina y el zumo de 1 naranja, 2 cucharaditas de zumo de limón, 1 cucharadita de salsa Worcestershire y 2 cucharadas de gelatina de grosella roja a la salsa oscura enriquecida y cocínela hasta que la gelatina se disuelva.

Para obtener una salsa oscura vegetariana, siga la receta de la salsa oscura enriquecida, pero prescinda del beicon y utilice caldo de verduras (*véase* pág. 19) en lugar de caldo de buey o de ternera. Añada 1-2 cucharaditas de salsa de soja al final de la cocción si a ésta le falta cuerpo y color.

SALSA DE PEREJIL

1

2

3

SALSAS BLANCAS

Suaves, cremosas y delicadas, las salsas blancas son las más versátiles de todas. La más conocida, la bechamel, es una deliciosa salsa por derecho propio, pero también puede mejorar con ingredientes como queso, hierbas, verduras, especias, marisco y aromas, para crear una fiesta de variaciones aromáticas. Existen tres consistencias básicas para la bechamel. La siguiente receta es para una bechamel media (*véase* Variantes para otras).

SALSA BECHAMEL

Para 500 ml

600 ml de leche entera
1 cebolla pequeña cortada por la mitad
2 hojas de laurel
1 cucharadita de pimienta blanca o negra en grano
un puñado pequeño de perejil
30 g de mantequilla
30 g de harina
3-4 cucharadas de crema de leche espesa (opcional)
nuez moscada recién rallada, al gusto
sal y pimienta

1 Ponga la leche, la cebolla, las hojas de laurel, los granos de pimienta y el perejil en una cacerola y llévelo casi al punto de ebullición. Retírelo del fuego y déjelo infusionar durante 20 minutos. Filtre sobre una jarra.

2 Derrita la mantequilla en una cacerola limpia hasta que hierva. Incorpore la harina y remueva con rapidez hasta formar una pasta. Cocínela lentamente; vaya removiendo con una cuchara de madera para obtener un *roux* suave y pálido.

3 Retire del fuego y añada poco a poco la leche caliente, sin dejar de batir con la batidora de varillas hasta conseguir una salsa fina. Vuelva a poner a fuego moderado y cuézala, sin dejar de remover, hasta que la salsa empiece a hervir.

4 Baje el fuego y continúe cocinando la salsa otros 5 minutos, hasta que quede fina y brillante y cubra ligeramente el dorso de una cuchara. Compruebe el punto pasando el dedo por la salsa; debe dejar una estela clara. Incorpore la crema de leche, en caso de utilizarla, y sazone al gusto con la sal, la pimienta y la nuez moscada recién molida. Sírvala inmediatamente o manténgala caliente antes de servir (*véase* pág. 22). También puede dejarla enfriar en un cuenco cubierto con un círculo de papel sulfurizado y refrigerada un máximo de 2 días.

VARIANTES

Para preparar una salsa bechamel ligera reduzca la cantidad de mantequilla y harina a 15 g. La salsa tendrá la consistencia de la crema líquida y cubrirá muy ligeramente el dorso de una cuchara de madera.

Para obtener una salsa bechamel espesa, reduzca la cantidad de leche a 300 ml. La consistencia será espesa, pero la salsa caerá de la cuchara al golpearla contra la pared de la cacerola.

Para preparar una salsa blanca simple, proceda como para la bechamel, pero no infusione primero los ingredientes en la leche. La salsa no tendrá tanto sabor, pero es un atajo útil, especialmente si se añaden ingredientes de sabor intenso, como el queso o las setas.

Para elaborar una salsa de queso, añada 75-100 g de queso cheddar o gruyère rallado una vez que la salsa haya espesado. Es deliciosa para gratinados, pasta, coliflor u otras verduras.

Para obtener una salsa de setas, sofría ligeramente 150 g de setas laminadas finas con 25 g de mantequilla hasta que estén blandas. Incorpórelas a la salsa con la crema y una cucharadita de tomillo picado fino. Sírvala como acompañamiento de carnes, pollo o caza.

Para preparar una salsa de perejil, deseche los tallos de 30 g de perejil rizado y pique finas las hojas a mano o con un robot. Añada el perejil picado a la salsa una vez espesada. Si lo desea, puede sustituir la mitad de la leche por caldo de jamón o de pescado (*véanse* págs. 16 y 18). Sírvala con pescado blanco, salmón o jamón.

Para elaborar una salsa *soubise*, sofría a fuego lento 2 cebollas picadas finas con 25 g de mantequilla hasta que esté muy blanda, pero no dorada. Añádala a la bechamel junto con la crema y abundante nuez moscada recién rallada. Es deliciosa con pollo asado, oca, pintada o ternera.

Uso de la salsa bechamel

Una bechamel ligera se utiliza para napar ligeramente carne, pescado y verduras y como base de sopas a las que se añaden otros ingredientes. Una bechamel media se emplea para gratinados y otros platos horneados y también puede servirse como tal. La bechamel espesa se usa para ligar ingredientes, como en los pasteles de pescado, o para rellenos.

SALSA *VELOUTÉ*

Se trata de una deliciosa variante de la bechamel en la que un sabroso caldo de pollo o ternera sustituye a la leche infusionada. Debe tener una textura homogénea, brillante y rica y es perfecta para acompañar la mayor parte de los platos de carne, aves o caza. Una *velouté* clásica se basa en un *roux* (*véase* pág. 20), aunque puede prepararse sin él, reduciendo bien los ingredientes para que la salsa espese y adquiera sabor. En este caso, en la receta se utiliza una pequeña cantidad de *roux* para añadirle cuerpo.

Para 500 ml

15 g de mantequilla
15 g de harina
300 ml de un caldo sabroso de ternera o pollo (*véanse* págs. 16-17)
150 ml de vino blanco seco
150 ml de crema de leche espesa
sal y pimienta

1 Derrita la mantequilla en una cacerola hasta que burbujee. Añada la harina y remueva rápidamente para conseguir una pasta. Cueza a fuego moderado durante 2-3 minutos, hasta que el *roux* empiece a dorarse un poco.

2 Retire el recipiente del fuego e incorpore el caldo. Lleve la salsa a ebullición, y bata continuamente con la batidora de varillas, hasta que espese.

3 Incorpore el vino y la crema y cueza la salsa a fuego lento durante unos 20 minutos, removiendo con frecuencia hasta obtener una salsa homogénea y brillante. Tamícela sobre una cacerola limpia. Sazone al gusto y caliéntela un poco.

VARIANTES

Para conseguir otros sabores, añada un puñado de alcaparras enjuagadas y escurridas, junto con eneldo o hinojo picado fino o un pellizco de hebras de azafrán con un par de tomates pelados, sin semillas y picados finos.
Para acompañar pescados, utilice caldo de pescado (*véase* pág. 18) en lugar del caldo de carne.

1

2

3

SALSAS A PARTIR DE FONDOS DE COCCIÓN

Estas salsas, preparadas en la sartén o en la fuente para asar donde se ha cocinado carne, aves, pescado o caza, se basan en los fondos llenos de sabor que se desprenden durante el proceso de cocción. Espesadas mediante la reducción de vino o caldo, y enriquecidas con mantequilla o crema, son más ricas que una simple reducción y se sirven en menor cantidad. Como los jugos (*véase* pág. 28), se elaboran fácil y rápidamente mientras la carne reposa antes de servirse.

2

VARIANTES

Para conseguir otros sabores, añada mostaza de Dijon o en grano, granos de pimienta verde o rosa machacados o hierbas picadas, pepinillos o alcaparras.

Para preparar una salsa cremosa, ideal para platos de pollo, cerdo, ternera, hígado o riñones, añada 2-3 cucharadas y 150 ml de crema de leche ligera o espesa, dependiendo de lo rica que desee la salsa. Llévela a ebullición y deje que hierva durante un par de minutos. Sazónela al gusto.

Para conseguir un fondo de cocción enriquecido con mantequilla, ideal para acompañar platos de buey, cordero o caza, incorpore hierbas frescas con el vino o el caldo y, si lo desea, un chorrito de licor, y sazónela al gusto. Incorpore una nuez de mantequilla fría a la salsa fuera del fuego para añadirle cuerpo y brillo. No vuelva a poner la sartén en el fuego una vez incorporada la mantequilla, ya que de otra manera ésta se derretirá y formará una capa sobre la superficie.

1 Ponga la carne en una fuente para que repose en un lugar cálido. Incline la sartén de manera que los fondos y la grasa se acumulen a un lado. Utilice una cuchara grande metálica para retirar la mayor parte posible de grasa, dejando sólo los fondos de cocción en la sartén. En el caso de la carne asada, sobre todo cuando se trata de carnes grasas, habrá que retirar mucha grasa, mientras que ésta será mucha menos en caso de un bistec u otras carnes ligeramente cocinadas.

2 Añada 75-150 ml de vino tinto o blanco o caldo y llévelo a ebullición, raspando los fondos caramelizados del fondo de la sartén. Esta acción se denomina desglasado (*véase* pág. 48). Deje que la salsa burbujee y reduzca ligeramente su volumen, de manera que adquiera una consistencia almibarada. La salsa puede simplemente sazonarse, filtrarse y servirse en esta fase o puede aromatizarse de distintas maneras (*véase* Variantes).

JUGO

Un jugo claro o *jus* puede prepararse mediante la ebullición de vino y/o caldo en una cacerola para reducirlo y espesarlo, aunque una reducción tradicional sirve como base de un *roux* (*véase* pág. 20). Es fácil espesar en exceso una reducción por añadir demasiada harina, así que hay que medirla con mucho cuidado. Es mejor quedarse con una reducción ligeramente clara, pero sabrosa, que con una espesa y de textura harinosa.

1 Pase la carne a una placa o fuente para trinchar para que repose en un lugar cálido. Incline la sartén de manera que los fondos y la grasa se acumulen a un lado. Utilice una cuchara grande metálica para retirar la mayor parte de la grasa, dejando sólo alrededor de 1 cucharada en la sartén junto con los fondos de cocción.

2 Incorpore 2-3 cucharaditas de harina; vaya raspando todos los restos y removiendo a fuego vivo durante 1-2 minutos hasta que la harina empiece a adquirir color.

3 Añada 300 ml de vino tinto o blanco o una mezcla de vino y caldo y llévelo a ebullición removiendo bien. Cocine la salsa durante 2 minutos. Sazone al gusto y tamícela sobre una salsera.

VARIANTE

Para conseguir distintos sabores para platos de cerdo y pollo, puede utilizarse sidra en lugar de vino, mientras que el madeira y el marsala son ideales para las aves, la caza y la ternera, y el oporto para la caza y el pato. Mezcle estos vinos fortificados con caldo, ya que si se utilizan solos pueden enmascarar los sabores. Pueden añadirse fondos de cocción de hortalizas, pero requerirán mucha reducción para intensificar su sabor.

1

2

3

MAYONESA

Las salsas emulsionadas consisten en la suspensión de aceite o mantequilla en un líquido, con frecuencia con la adición de yema de huevo, que mantiene estable la emulsión. Su elaboración representa un reto mayor que el de otras salsas, ya que en ocasiones se cortan si el aceite se añade demasiado deprisa o los ingredientes no están a temperatura ambiente. Si utiliza un aceite de sabor intenso, mézclelo a partes iguales con un aceite de sabor más neutro, como el de girasol o de cacahuete, para evitar un sabor demasiado fuerte. Una vez preparada, la mayonesa puede refrigerarse tapada hasta 3 días.

Para preparar 300 ml

2 yemas de huevo biológico
1 cucharadita de mostaza de Dijon
1-2 cucharadas de vinagre de vino blanco
250 ml de aceite de oliva
sal y pimienta

1 Ponga las yemas de huevo, la mostaza, 1 cucharada de vinagre y un poco de sal y pimienta en un cuenco y bata con la batidora de varillas para mezclar.

2 Sin dejar de batir, añada poco a poco el aceite en un chorro fino y constante hasta que la salsa empiece a espesar. Continúe añadiendo aceite hasta que la consistencia sea espesa y brillante. No añada el aceite demasiado rápido, ya que, de lo contrario, la salsa puede cortarse.

3 Pruébela y añada más sal y pimienta, junto con un chorrito más de vinagre si la salsa parece sosa. La mayonesa puede servirse tal cual o puede aromatizarse de distintas maneras.

1

2

VARIANTES

Para preparar la mayonesa con la batidora, bata las yemas de huevo, la mostaza, el vinagre y la sal y la pimienta en el robot de cocina o con la batidora. Con la máquina en marcha, vierta muy lentamente el aceite con un chorro fino y constante. Pruébela y rectifique la sazón. Tenga cuidado de no añadir el aceite demasiado rápido, ya que con este método es mucho más difícil juzgar la consistencia de la salsa.

Para elaborar una salsa de marisco, incorpore 2 cucharadas de pasta de tomates secos, 4 cucharadas de crema agria, 1 cucharadita de salsa Tabasco y 1 cucharadita de brandy (opcional).

Para preparar una salsa tártara, incorpore 2 cucharadas de perejil o perifollo finamente picado, 4 pepinillos pequeños picados finos y 1 cucharada de alcaparras enjuagadas, escurridas y picadas finas.

Para elaborar una mayonesa de ajo, añada 1-2 dientes de ajo majados junto con las yemas de huevo.

Recuperar una mayonesa cortada

Para rectificar una mayonesa cortada, intente incorporar 1 cucharada de agua caliente sin dejar de batir. Si aun así no se liga, bata otra yema de huevo en un cuenco aparte y añada gradualmente la mayonesa cortada.

SALSA HOLANDESA

Esta conocida salsa emulsionada contiene sólo ingredientes sencillos, pero el resultado final tiene una cualidad única que hace que combine con muchos platos especiales. No puede prepararse con antelación y recalentarse, pero se mantendrá caliente durante 20-30 minutos si se deja sobre un cazo con agua caliente, con el fuego apagado y tapada. Sírvala con espárragos frescos de temporada, patatas nuevas, pescado blanco, salmón o huevos. También es perfecta para acompañar los huevos Benedict (*véase* fotografía pág. siguiente): ponga lonchas de jamón sobre tortitas tostadas, corónelo con huevos escalfados y riéguelo todo con abundante salsa.

Para 4 raciones

2 cucharadas de vinagre de vino blanco
1 hoja de laurel
1/2 cucharadita de pimienta blanca en grano
1 cucharada de agua
3 yemas de huevo
200 g de mantequilla clarificada enfriada a temperatura ambiente (*véase* pág. 33)
unas gotas de zumo de limón (opcional)
sal y pimienta

1 Ponga el vinagre, la hoja de laurel, los granos de pimienta y el agua en un cazo pequeño. Caliéntelo todo hasta que hierva, baje el fuego y cueza lentamente hasta que el líquido se haya reducido a la mitad.

2 Fíltrelo sobre un cuenco y añada las yemas de huevo, sin dejar de batir con una batidora de varillas. Coloque el cuenco sobre una cacerola con agua apenas agitándose, pero tenga cuidado que la base del cuenco no toque el agua. Bata con la batidora de varillas o la batidora eléctrica manual hasta que la mezcla esté espesa y espumosa.

3 Apague el fuego, pero deje el cuenco sobre la cacerola. Sin dejar de batir, añada la mantequilla clarificada con un chorro lento y constante para obtener una salsa espesa. Compruebe el sabor; salpimiente y agregue unas gotas de zumo de limón si quiere añadir un poco más de sabor. Sírvala inmediatamente o manténgala caliente (*véase* pág. 22).

VARIANTES

Para preparar la salsa holandesa con batidora, filtre la mezcla reducida del vinagre sobre el vaso del robot o la batidora, añada las yemas de huevo y bata hasta que todo esté bien mezclado. Caliente la mantequilla clarificada hasta que esté caliente, pero procure que no hierva. Con la máquina en marcha, vierta muy lentamente la mantequilla hasta que la salsa esté espesa y homogénea. Pruebe y rectifique de sal y pimienta.
Para elaborar una salsa holandesa a la mostaza para acompañar pescados, carnes o aves de sabor más fuerte, añada 2 cucharaditas de mostaza de Dijon con el último chorro de mantequilla.
Para obtener una salsa muselina que acompañe a platos de pescado blanco, pollo o verduras, bata 75 ml de crema de leche espesa hasta que esté semimontada y añádala con el último chorro de mantequilla.
Para preparar una salsa holandesa de hierbas, añada 2 cucharadas de hierbas como estragón, perifollo, perejil, cebollino o albahaca picadas finas o 2 cucharaditas de tomillo limonero picado.
Para elaborar una salsa bearnesa para acompañar carne, pique finas dos escalonias y añádalas al cazo en el paso 1 junto con unos brotes de estragón. Cuézalo a fuego lento con el vinagre para que infusione, y añada más agua si la mezcla quedara seca. Filtre y proceda como se ha indicado antes. Incorpore 1 cucharada de estragón picado para finalizar. Para servir con cordero, puede sustituir el estragón por menta, o por salvia para servir con cerdo.

Recuperar una salsa holandesa cortada
La salsa holandesa se corta fácilmente si los ingredientes se calientan demasiado, de manera que debe controlar la temperatura de la cacerola y apagar el fuego si hierve mucho. Asimismo, la salsa puede estropearse si la mantequilla se añade demasiado deprisa. Intente recuperar la salsa incorporando un cubito de hielo sin dejar de batir. Si esto no funciona, empiece de nuevo batiendo 2 yemas de huevo con una cucharada de agua en un cuenco limpio hasta que espese y después, poco a poco, vaya incorporando a la salsa cortada sin dejar de batir.

1

2

3

MANTEQUILLAS AROMATIZADAS

Las mantequillas aromatizadas se convierten en algunas de las mejores salsas; al derretirse sobre los alimentos calientes constituyen un acompañamiento para crear unos jugos mantecosos. Son fáciles de preparar, pueden aromatizarse con imaginación y prepararse con antelación. Además, pueden congelarse y se descongelan con rapidez. Añádalas a verduras calientes o a una carne, ave o pescado de cocción simple. Al incorporar un poco de mantequilla aromatizada sobre una sopa de judías o lentejas puede darles vida. También puede extenderse sobre una tostada caliente.

MANTEQUILLA DE HIERBAS FRESCAS

Esta mantequilla puede prepararse con prácticamente cualquier hierba tierna o con una mezcla de ellas, según el plato al que queramos que acompañe. La mantequilla aromatizada simplemente con perejil picado recibe el nombre de mantequilla *maître d'hôtel*.

Para 4 raciones

100 g de mantequilla ablandada
$^1/_4$ cucharadita de sal
2 cucharadas de perejil picado fino
2 cucharadas de cebollino picado fino
2 cucharaditas de zumo de limón
pimienta

1 Bata la mantequilla junto con la sal, las hierbas, el zumo de limón y pimienta abundante hasta que estén repartidas de manera uniforme. Sirva la mantequilla sobre los platos calientes o moldéela. Para dar forma a la mantequilla, póngala sobre un cuadrado de papel sulfurizado y extiéndala formando un cilindro. Lleve los bordes del papel por encima de la mantequilla y dele una forma cilíndrica. Retuerza los extremos para mantener esta forma.

2 Refrigérela o congélela hasta que la necesite. Sírvala cortada en rodajas de 1 cm de grosor.

VARIANTE

Para preparar otras mantequillas aromatizadas, en lugar de las hierbas y el zumo de limón, pruebe con anchoas saladas machacadas, granos de pimienta rosa majada, mostaza en grano, especias tostadas y majadas, guindillas frescas muy picadas, gambas picadas finas, corteza de limón rallada o raiforte o ajo majados.

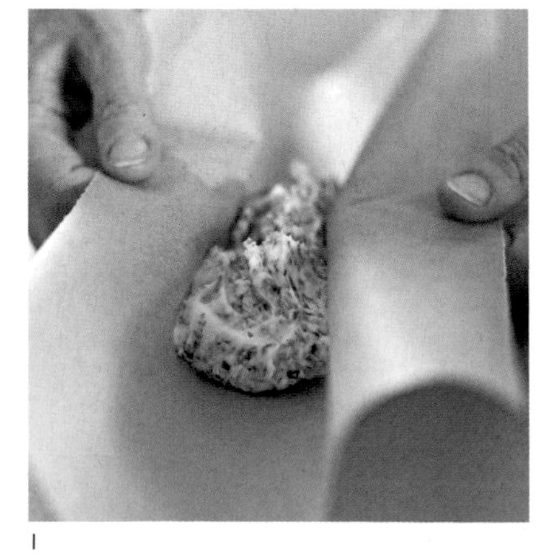

1

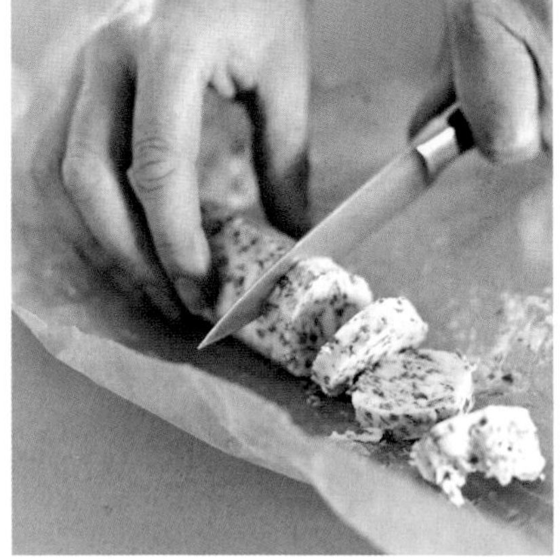

2

SALSAS DE MANTEQUILLA DERRETIDA

Estas salsas se elaboran simplemente derritiendo mantequilla sin sal de calidad. El éxito de la salsa depende de calentar la mantequilla hasta el grado correcto de tostado. Un plato clásico en el que se utiliza una salsa de mantequilla es la raya con mantequilla negra, aunque prácticamente cualquier pescado carnoso de sabor intenso puede servirse de esta manera. Calcule unos 50 g de mantequilla sin sal por ración y utilice una sartén de fondo grueso. Estas salsas pueden servirse tal cual o mezcladas con hierbas o alcaparras picadas.

MANTEQUILLA *NOISETTE*

Derrita la mantequilla en una sartén pequeña a fuego medio hasta que empiece a formarse espuma y adquirir color. Continúe la cocción hasta que se dore y tenga un ligero aroma a frutos secos. Viértala sobre el pescado y sírvalo inmediatamente.

MANTEQUILLA NEGRA

Proceda como para la mantequilla *noisette*, pero hasta que adquiera un intenso color tostado. Añada una cucharada de zumo de limón, vinagre balsámico o vinagre de vino y viértala sobre el pescado.

MANTEQUILLA CLARIFICADA

La mantequilla clarificada se utiliza para la salsa holandesa (*véanse* págs. 30-31), así como para sellar patés y terrinas y para freír, ya que soporta temperaturas altas sin riesgo de quemarse. Se prepara calentando la mantequilla para retirar sus sales y partes sólidas, hasta que queda un líquido claro y un poco dorado con un sabor suave. Calcule 125 g de mantequilla para obtener 100 g de mantequilla clarificada.

Corte la mantequilla en dados pequeños y caliéntela ligeramente en un cazo pequeño hasta que se derrita. Retire toda la espuma que se haya formado sobre la superficie. Vierta lentamente la mantequilla derretida en un cuenco, de manera que en el cazo quede una fina capa de sólidos lechosos. Deséchelos. Déjela enfriar y cúbrala. Esta mantequilla puede refrigerarse hasta 1 mes.

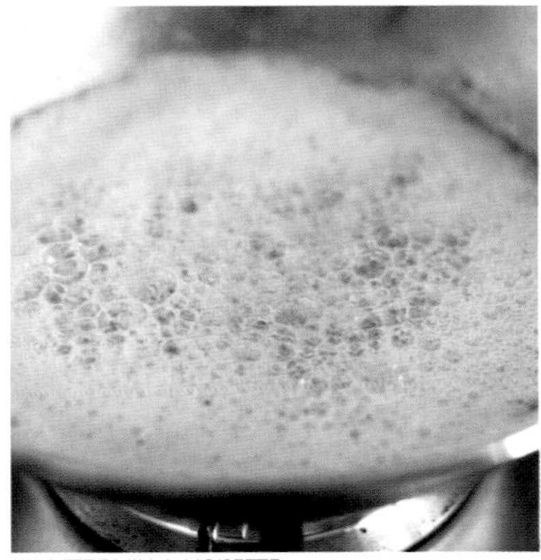

MANTEQUILLA *NOISETTE*

MANTEQUILLA CLARIFICADA

MANTEQUILLA NEGRA

VINAGRETA

Conocida también como aliño francés, la vinagreta puede dar vida a una simple ensalada o a un plato de huevos y verduras. Se conserva bien en el frigorífico durante varios días dentro de un bote con tapa; agite el bote antes de usar para mezclar la emulsión.

PREPARACIÓN DE LA VINAGRETA

Utilice aceite de oliva virgen extra o suave, o bien una mezcla de los dos. Pueden emplearse aceites de oliva aromatizados como los infusionados con trufa, limón, ajo o guindilla (utilícela con precaución), aunque es mejor emplear un aceite de oliva básico y añadir sus propios aromas (*véase* Variante). Los aceites de frutos secos pueden sustituir al aceite de oliva. Utilice vinagre de vino tinto o blanco, balsámico, de sidra, de hierbas o zumo de limón o lima.

Para 125 ml

6 cucharadas de aceite
1 ½ cucharadas de vinagre
1 cucharadita de mostaza de Dijon
½ cucharadita de azúcar blanquilla
sal y pimienta

1 Ponga todos los ingredientes, reservando un chorrito de vinagre en un bote con tapa de rosca, y asegúrese de que la mezcla esté bien sazonada, ya que el aliño se irá diluyendo en el momento en que se mezcle con la ensalada. Cierre el bote y agite con fuerza hasta que esté bien mezclado.

2 Pruébela y rectifique la sazón; añada el resto del vinagre si es preciso. Aliñe la ensalada con la vinagreta.

VARIANTE

Para conseguir otros sabores, añada uno o varios de los siguientes ingredientes: ajo majado, cebolla tierna o cebollino picado, hierbas picadas finas, raiforte picado o jengibre fresco rallado fino, pasta *wasabi*, guindilla picada fina, un chorrito de crema de leche ligera, pasta de tomate seco o salsa de pescado tailandesa. En lugar del azúcar puede utilizarse miel líquida.

1

Aliñar una ensalada verde

Al aderezar una ensalada verde, asegúrese de que las hojas estén bien secas antes de aliñar con el fin de que no se forme un caldo aguado en el fondo del cuenco. Si se utilizan hojas no lavadas, enjuáguelas y séquelas entre dos trozos de papel de cocina o utilice una centrifugadora (*véase* pág. 13). Aliñe poco antes de servir.

2

SALSA DE TOMATE

Sólo vale la pena preparar la clásica salsa de tomate si conseguimos tomates sabrosos y maduros. Puede congelarse, por lo que es ideal utilizar la propia cosecha.

SALSA DE TOMATE

Para 4-6 raciones

75 ml de aceite de oliva virgen extra
1 cebolla grande picada fina
1 diente de ajo picado
1 cucharadita de tomillo picado
1 kg de tomates maduros, pelados y picados gruesos
2 cucharadas de orégano picado
sal y pimienta

1 Caliente el aceite en una cacerola amplia y sofría ligeramente la cebolla durante 5 minutos, hasta que se ablande. Añada el ajo y el tomillo y sofría otro minuto.

2 Incorpore el tomate, el orégano y un poco de sal y pimienta y deje cocer suavemente. Utilice una cuchara para desmenuzar el tomate.

3 Baje el fuego y cocine la salsa lentamente, sin tapar, hasta que esté espesa y pulposa. Rectifique la sazón y sírvala. Para conseguir una salsa más suave, pásela por un colador y recaliéntela antes de servir.

VARIANTES

Para preparar una versión con carne, añada 75 g de panceta picada fina y frita.
Para conseguir una salsa de color más intenso, añada un poco de pasta de tomate seco.
Para obtener una salsa más dulce, añada una pizca de azúcar blanquilla.

Consejo sobre los utensilios
Para que la salsa pueda cocinarse lentamente sin que se pegue al fondo es imprescindible una cacerola amplia y de fondo grueso. El color y el sabor de la salsa se intensifican a medida que el líquido se va evaporando.

1

2

3

COULIS DE FRUTAS

La mayoría de las frutas pueden prepararse como *coulis*, pero las que tienen una textura blanda y pulposa son las mejores. Utilice siempre frutas maduras, ya que se harán puré con mayor facilidad y producirán un color y un sabor mejores. Una vez preparado, tape y refrigere el *coulis* de frutas hasta un máximo de 24 horas antes de usarlo.

PREPARACIÓN DEL *COULIS* DE FRUTAS

Dependiendo de la fruta, se obtiene mayor o menor cantidad de coulis*, pero por lo general se conseguirán 300 ml o 6-8 raciones.*

500 g de fruta lavada, sin pelar y deshuesada en caso necesario (es mejor pelar el melocotón y la nectarina para obtener un *coulis* más suave; *véanse* págs. 140-141). Desgrane las grosellas rojas o blancas o negras (*véanse* págs. 140-141). Limpie las fresas y trocee las frutas grandes, como el mango.

1 Utilice un robot o una batidora para triturar la fruta; detenga la máquina y desprenda la fruta que haya podido pegarse a las paredes.

2 Tamice el puré sobre un cuenco, presionando los restos con el dorso de una cuchara. De esta manera se eliminarán las fibras y las pepitas.

VARIANTES

Para un *coulis* más ácido, añada un chorrito de zumo de limón.

Para un *coulis* menos ácido, añada 1-2 cucharaditas de azúcar lustre tamizada.

Para un *coulis* con un toque de alcohol, añada un chorrito de licor de cítricos, brandy, vodka o ron, pero hágalo con precaución para que no enmascare el sabor de la salsa. El licor de casis combina con el *coulis* de grosellas negras o de mora; el licor de cítricos o el brandy con las frutas blandas y el vodka avainillado con los arándanos.

Para preparar un *coulis* cocido, con frutas como la manzana, la pera, la ciruela, el albaricoque o la uva espina, cueza ligeramente la fruta en una cacerola tapada con un poco de agua, para evitar que la fruta se pegue, y un poco de azúcar al gusto. Triture y tamice la fruta como se ha indicado con anterioridad. La manzana o la pera cocidas pueden combinarse con moras, mientras que la ciruela queda muy bien con un chorrito de licor de almendras. Las frutas secas, como los dátiles, las ciruelas pasas, los higos secos o los orejones de albaricoque, también pueden cocerse ligeramente y triturarse y añadir unas gotas de zumo de limón o de licor para contrarrestar su dulzor.

Servir

El *coulis* puede servirse simplemente sobre un pudin caliente cocido al vapor o sobre un pastel o puede añadirse de manera más decorativa a tartas, gelatinas o *mousses*, helados o sorbetes, pasteles de queso y repostería. Sirva el *coulis* por encima o alrededor del postre, o cubra el plato con una fina capa de *coulis* antes de servir el postre encima. Pueden utilizarse de forma decorativa dos *coulis* de sabores que contrasten, uno sobre el otro.

SABAYÓN

Esta salsa ligera y espumosa puede servirse sobre púdines o tartas calientes, con una compota de frutas templada o en copas, acompañada de unas pastas. No puede prepararse con antelación (si se deja reposar, cuaja), pero pueden tenerse todos los ingredientes preparados para reducir al mínimo el trabajo que debe realizarse en el último momento.

Para 4-6 raciones
4 yemas de huevo
4 cucharadas de azúcar blanquilla
100 ml de vino dulce
2 cucharadas de agua

1 Ponga todos los ingredientes en un cuenco refractario. Coloque el cuenco sobre un cazo con agua apenas hirviendo, pero asegúrese de que el cuenco no esté en contacto con el agua.

2 Con la ayuda de la batidora eléctrica manual o de las varillas, bata la mezcla durante unos 5 minutos, hasta que esté muy espesa y espumosa. Las varillas deben dejar una huella cuando las levantamos del cuenco.

3 Retire el cuenco del calor y bata durante otros 2 minutos. Ponga el sabayón en copas o en una jarra caliente y sírvalo inmediatamente.

VARIANTES

Para preparar un *zabaglione*, un postre clásico italiano, proceda como se ha indicado, pero utilice un marsala en lugar del vino dulce. Sírvalo en copas acompañado de *cantuccini* o *biscotti*.

Para preparar un sabayón frío, retire el cuenco del calor, colóquelo sobre un cuenco más grande de agua con hielo y bátalo hasta que esté frío. Para conseguir un sabor más cremoso, incorpore 100 ml de nata semimontada antes de servir. Sirva el sabayón frío con una ensalada de frutas suave o pastas de mantequilla y vainilla.

1

2

3

CREMA INGLESA

Suave, cremosa y aromatizada con vainilla natural, estas son las verdaderas natillas y no las versiones que se compran ya preparadas o instantáneas. La crema inglesa es deliciosa como acompañamiento de un pudin caliente cocido al vapor, pasteles de fruta o tartas y también constituye la base del mejor helado casero de vainilla (*véase* pág. 231). La crema inglesa es fácil de preparar, se conserva hasta dos días y se recalienta cuando se prepara con antelación. También es una buena base para añadir interesantes variantes de sabor.

Para preparar 600 ml
1 vaina de vainilla
300 ml de leche entera
300 ml de crema de leche ligera
6 yemas de huevo
25 g de azúcar blanquilla (opcional)

1 Abra la vaina de vainilla siguiendo toda su longitud con la punta de un cuchillo afilado. Póngala en un cazo con la leche y la crema y llévelas lentamente a ebullición. Retire del fuego y deje infusionar durante 15 minutos.

2 Con la ayuda de una batidora de varillas, bata en un cuenco las yemas con el azúcar hasta que estén bien mezcladas. Saque la vaina de vainilla del cazo, raspe las semillas y añádalas al recipiente.

3 Vierta la mezcla de la leche sobre la de las yemas y bata bien. Vierta de nuevo la preparación en el cazo limpio y cueza a fuego suave, removiendo constantemente con una cuchara de madera, hasta que la salsa cubra bien el dorso de la cuchara. Esto llevará unos 10 minutos, pero no debe subirse el fuego para acelerar el proceso porque la crema se cortaría. Sírvala caliente.

4 Para enfriar las natillas, viértalas en un cuenco y cubra la superficie con un fino espolvoreado de azúcar blanquilla. Cubra la superficie con un círculo de papel sulfurizado para evitar que se forme una capa seca (*véase* pág. 22). Una vez frías, consérvelas en el frigorífico.

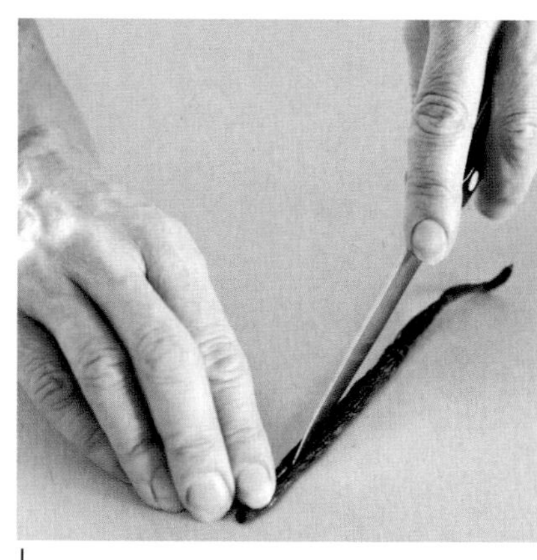
1

2

3

4

VARIANTES

Para conseguir unas natillas más ligeras, utilice sólo leche en lugar de la crema de leche.

Para preparar unas natillas de chocolate, no utilice la vaina de vainilla y lleve la leche a ebullición antes de verterla sobre las yemas y el azúcar. Añada 50 g de chocolate negro picado sin dejar de remover hasta que se derrita.

Para preparar unas natillas de café, añada 1 cucharada de café expreso instantáneo al calentar la leche.

SALSAS DE CARAMELO

Se elaboran caramelizando azúcar para obtener un jarabe, o con mantequilla o crema de leche. Son fáciles de preparar pero necesitan vigilarse, ya que el caramelo puede quemarse en segundos y hacer que el plato amargue. Las salsas de caramelo pueden prepararse con anterioridad. Recaliéntela vertiendo la salsa nuevamente en un cazo pequeño hasta que se derrita. Sírvalas con púdines calientes (*véase* pág. 241), *crêpes* o tortitas (*véanse* págs. 165-166), helado (*véase* pág. 231) y postres cremosos o sobre un yogur griego.

ALMÍBAR DE AZÚCAR

Utilice 100 ml de agua fría y 75 g de azúcar blanquilla y siga el método para preparar un almíbar de azúcar de la pág. 242; cuézalo hasta la fase de caramelo ligero.

CARAMELO DE MANTEQUILLA Y CÍTRICOS

Prepare un almíbar de azúcar ligero (*véase* pág. 241), retírelo del fuego e incorpore 4 cucharadas de zumo de naranja y 2 cucharadas de zumo de limón, con cuidado porque el caramelo salpicará. Añada 50 g de mantequilla cortada en dados y ponga el cazo al fuego, sin dejar de remover hasta que la mezcla esté homogénea. Esta salsa es ideal para *crêpes* y plátanos o manzanas asados.

SALSA DE CARAMELO CREMOSA

Prepare un almíbar de azúcar ligero (*véase* pág. 241), retírelo del fuego e incorpore 50 g de mantequilla y 150 ml de crema de leche ligera o espesa, con cuidado porque el caramelo salpicará. Ponga el recipiente al fuego y cueza sin dejar de remover hasta que la salsa esté homogénea.

SALSA DE CARAMELO Y LECHE

La leche evaporada y el azúcar mascabado confieren a esta salsa un sabor rico y característico que cuando se vierte sobre un helado se vuelve espesa y pegajosa. Caliente ligeramente 75 g de mantequilla en un cazo pequeño junto a 150 g de azúcar mascabado hasta que el azúcar se disuelva. Llévelo a ebullición y cueza 2 minutos. Incorpore una lata de 175 g de leche evaporada y cueza 2 minutos más, hasta que la salsa esté homogénea y brillante.

SALSA DE CARAMELO Y LECHE

Evitar una cocción excesiva

Cuando prepare caramelo, tenga un cuenco con agua fría (una jofaina es ideal) a mano. Tan pronto como el almíbar de azúcar adquiera color, sumerja el fondo del cazo en el agua fría para interrumpir la cocción. Tenga siempre cuidado al añadir líquidos fríos al caramelo porque éste salpicará.

CARNES Y AVES

El éxito al cocinar carnes o aves depende mucho de la calidad de la carne, no sólo de si el animal ha tenidouna «buena vida», sino también de la manera en que se ha sacrificado y colgado. Se necesita tiempo para encontrar una buena carnicería, pero los resultados valen la pena. Un buen carnicero es ideal, aunque vale la pena visitar los mercados rurales en busca de carne, aves y caza. Algunos productores venden incluso por correo.

Colgar la carne permite que el ácido láctico presente en los músculos tenga tiempo de dispersarse, el cual, de otra manera, conferiría un sabor ácido a la carne. Las enzimas y bacterias de la carne rompen las fibras, haciéndola más tierna, intensificando su color y dándole tiempo para que desarrolle su sabor. Asimismo, pierde humedad, lo que implica que se encoja y salpique menos, de manera que es más fácil cocinarla. El color rojo intenso y oscuro indica que la carne se ha colgado correctamente. La grasa del cordero y el buey debe ser de un ligero color crema, mientras que la del cerdo debe ser blanca. La carne no debe tener nunca un aspecto húmedo. Elija carnes preparadas de manera pulcra y con cuidado. Por regla general, los cortes más caros, que corresponden a las partes del cuerpo que han hecho menos ejercicio (los cuartos traseros), son más adecuados para asar al horno y a la parrilla, freír o asar en la barbacoa. Los cortes más duros, de las zonas más ejercitadas (los cuartos delanteros), deben cocinarse lentamente, sumergidos parcial o totalmente en algún líquido. Algunos cortes de primera calidad también pueden cocinarse poco a poco sumergidos en líquido.

ALMACENAMIENTO Y PREPARACIÓN GENERAL

A excepción de los menudillos, la carne picada y las aves, la mayoría de las carnes pueden conservarse en el frigorífico durante varios días. Sáquela de su envase y póngala en un plato. Cúbrala desahogadamente, de manera que pueda circular el aire, y consérvela en la parte baja del frigorífico para que el líquido que gotee no pueda contaminar a otros alimentos.

PREPARACIÓN

Es mejor cocinar cualquier tipo de carne partiendo de la temperatura ambiente; así es más fácil calcular el tiempo de cocción, ya que la carne no refrigerada se cocina más rápido. Este punto es importante cuando se trata de formas de cocción rápidas y en seco, como el asado o la cocción a la plancha o a la parrilla. La carne refrigerada habrá acumulado más humedad en su superficie, lo que reduce la temperatura de cocción de manera significativa.

Desgrasar

La grasa de la carne es muy gustosa. Durante una cocción lenta y prolongada se rompe, penetra en la carne y la mantiene jugosa y suculenta. Comprar cortes «demasiado limpios» puede ser una opción más sana, pero, sin lugar a dudas, el sabor no será el mismo. Sin embargo, en el caso de los cortes de cocción rápida, como los bistecs o las chuletas, una capa excesiva de grasa puede conferir a la carne un aspecto poco apetitoso y es mejor limpiarla parcialmente. De la misma forma, en una carne de cocción lenta, por ejemplo, en la carne para estofar o la panceta, pueden limpiarse los trozos de grasa grandes.

Con ayuda de un cuchillo afilado, limpie la carne recortando las partes sueltas o rotas o las zonas de grasa excesivamente gruesas.

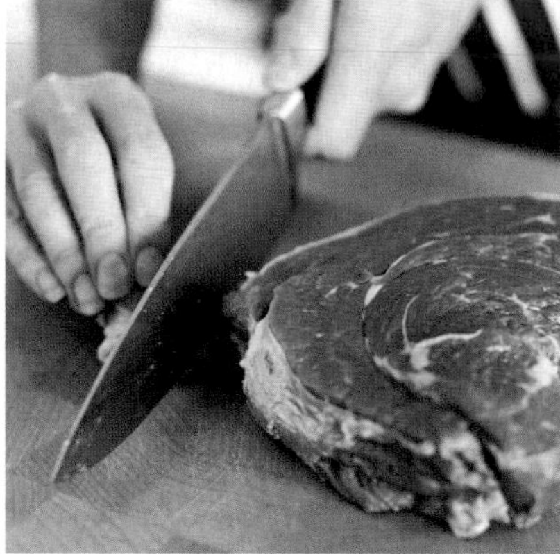

DESGRASAR

SECAR

Secar

La carne de buena calidad nunca desprende jugos acuosos, pero necesita que la sequemos para eliminar la humedad, especialmente si la vamos a freír. Séquela entre varias capas de papel de cocina justo antes de freírla.

ENHARINAR

Enharinar

En algunas ocasiones, la carne de guisos y estofados se enharina antes de cocinarla. Con ello sellamos la superficie y le proporcionamos un buen color. Una vez que se añada el líquido, la harina espesará la salsa y le conferirá un aspecto brillante. Salpimiente y haga rodar la carne en harina para que quede ligeramente enharinada.

PREPARACIONES ESPECIALES

Una carne fileteada fina sólo necesita una «fritura rápida», de manera que hay que ser generoso al cortarla si queremos que quede bien tostada y caramelizada por fuera y melosa por dentro. Es imprescindible un buen cuchillo afilado para que la carne no se desgarre o se dañe.

1

2

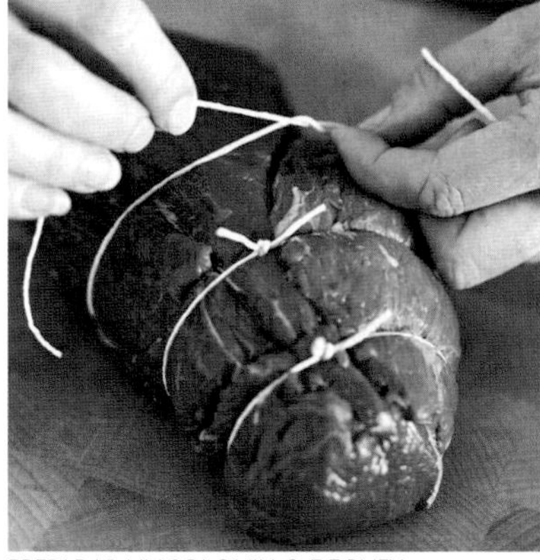

PREPARAR UN SOLOMILLO DE BUEY

PREPARAR ESCALOPES

Algunas recetas requieren golpear la carne para conseguir escalopes finos. Con ello, se rompen las fibras musculares, la carne queda más tierna y se cocina con mayor rapidez. Por regla general, los escalopes se preparan con ternera magra, como el redondo, la tapa o el lomo. Se puede utilizar la misma técnica para la pechuga de pollo, el lomo de cerdo o el bistec de buey.

1 Si compra la ternera en un trozo, filetéela en el sentido contrario al de la fibra para obtener una carne más tierna. Serán necesarios unos 200 g por ración.

2 Coloque la carne entre dos trozos de film de plástico, pero deje bastante espacio entre un trozo y otro para que tengan sitio para extenderse. Aplánelos con un rodillo o un mazo de carnicero hasta que tengan un grosor de unos 5 mm.

PREPARAR BISTECS

Para preparar bistecs utilice un cuchillo largo y afilado para conseguir un corte limpio. Para freír son ideales los bistecs de unos 3 cm de grosor, de manera que adquieran color por fuera y queden crudos por dentro.

PREPARAR UN SOLOMILLO DE BUEY

Un solomillo entero de buey es una pieza larga y ahusada de carne magra y tierna que generalmente se deja poco hecha. Puede adquirirse entero, pero, casi siempre, el extremo grueso (*chateaubriand*) lo ha retirado el carnicero para aplanarlo y servirlo como un *chateaubriand* para dos personas. La carne del extremo fino del filete también se corta para preparar los filetes conocidos como *mignons*. La parte central es la que habitualmente se vende para asar o para bistecs. Las zonas de grasa pueden retirarse con facilidad de una pieza, asegurándose de no llevarse nada de carne magra con ella. Si el solomillo debe cocinarse entero y hay zonas de carne suelta, átelo con cordel de cocina a intervalos, de manera que pueda dorarse sin deshacerse.

PREPARAR CARNE PICADA CASERA

Para preparar hamburguesas y otros platos de carne picada de buey, cordero, cerdo o ternera, picar la carne en casa nos asegura una buena textura, sólo con la grasa necesaria para mantener la humedad de la carne y su suculencia. Además, nos permite saber exactamente la carne con la que se ha preparado. La elección del corte depende básicamente del plato que queramos preparar. Así, por ejemplo, una hamburguesa debe elaborarse con carne de primera calidad, mientras que una salsa de carne puede prepararse con carne de menor calidad, aunque igualmente deliciosa, como la aguja o la carne para estofar.

Prepare la carne; córtela en trozos pequeños y retire las zonas grandes de grasa. Píquela poco a poco en una picadora, hasta que esté fina, pero no sea una pasta.

PREPARAR HAMBURGUESAS CASERAS

Siempre tienen mejor aspecto que las compradas, que se han prensado en una máquina. Además, puede prepararlas del tamaño y el sabor que desee. La carne magra picada y salpimientada da lugar a deliciosas hamburguesas, aunque puede sazonarse con hierbas, especias, ajo o cebolla.

Para preparar 4 hamburguesas de tamaño medio utilice 500 g de carne magra picada de buey, ternera, cordero o cerdo. Sazónela generosamente y divídala en cuatro montones iguales. Forme bolas con ella y aplánelas en la palma de la mano. Para conseguir unas hamburguesas de forma perfecta, presione la mezcla en un aro metálico de 9 cm sobre la superficie de trabajo cubierta con papel sulfurizado y después sáquela con cuidado del molde.

PREPARAR CARNE PICADA CASERA

SOASAR TROZOS PEQUEÑOS DE CARNE

PREPARAR HAMBURGUESAS CASERAS

SOASAR UN TROZO DE CARNE GRANDE

SOASAR LA CARNE

Soasar la carne friéndola en una sartén es un procedimiento básico de muchos platos de carne. Con ello, los jugos se caramelizan sobre la superficie, lo que confiere a la carne un atractivo color y sabor.

Utilice una sartén grande y robusta y caliéntela antes de añadir el aceite o una mezcla de aceite y mantequilla. Añada trozos pequeños de carne al aceite caliente. Cada trozo debe disponer de suficiente espacio alrededor, ya que, de otra manera, la temperatura bajaría y la carne se cocería en su jugo en lugar de freírse. Sacuda la sartén, pero no dé la vuelta a la carne hasta que haya adquirido un intenso color dorado por uno de los lados. Dele la vuelta y dore el otro lado. Si la carne es para un estofado o un guiso, dórela en pequeñas cantidades y retire la carne ya dorada a un plato antes de añadir más a la sartén.

Los trozos de carne grandes y sazonados, como un solomillo de buey o un lomo de cerdo, deben dorarse antes de introducirlos en el horno. Sazone la carne y dórela como se ha indicado anteriormente; vaya dándole la vuelta lentamente en la grasa hasta que esté dorada de manera uniforme por todos sus lados.

POTENCIAR LA MELOSIDAD Y EL SABOR

El sabor se basa tanto en la calidad de la carne como en los ingredientes que se añaden en la receta. Los adobos aportan sabor antes de la cocción y son especialmente útiles para piezas de cocción rápida y raciones individuales. La melosidad de las piezas magras puede potenciarse mediante el mechado y el albardillado de la pieza.

MECHAR

Introducir pequeños trozos de grasa en una pieza de carne evita que ésta se seque durante la cocción y le aporta sabor. Se utiliza sólo en carnes bien cocidas y requiere una aguja para mechar (*véase* pág. 9). Corte tiras largas de tocino y refrigérelo hasta que esté bien frío. Seguidamente, introduzca las tiras en la aguja para mechar y empújelas a través de la carne a intervalos regulares. La grasa se derretirá durante la cocción.

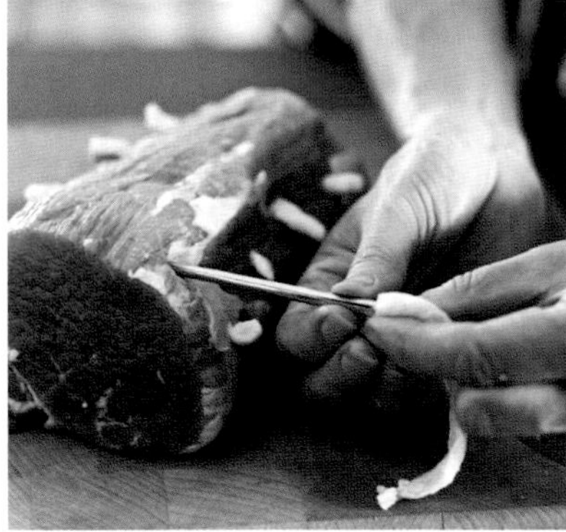

MECHAR

ALBARDILLAR

ALBARDILLAR

Consiste en envolver una pieza grande de carne magra, como el redondo, la tapa, una pieza magra de lomo de cerdo o de ternera. Use trozos finos de tocino o grasa de buey y colóquelos sobre el trozo de carne. Se puede envolver toda la pieza con grasa, aunque es más importante cubrir la parte superior porque es la que se seca antes. Bride la carne a intervalos de 3 cm para sujetar la grasa en su lugar durante la cocción. Retírela unos 15 minutos antes de acabar la cocción, para que la superficie de la carne pueda dorarse. El redaño cumple la misma función (*véase* pág. 61).

ADOBAR

En las piezas grandes, incluso los ingredientes ácidos como el limón o el vinagre no consiguen penetrar hasta el centro de la carne, mientras que, en ocasiones, el vino extrae la humedad, con lo que consigue el efecto inverso. Húmedos o secos, los adobos atraviesan la superficie de la carne con el sabor delicioso del ajo, las hierbas, las especias y otros ingredientes aromáticos. Si va a adobar la carne durante más de una hora, cubra la pieza con *film* de plástico e introdúzcala en el frigorífico. Los trozos de carne de ración, como la pechuga de pollo, los jamoncitos y muslos de ave, pueden marcarse primero para que el adobo penetre bien en la carne.

ADOBAR

Adobos húmedos

Los adobos húmedos pueden basarse en el yogur, al que se le añaden especias, vino infusionado con cebolla, ajo y hierbas o fruta. El zumo de piña, kiwi o cítricos hace la carne más tierna. Si la va a adobar durante varias horas, dele la vuelta una o dos veces.

Adobos secos

Pueden consistir en pastas aromatizadas o simplemente en frotar especias y presionarlas por toda la superficie de la carne. Los adobos secos son especialmente adecuados para los platos de carne fritos, a la plancha, asados o a la parrilla.

CARNE ASADA

La carne puede asarse con hueso, lo que ayuda a aportarle sabor, o deshuesada, lo cual facilita el trinchado de la pieza. Si la carne está a temperatura ambiente se asará con mayor rapidez que si está fría (*véase* tabla de la pág. 49 para los tiempos de cocción). Siempre que sea posible, adquiera una pieza más grande de la que en realidad necesita. Con ello, no sólo dispondrá de una carne deliciosa para preparar una comida fácil con las sobras, sino que en la fuente quedará abundante líquido para preparar un jugo perfecto (*véase* pág. 28).

PRECALENTAR EL HORNO

Asegúrese de que el horno está realmente caliente antes de empezar. La carne se encoge al inicio de la cocción y, cuando esto ocurre, los jugos que burbujean en la superficie chisporrotean y se caramelizan, formando una costra deliciosa.

PREPARAR LA GRASA

Recorte todas las zonas excesivamente grasas de la carne y coloque la pieza, con la parte grasa hacia arriba, en la fuente para asar, de manera que la grasa pueda bañar la carne durante la cocción. Al asar cerdo, prepare la piel para que quede una corteza crujiente (*véase* pág. 48).

AROMATIZAR CON HIERBAS

Para asar una pierna de cordero, realice unos cortes en la carne de la parte superior de la pieza con la ayuda de la punta de un cuchillo pequeño y afilado. Introduzca en ellos ramas de romero y rodajas de ajo, para que su aroma penetre en la carne durante la cocción. Como alternativa, coloque ramas grandes de romero sobre el cordero y bridelo. Para la presentación, los trozos de ajo y romero se pueden sustituir por trozos nuevos unos 20 minutos antes de finalizar la cocción. También puede espolvorearse tomillo por el cordero o el buey, lo que aromatizará tanto la carne como la salsa.

COMPROBAR EL PUNTO DE COCCIÓN

HACER LA PIEL CRUJIENTE

En el caso del rosbif y el cordero, frotar la superficie de la pieza con un poco de harina ayuda a que la piel quede más crujiente y tenga más sabor. Sazone la harina con sal y pimienta con antelación o, en el caso del buey, mezcle la harina con mostaza seca.

FORMAR UNA CAMA

Si utiliza una pieza de carne con huesos, éstos pueden emplearse como cama para asar la carne. Con ello conseguirá aportar sabor a la carne y a los jugos, y una vez retirados de la fuente después del asado, los huesos quedan tostados para preparar un caldo de carne (*véase* pág. 16). Como alternativa, coloque el trozo de carne sobre una cama de cebolla o hinojo o una mezcla de zanahoria, apio y cebolla picados finos.

COMPROBAR EL PUNTO DE COCCIÓN

Un termómetro para carne puede indicarnos la temperatura interior de la pieza y, de esta manera, si está cocida en el punto deseado. Inserte la punta del termómetro en la parte más gruesa de la carne, pero alejada del hueso. Deje el termómetro durante unos 30 segundos. Consulte la tabla de la pág. 49 como guía de las temperaturas interiores.

AROMATIZAR CON HIERBAS

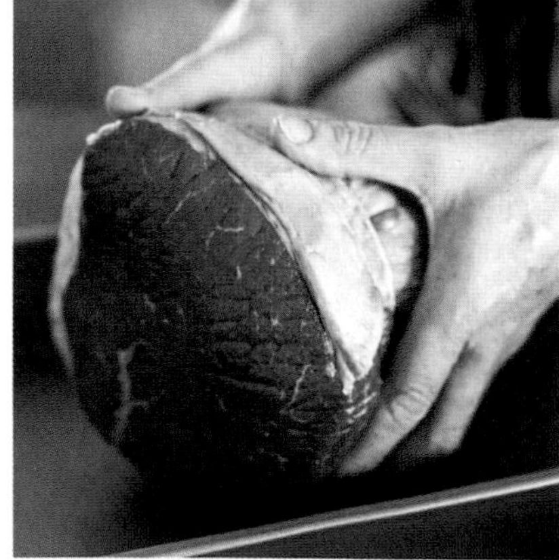

PREPARAR LA GRASA

HACER LA PIEL CRUJIENTE

FORMAR UNA CAMA

1

2

3

CREAR UNA CORTEZA CRUJIENTE

Conseguir una corteza deliciosa realmente crujiente sólo es posible si partimos de un cerdo de buena calidad con una piel firme y seca. Refrigere la carne sin tapar, de manera que la piel se mantenga seca. En caso de que haya comprado el trozo de cerdo envasado, aumentará la probabilidad de conseguir una corteza crujiente si lo saca del envase y lo guarda en una bandeja.

1 Si la piel no está entallada, utilice un cuchillo muy afilado y córtela a intervalos de 1 cm, en la misma dirección en que trinchará la carne. Una cuchilla es ideal para este trabajo.

2 Antes de asar la carne, frote la piel con abundante sal marina, de manera que empuje la sal por las ranuras realizadas con el cuchillo. Durante el asado, no caiga en la tentación de humedecer la piel como haría con otras carnes, ya que la corteza no quedaría crujiente.

3 Una vez asada la carne, retire la corteza para facilitar el trinchado. Utilice un cuchillo largo o unas tijeras de cocina robustas para cortarlo en trozos pequeños. Empléelo para adornar el plato de cerdo asado.

DEJAR REPOSAR LA CARNE

DEJAR REPOSAR LA CARNE

Después de la cocción es imprescindible dejar reposar la carne. Cuando ésta se calienta en el horno, las fibras se contraen, empujando los jugos hacia la superficie. Durante el reposo los jugos vuelven al interior de la carne a medida que las fibras se relajan. De esta manera conseguimos que quede más tierna, jugosa y fácil de trinchar. Deje reposar una pieza asada unos 20-30 minutos, dependiendo de su tamaño. Pásela a una fuente para servir o a una tabla de cortar, cúbrala holgadamente con papel de aluminio y déjela en un lugar cálido. Así, tendrá tiempo para acabar de preparar los acompañamientos y una salsa o un jugo (*véanse* págs. 27-28). Las carnes cocinadas a la plancha o fritas también necesitan reposar, aunque sólo sea unos minutos, porque se trata de trozos más pequeños.

DESGLASAR LA FUENTE

Después del asado, en la fuente para asar quedará mucho jugo que ha burbujeado de la carne y se ha caramelizado. Junto con la grasa y los aromatizantes añadidos durante la cocción, tenemos los ingredientes básicos para una deliciosa reducción. Si hay un exceso de grasa (incline la fuente y vea cuánta se acumula en la esquina) puede retirarla, pero asegúrese de que deja todos los jugos de la carne acumulados debajo de la grasa. (Guarde la grasa de un asado de buey, pato o ganso para asar patatas, *véase* pág. 128, y preparar pudin Yorkshire, *véase* pág. 167.) Para desglasar la fuente, eche un poco de vino o caldo y póngala al fuego, mientras rasca los residuos de la bandeja. Si va a preparar un jugo (*véase* pág. 28), la mezcla puede hervir unos minutos, de manera que el líquido reduzca y se intensifiquen los sabores.

TABLA DE CARNES ASADAS

Ase la pieza en el horno precalentado a 220 °C, durante 15 minutos, y seguidamente reduzca la temperatura a 180 °C, y déjela el tiempo restante. Las temperaturas se refieren a la temperatura interior de la carne. De manera ideal, la carne debe dejarse a temperatura ambiente durante 2-3 horas antes de asarla. Si asa una pieza directamente después de sacarla del frigorífico, necesitará cocinarla más tiempo.

	TIEMPO DE COCCIÓN	TEMPERATURA INTERIOR
BUEY O CORDERO POCO HECHO	10-12 min por 500 g	50 °C
BUEY O CORDERO MEDIO HECHO	15-18 min por 500 g	60 °C
BUEY O CORDERO BIEN HECHO	20-25 min por 500 g	75 °C
TERNERA	15-18 min por 500 g	70 °C
CERDO	25-30 min por 500 g	75 °C

MEJORES CORTES

BUEY	**TERNERA**	**CORDERO**	**CERDO**
LOMO ALTO	PIERNA	PIERNA	PIERNA
LOMO	LOMO	PALETILLA	LOMO
LOMO BAJO	ESPALDILLA	COSTILLAR	CHULETA DE RIÑONADA
SOLOMILLO		LOMO	PALETILLA
REDONDO		PECHO	PANCETA
		RIÑONADA	COSTILLAR

FREÍR CARNE

Las raciones individuales de carne tierna de primera calidad pueden freírse con rapidez, de manera que queden doradas por fuera y suculentas y jugosas por dentro. Tenga el acompañamiento preparado o preparándose para evitar que la carne tenga que esperar demasiado una vez cocida. La carne a temperatura ambiente se freirá con mayor rapidez que si está recién sacada del frigorífico.

1 Prepare la carne; para ello, limpie todas las zonas excesivamente grasas y sazónela por ambas caras. La carne puede frotarse con especias majadas, como las semillas de hinojo o de apio, el comino, el cilantro y la guindilla seca, para potenciar su sabor.

2 Utilice una sartén robusta de calidad y caliéntela antes de incorporar la mantequilla o el aceite. Una vez añadida la grasa, caliéntela antes de agregar la carne. No ponga los trozos de carne demasiado apretados en la sartén; precisan espacio alrededor para poder freírse bien, en lugar de cocerse en los jugos acumulados. No dé la vuelta a la carne hasta que esté cocida de un lado. Así, puede desarrollar una buena capa caramelizada.

3 Use unas pinzas o una espátula de pescado de mango largo para dar la vuelta a la carne. Evite pincharla con un tenedor, ya que así los jugos de la carne saldrán.

4 Pase la carne a los platos y, con los jugos, prepare una salsa (*véase* pág. 27). Puede verter los jugos que han quedado en la sartén sobre la carne para no desaprovecharlos.

1

2

3

4

COCINAR UN BISTEC PERFECTO

El lomo bajo, el solomillo, la cadera y el chuletón son cortes tiernos que es preferible cocinar poco y a fuego fuerte, para que se doren por fuera y mantengan sus jugos en el interior. Utilice una sartén robusta, de fondo grueso o una parrilla acanalada. Seque la carne con papel de cocina y cocínela como se ha indicado anteriormente, añadiendo una nuez grande de mantequilla y un chorrito de aceite. Deje que se cueza bien por un lado antes de darle la vuelta.

Tiempos de cocción para bistecs de 1,5 cm de grosor

Muy poco hecho Cocínelo ligeramente por cada lado para que se dore, pero procure que esté completamente crudo por dentro.

Poco hecho $1\frac{1}{2}$ minutos por cada lado o hasta que se forme un fino borde de carne hecha, pero que el centro permanezca poco hecho.

Medio hecho $2\frac{1}{2}$ minutos por cada lado o hasta que la mayor parte de la carne esté bien hecha y sólo quede una fina zona rosada en el centro.

Bien hecho 5 minutos por cada lado o hasta que la carne esté totalmente hecha, pero todavía jugosa.

CARNE A LA PARRILLA

Este método de cocción también es apto para carnes de primera calidad. Dado que es la manera más seca de cocinar, debe ponerse especial atención para evitar que la carne se seque. Al preparar la carne, no la desgrase por completo, ya que la grasa ayudará a mantener la carne melosa y jugosa. Añada la sal durante o después de la cocción. Aplique las mismas reglas a la cocción en barbacoa.

1

2

1 Precaliente la parrilla al máximo antes de poner la carne. Una vez que se haya tostado la superficie de la carne, siempre puede reducirse el fuego o bajar la posición de la parrilla para que la carne se cueza.

2 La carne para asar a la parilla debe tener un grosor uniforme para que no quede una parte todavía cruda mientras que otra ya está cocida. La mejor manera de asegurarse de que un pollo o una pieza pequeña de caza se asa uniformemente es cocinarla plana, sujeta con palos de broqueta (*véase* pág. 66).

3 Unte con aceite la carne, no la parrilla, para evitar que se pegue. Como alternativa, utilice una mezcla de aceite de oliva aromatizado con sal y pimienta, hierbas picadas finas y ajo majado o especias. Use una brocha de pastelería para untar la superficie de la carne con la mezcla una o dos veces durante la cocción.

1 2 3 4

COCCIÓN LENTA

La cocción lenta es ideal para piezas de carne que con una cocción rápida quedarían duras. Pueden cocinarse enteras o deshuesadas, rellenas o no, pero siempre parcialmente sumergidas en los deliciosos jugos de cocción que sirven de salsa. Otra ventaja de esta suave manera de cocinar es que el tiempo de cocción no tiene que ser exacto. La carne no se cocina para que siga rosada en su interior y no se secará si está al fuego un poco más de tiempo del necesario. Habitualmente, la carne se dora primero en una cacerola y después se cocina suave y lentamente, ya sea sobre el fogón o en el horno. Si no dispone de una cacerola refractaria, utilice una sartén para soasar la carne y después pásela a una fuente refractaria o a una cazuela honda con tapa que pueda ir al horno.

1 Una vez sazonada la carne, soásela hasta que esté tostada (*véase* pág. 45) y retírela de la cacerola.

2 Fría las verduras que acompañarán a la carne como, por ejemplo, cebolla, zanahoria, apio, puerros o hinojo antes de poner la carne en el recipiente. Pueden añadirse aromatizantes como hierbas picadas o ajo.

3 Utilice líquidos que complementen la carne. El vino tinto es ideal para el cordero; la cerveza o el vino para el buey, y la sidra para el cerdo. El vino para cocinar no tiene que ser del mejor, pero sí debe ser un vino aceptable y que se pueda beber. Como alternativa, utilice el caldo apropiado (*véase* pág. 16) o mezcle la mitad de caldo y la mitad de vino o cerveza.

4 La cocción lenta puede hacerse sobre el fogón, pero se controla con mayor facilidad en el horno. Una temperatura de 150 °C es ideal para una cocción lenta y suave. Si cocina sobre el fogón, utilice el fuego más suave y asegúrese de que el líquido no hierva a borbotones. Tiene que moverse muy lentamente, ya que de otra manera la carne quedará cruda. Un difusor de calor puede servir para regular la fuente de calor.

5 Los platos cocinados a fuego lento, como los estofados o los guisos, pueden prepararse con antelación y recalentarse. Es probable que en los platos muy grasos, como el rabo de buey o los estofados de cordero, se forme una capa de grasa cuando se enfríen. Una vez que la grasa ha cuajado y está completamente fría es fácil retirarla.

TIPOS DE COCCIÓN LENTA

Las diferencias entre los distintos métodos de cocción lenta son muy sutiles. Los asados en cazuela utilizan grandes piezas de carne, que puede ser de primera calidad, rellena y cocinada en una cantidad suficiente de líquido para evitar que se seque. Los braseados se preparan tradicionalmente en el fogón, con trozos grandes de carne, pero no cuartos, cocinados de la misma manera. Los estofados se preparan con trozos pequeños de carne sumergidos en abundante líquido. Los guisos también se cocinan con abundante líquido, pero generalmente en el horno.

5

Cocinar huesos con tuétano

Los huesos con tuétano de morcillo de buey o ternera contienen una deliciosa y cremosa gelatina que puede servirse como entrante o tentempié, con perejil y ajo picados, ralladura de limón y sal por encima, retirándola del hueso con una cucharita o extendida sobre una tostada. Pida al carnicero que le corte los huesos del morcillo en trozos de 3-4 cm. Envuélvalos de manera suelta con papel de aluminio y áselos en el horno precalentado a 200 °C, durante unos 50 minutos, hasta que el tuétano esté blando.

DESHUESAR UNA PIERNA DE CORDERO ENTERA

Esta técnica, conocida como *deshuesado túnel* es útil para asar al horno o en cazuela. Facilita el trinchado y crea una cavidad para rellenar. Cuando compre una pierna entera de cordero, es probable que lleve todavía el extremo más fino de la caña, aunque lo haya cortado parcialmente el carnicero. Retírelo antes de empezar. La pierna puede estar completa o sólo parcialmente deshuesada. En este último caso, se deja intacto el pequeño hueso de la caña del extremo más fino de la pierna. En ocasiones se deja para conferir a la pierna un poco más de estructura.

1 En una pierna de cordero, el hueso plano de la cadera debe estar presente. Pase con cuidado un cuchillo para deshuesar (*véase* pág. 8), o un cuchillo pequeño y robusto alrededor del hueso, hasta que lo podamos extraer con facilidad. Raspe la carne del extremo redondeado del hueso principal de la pierna hasta que pueda agarrarlo bien.

2 Continúe separando la carne del hueso empujándolo hacia fuera y soltando la carne hasta la articulación de la rodilla.

3 Ésta es la parte más complicada, ya que es difícil ver dentro del extremo cada vez más estrecho de la articulación, y el deshuesado debe realizarse básicamente palpando alrededor de la carne. Si encuentra este paso demasiado difícil, recurra a la trampa de deshuesado que se indica más abajo. Con la punta del cuchillo, siga con el tunelado alrededor de la articulación, separando la carne y los tendones del hueso hasta ser capaz de retorcer y separar el hueso de la articulación. En este momento, la pieza está parcialmente deshuesada y lista para rellenar y sellar.

4 Si desea deshuesar la pieza completamente, dé la vuelta a la carne, de manera que la cara del hueso quede mirando hacia arriba, y realice un corte a lo largo de la carne nervuda, desde el extremo interno del hueso de la caña, siguiendo hacia abajo, hasta el extremo. Separe la carne de alrededor del hueso hasta poder extraerlo por completo. Retire las partes excesivamente grasas, así como los nervios y los tendones.

ABRIR UNA PIERNA DE CORDERO

Esta técnica consiste en abrir la pierna completamente plana como preparación para asarla a la parrilla o a la barbacoa. Aunque los huesos que se retiran son los mismos que en el deshuesado túnel, el deshuesado es mucho más fácil, ya que no intentamos mantener la forma de la pierna. Coloque la pierna con la parte magra hacia abajo sobre la superficie de trabajo. Empezando por el extremo grueso, utilice el cuchillo para cortar alrededor de los huesos, separando la carne del hueso y bajando hacia el extremo más fino. Una vez que se hayan retirado todos los huesos, limpie la grasa y los nervios.

RELLENAR UNA PIERNA DE CORDERO DESHUESADA

Sea cual sea, el relleno debe prepararse antes para que esté frío cuando vayamos a usarlo. Dado que la cavidad que queda no es excesivamente amplia, para rellenarla, use un relleno de sabor fuerte, como verduras mediterráneas asadas, frutos secos, ajo, hierbas, alcaparras o anchoas. Introduzca el relleno en la pierna. Si pone un exceso de relleno, cuando la carne se contraiga durante la cocción, éste será expulsado hacia fuera. No es necesario sellar los extremos, aunque unas broquetas metálicas insertadas en la carne de ambos extremos contribuirán a que la pieza mantenga su forma.

Trampa para deshuesar

Si tiene problemas para introducir el cuchillo en el interior y alrededor de la articulación de la rodilla, puede abrir la parte inferior de la carne para exponer el hueso y entonces cortar a su alrededor para liberarlo. Después, puede cerrar con una broqueta o coser la carne para un acabado estético.

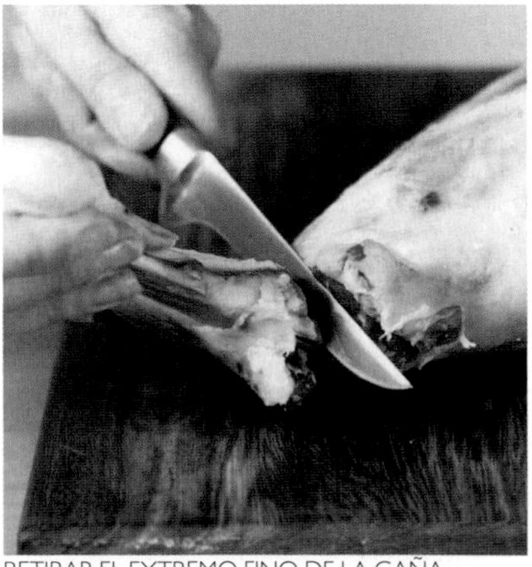

RETIRAR EL EXTREMO FINO DE LA CAÑA

PIERNA DE CORDERO DESHUESADA

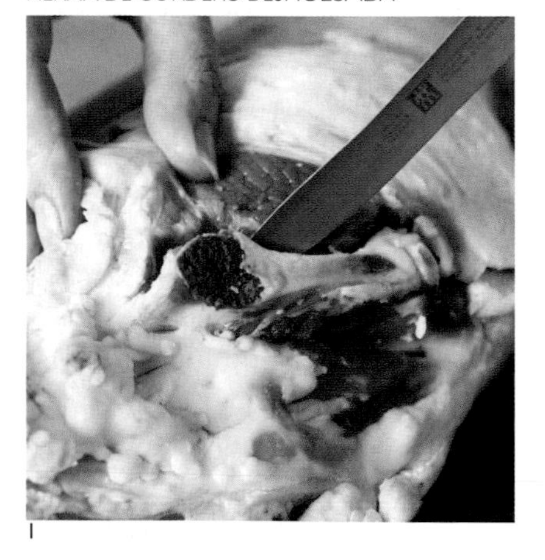
1

2

3

COSTILLAR DE CORDERO Y LOMO DE CORDERO

El costillar y el lomo de cordero son dos cortes versátiles que pueden servirse como una pieza o separados en chuletas (costillar) o medallones (lomo). Ambas piezas deberían cocinarse a fuego fuerte, de manera que la parte externa se dore bien y la delicada carne magra del centro quede tierna.

COSTILLAR DE CORDERO

Procedente del extremo superior de las costillas, esta pieza está compuesta de una parte de carne magra y sabrosa y 7-8 costillas. Pida al carnicero que se lo prepare (que sierre entre los huesos para separar el hueso de la espalda de las costillas), para facilitarle el trinchado. Para presentarlo, el costillar puede arreglarse a la francesa, es decir, limpiar la carne del extremo de la costilla. De esta manera, puede asarse tal cual, cortarse en chuletas, o unirse con un segundo costillar para formar una «guardia de honor» (*véase* pág. siguiente).

1 Retire la capa de piel delgada y correosa de la parte grasa del costillar si no lo ha hecho ya el carnicero. Limpie las zonas excesivamente grasas, pero deje suficiente para mantener la carne jugosa durante la cocción.

2 Realice un corte recto en transversal a los huesos en la parte grasa del costillar, a unos 5 cm y paralelo al extremo de las costillas.

3 Corte entre las costillas desde el extremo de éstas hasta el corte y empuje la carne para exponer el extremo de las costillas. Limpie los huesos rascando cualquier resto de carne o grasa.

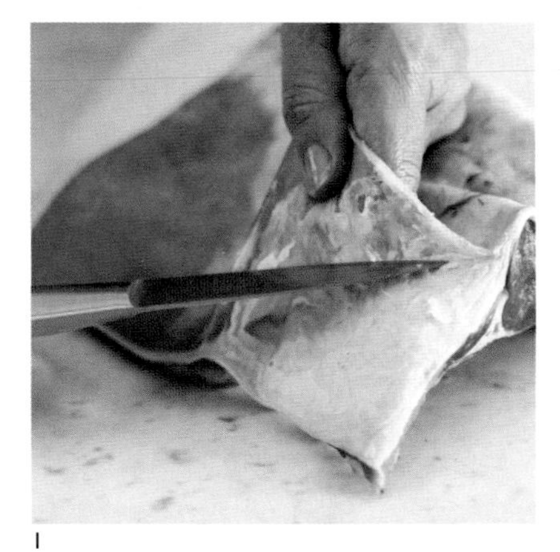

1

2

3

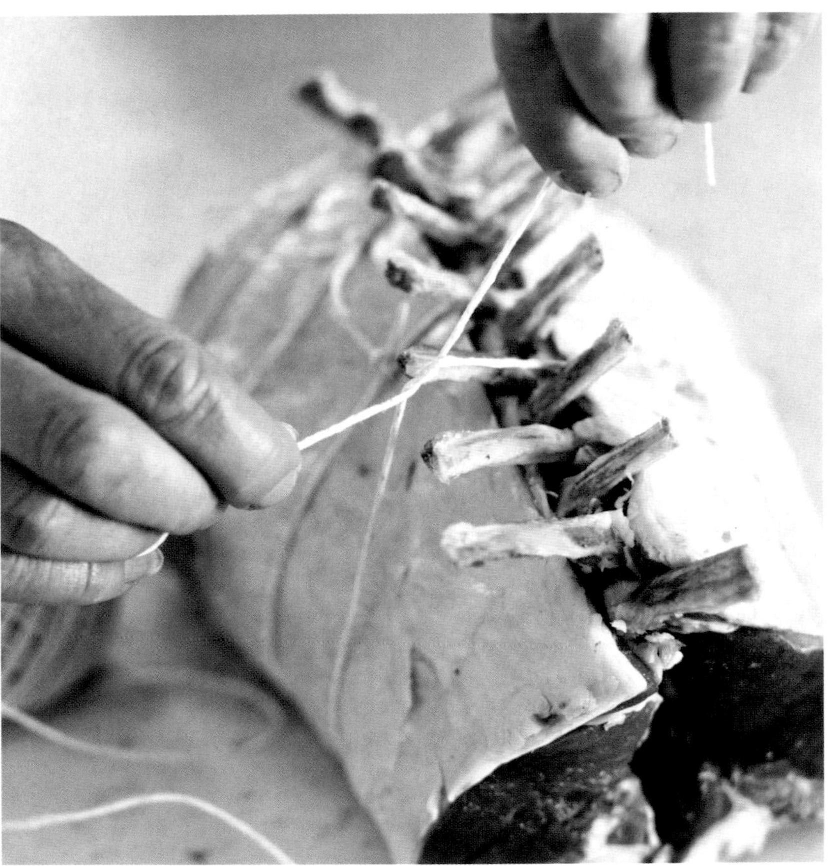

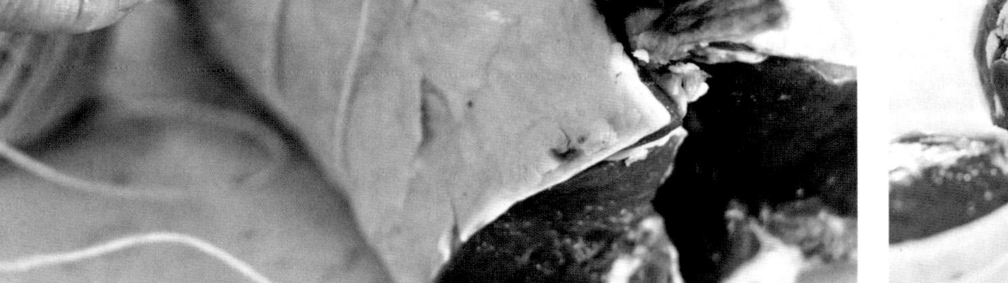

GUARDIA DE HONOR

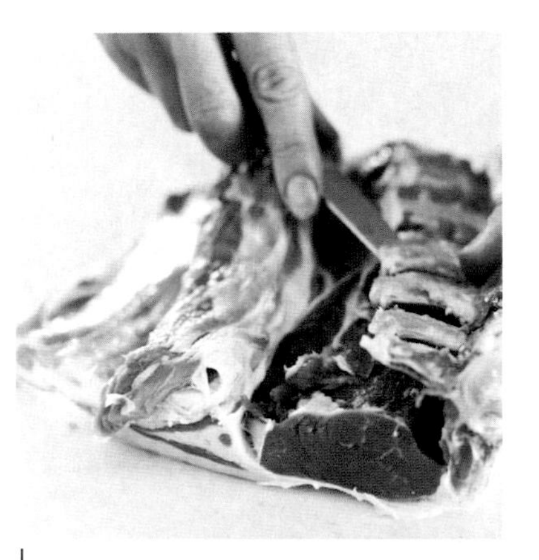

1

2

GUARDIA DE HONOR

1 Prepare dos costillares de cordero a la manera francesa (*véase* pág. anterior). Ponga los dos costillares juntos, de manera que su lado graso mire hacia fuera y los huesos se entrecrucen. De este modo, la pieza se mantendrá de pie.

2 Para que la pieza permanezca en su sitio durante la cocción, brídela con cordel de cocina a intervalos de 3-4 cm. Traslade la carne a una fuente para asar. La cavidad que se forma entre los dos costillares puede rellenarse. Si se decide por esta opción, pese la carne junto con el relleno antes de asarla (*véase* tabla de la pág. 49).

Comprar el costillar

Para preparar la guardia de honor necesitará dos costillares del mismo tamaño, preferiblemente del mismo animal, de manera que encajen bien. Hágaselo saber al carnicero al encargárselos.

NOISETTES DE CORDERO

Habitualmente se preparan con el lomo, que es el corte cercano a las chuletas de centro, lejos de la cabeza. También puede prepararse con chuletas de centro deshuesadas, utilizando exactamente el mismo método.

1 Con la ayuda de un cuchillo de hoja estrecha, separe con cuidado los huesos del lomo hasta que la pieza de carne no tenga ningún hueso. Retire la grasa excesiva.

2 Enrolle la carne deshuesada de manera que la grasa envuelva la carne magra. Bride la carne enrollada a intervalos de 2,5 cm. Corte entre los trozos de cordel con un cuchillo grande para dividir la pieza en *noisettes*.

LOMO DE CERDO

El lomo de cerdo puede deshuesarse y enrollarse para asarlo al horno o en cazuela, con o sin relleno. No queda demasiado espacio para introducir el relleno, de manera que debe utilizarse uno de sabor intenso, como la cebolla salteada o el hinojo con semillas de hinojo majadas, salvia o perejil picados o ciruelas pasas y orejones de albaricoque con cebolla y ajo. También se puede probar con cebolla salteada mezclada con especias asiáticas, como el polvo de las cinco especias, la canela, el clavo o la guindilla.

1

2

3

1 Si el lomo tiene todavía el hueso, despréndalo de la carne realizando un corte vertical hacia abajo a ambos lados de cada costilla. Poco a poco, desprenda la carne del hueso trabajando hacia el extremo más grueso de la pieza. Manténgase tan cerca del hueso como pueda para no desperdiciar carne.

2 Continúe separando la carne del hueso hasta que pueda retirarlo completamente.

3 Si el lomo va a asarse en cazuela, tendrá que retirar la piel, porque no quedará crujiente en el horno. Con ayuda de un cuchillo grande, realice un corte en la grasa que hay entre la piel y la carne magra. Tire de la grasa cortada hacia atrás con una mano, de manera que pueda ir cortando gradualmente el resto de la grasa, retirando la piel de una sola pieza. Con la piel puede seguir preparando una costra deliciosa. Prepárela tal como se indica en la pág. 49 y ásela en el horno precalentado a 220 °C, durante 30-40 minutos hasta que esté crujiente. Si utiliza el horno a una temperatura más baja para el asado en cazuela, cueza primero la costra.

4

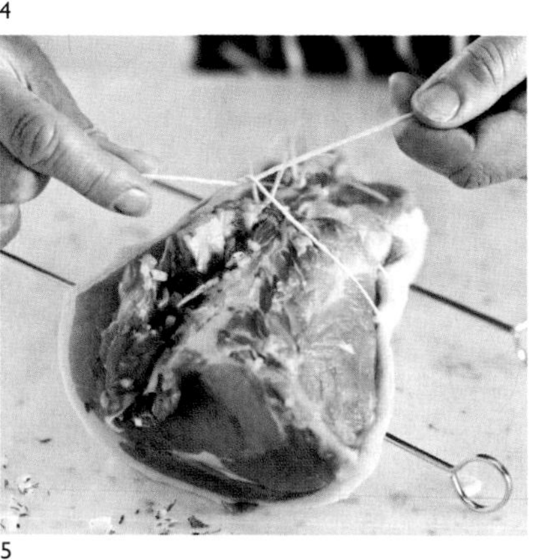

5

4 Si se decide por el relleno, repártalo en una fina capa a lo largo del centro de la carne. Si el relleno está cocinado, debe estar frío.

5 Lleve los extremos finos de la carne hacia arriba, por encima del relleno, de manera que la pieza de carne adquiera una forma cilíndrica. Utilice un par de broquetas para sujetar la carne en su lugar mientras la brida a intervalos de 3 cm.

CORTES ALTERNATIVOS

Una paletilla de cerdo puede prepararse de la misma manera, pero el carnicero debe deshuesarla previamente. La panceta, aunque más grasa, tiene un sabor excelente y puede deshuesarse y enrollarse de la misma forma.

DESPOJOS

Los despojos del buey y la ternera, el cordero y el cerdo se encuentran con facilidad, aunque los de ternera y cordero suelen ser los más tiernos y de sabor más delicado.

HIGADO

Los hígados tiernos de ternera y cordero se sirven como plato principal, mientras que los de buey y cerdo se utilizan habitualmente para preparar patés y terrinas. El sabor fuerte del hígado de buey puede suavizarse sumergiéndolo en leche 2 horas antes de cocinarlo.

La preparación de cualquiera de los tipos de hígado antes de cocinarlo es la misma.

1 Retire las membranas que pueden cubrir el hígado.

2 Recorte cualquier zona pálida de grasa, ternilla o vaso sanguíneo.

3 Corte el hígado en lonchas finas, de unos 5-10 mm de grosor, y séquelo con papel de cocina antes de cocinarlo.

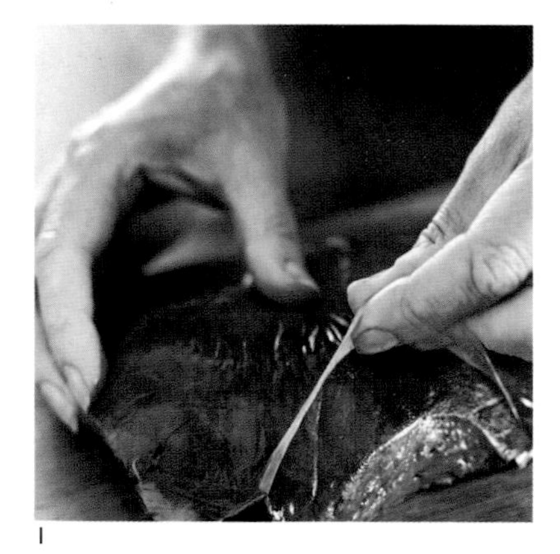
1

2

Pasta de sebo

La grasa que rodea los riñones puede utilizarse para la pasta de sebo con la que se prepara un pudin de carne o de riñones (*véanse* págs. 62-63). Para preparar en casa el sebo triturado, raspe la grasa de buey o ternera y enharínela ligeramente para evitar que los trozos se peguen entre sí.

3

HIGADILLOS DE POLLO

Estos hígados tienen una parte central de grasa blanda que debe retirarse antes de cocinarlos. Corte los higadillos por la mitad y retire la grasa con un cuchillo o unas tijeras de cocina.

HIGADILLOS DE POLLO

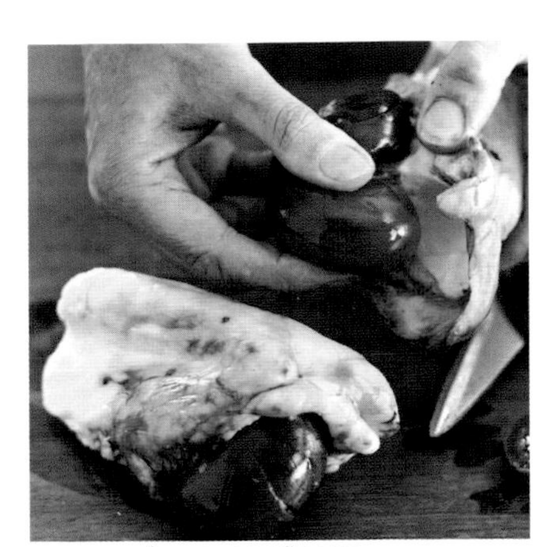

PREPARACIÓN DE LOS RIÑONES

RIÑONES

Todos los riñones están envueltos por una capa gruesa de grasa blanca consistente (sebo), la cual debe retirarse. Una vez retirada, elimine la fina membrana que cubre los riñones. Serán necesarios unos cuatro riñones pequeños de cordero por ración, mientras que un solo riñón de ternera servirá para cuatro raciones.

Corte cada riñón por la mitad para dejar a la vista su pálido corazón interior. Recórtelo con unas tijeras de cocina. Si lo prefiere, corte los riñones en trozos más pequeños.

CORAZÓN

Sumerja el corazón en agua fría durante 2 horas antes de usarlo, para limpiarlo de sangre. Retire las venas y las arterias.

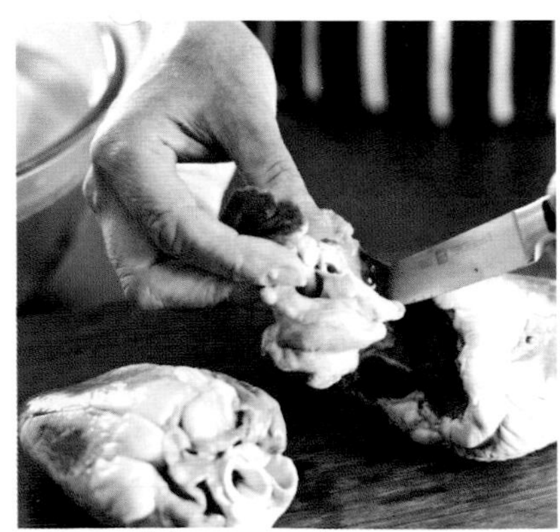

PREPARACIÓN DEL CORAZÓN

REDAÑO

Se trata de una membrana grasa que envuelve el estómago de los animales. El redaño de cerdo es el que se encuentra con mayor facilidad. Se utiliza como envoltorio para piezas de carne magra, ya que las mantiene húmedas a medida que la grasa se derrite durante la cocción. Asimismo, conserva la forma de la carne y elimina la necesidad de bridarla. Antes de utilizarlo, sumérjalo en agua fría durante 2 horas y, después, séquelo con papel de cocina.

Coloque un trozo de redaño sobre la superficie de trabajo y ponga la pieza de carne, por ejemplo, una tapa de buey o un lomo de cerdo, encima. Envuelva la carne con el redaño, de manera que quede bien sellada antes de asarla.

USO DEL REDAÑO

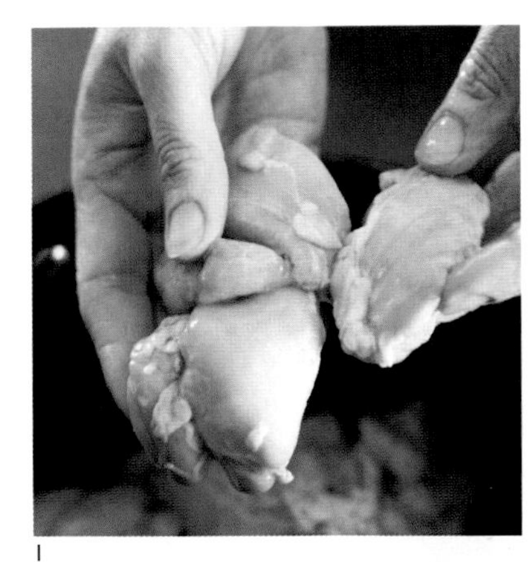

1

2

MOLLEJAS

1 Sumerja las mollejas en agua fría durante 2 horas antes de usarlas. Póngalas en una cacerola, cúbralas con agua o caldo y llévelas lentamente a ebullición. Baje el fuego y cuézalas durante 2 minutos. Escúrralas y déjelas enfriar. De esta manera quedan más firmes y fáciles de manejar.

2 Retire cualquier resto de tejido conjuntivo y nervios con la ayuda de un cuchillo. Ahora, las mollejas están listas para cocinarse.

PUDIN DE CARNE Y RIÑONES

Tradicionalmente, el pudin de carne y riñones se envuelve con un paño de lino y se sirve directamente del cuenco. También, puede desmoldarse en una fuente de paredes altas y servirse en trozos.

Para 4-6 raciones

550 g de carne para asar en dados
125 g de riñones de cordero en dados
100 g de champiñones cortados por la mitad
2 cebollas picadas
un puñado grande de perejil picado
1 lata pequeña de ostras ahumadas escurridas
2 cucharadas de harina
250 g de harina con levadura incorporada
125 g de sebo de vacuno troceado
mantequilla para untar el molde
2 cucharadas de salsa Worcestershire
1 cucharada de tomate concentrado
sal y pimienta

1 Mezcle, en un cuenco grande, la carne, los riñones, los champiñones, la cebolla, el perejil y las ostras. Espolvoree la harina y abundante sal y pimienta y mézclelo bien.

2 Tamice la harina sobre otro cuenco y mézclela con el sebo. Añada 125 ml de agua fría y mezcle hasta obtener una masa blanda, utilizando un cuchillo de hoja redondeada. Incorpore un poco más de agua a la masa si la nota seca. Debe estar blanda, pero no pegajosa.

3 Unte con mantequilla la base y las paredes de un molde de pudin de 1,5 litros. Trabaje ligeramente la masa y extiéndala con el rodillo formando un círculo de 30 cm. Separe una cuarta parte de la masa para usarla como tapa.

4 Forre el molde con el resto de la masa. Deje que los lados sobresalgan ligeramente del molde y distribuya la masa lo más uniforme que pueda. Pincele el borde superior de la masa con agua.

5 Eche la mezcla de carne y riñones en el molde. Mezcle la salsa Worcestershire y el tomate concentrado con 150 ml de agua. Vierta la mezcla sobre el relleno. Extienda el resto de la masa con el rodillo formando un círculo y colóquelo sobre el relleno, presionando con fuerza los bordes.

6 Corte un círculo grande de papel sulfurizado y pliéguelo hacia el centro. Déjelo caer sobre el molde. Coloque un paño limpio sobre el papel para mantenerlo en su lugar. Asegure el paño con cordel por debajo del borde del molde. Suba las dos esquinas opuestas del paño por encima del molde y átelas juntas. Repita con las otras esquinas. Coloque un plato pequeño del revés o un trozo arrugado de papel de aluminio en una cacerola grande y ponga el molde encima. Eche agua hirviendo alrededor del molde hasta llenar una tercera parte de la cazuela. Llévela de nuevo a ebullición. Tápela y deje cocer al vapor durante 3½ horas; añada más agua en caso necesario. Una vez cocinado, saque con cuidado el molde del recipiente.

Púdines individuales

Para preparar púdines de carne y riñones individuales, utilice 6 moldes de 400 ml. Prepare doble cantidad de masa y forre los moldes untados con mantequilla como se ha indicado. Cubra cada uno de ellos con un círculo de papel sulfurizado, y asegúrelo por debajo del borde. Envuélvalos con papel de aluminio y asegúrelos por debajo del borde. Colóquelos en una fuente para asar y vierta agua hirviendo hasta alcanzar 3 cm de altura. Horneélos a 150 °C, durante 2 horas. Desmóldelos en platos individuales y vierta salsa oscura enriquecida (*véase* pág. 23).

1

2

3

4
5
6

AVES Y CAZA

La mayor parte de las aves se venden en el mercado todo el año, aunque algunas aves de caza son de temporada y sólo se encuentran frescas durante el invierno. Las aves crudas son potenciales portadoras de bacterias, de manera que en el frigorífico deben conservarse lejos del resto de los alimentos.

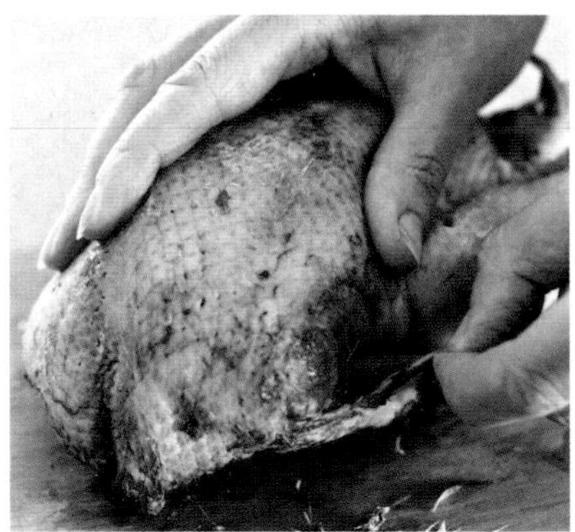

RETIRAR LOS RESTOS DE PLUMAS

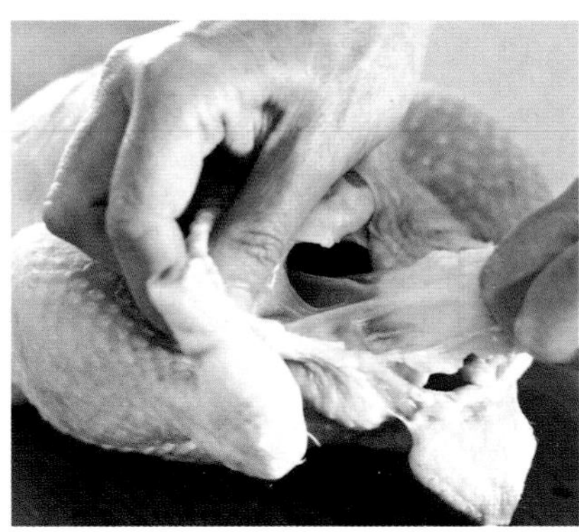
LIMPIAR

RETIRAR LA ESPOLETA

RETIRAR LOS RESTOS DE PLUMAS
Revise las aves y la caza por si quedan restos de plumas. Estírelas con los dedos o con unas pinzas.

LIMPIAR
Enjuague la cavidad de las aves bajo el grifo. Deje escurrir bien el agua y seque la parte exterior con papel de cocina. Retire las zonas de grasa sueltas alrededor de la cavidad.

RETIRAR LA ESPOLETA
Tanto el pollo como el pavo se trinchan con mayor facilidad si se retira la espoleta. Levante la piel que rodea el cuello del ave. Pase el dedo por el borde de carne para localizar la espoleta. Resiga con un cuchillo pequeño ambos lados de la espoleta y raspe la carne para que se desprenda. Tenga cuidado de no cortar la carne de la pechuga. Utilice los dedos para sacar la espoleta y después coloque otra vez la piel en su sitio.

BRIDAR
Esta técnica ayuda a que el pollo o el pavo mantenga su forma durante la cocción y evita que el muslo quede demasiado seco. Retire las posibles bridas de origen antes de empezar. Si utiliza un relleno, úselo sólo en la cavidad del cuello para permitir que el interior del ave se cueza adecuadamente (*véase* recuadro de la pág. 68); el resto del relleno puede cocinarse en un molde separado o en moldes individuales.

1 Estire la piel del cuello por debajo del ave y doble las puntas de los alones hacia atrás para sujetar la piel en su lugar.

2 Coloque el ave con la cavidad del cuello encarada hacia usted y pase un trozo largo de cordel por debajo del ave, llevando los dos extremos hacia arriba a ambos lados, entre los muslos y las alas. Lleve el cordel hacia atrás entre los dos muslos y rodee con él los dos extremos del muslo.

3 Ate firmemente los extremos por encima de la cavidad, rodee con ellos la rabadilla y vuelva a atarlos una vez más.

1

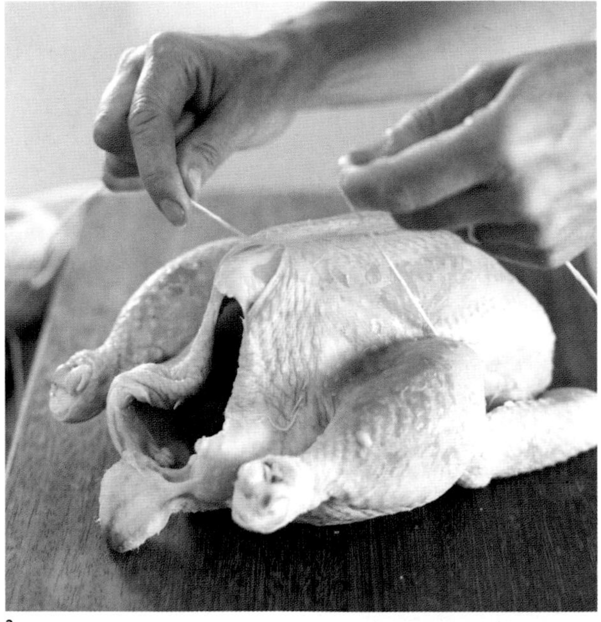

2

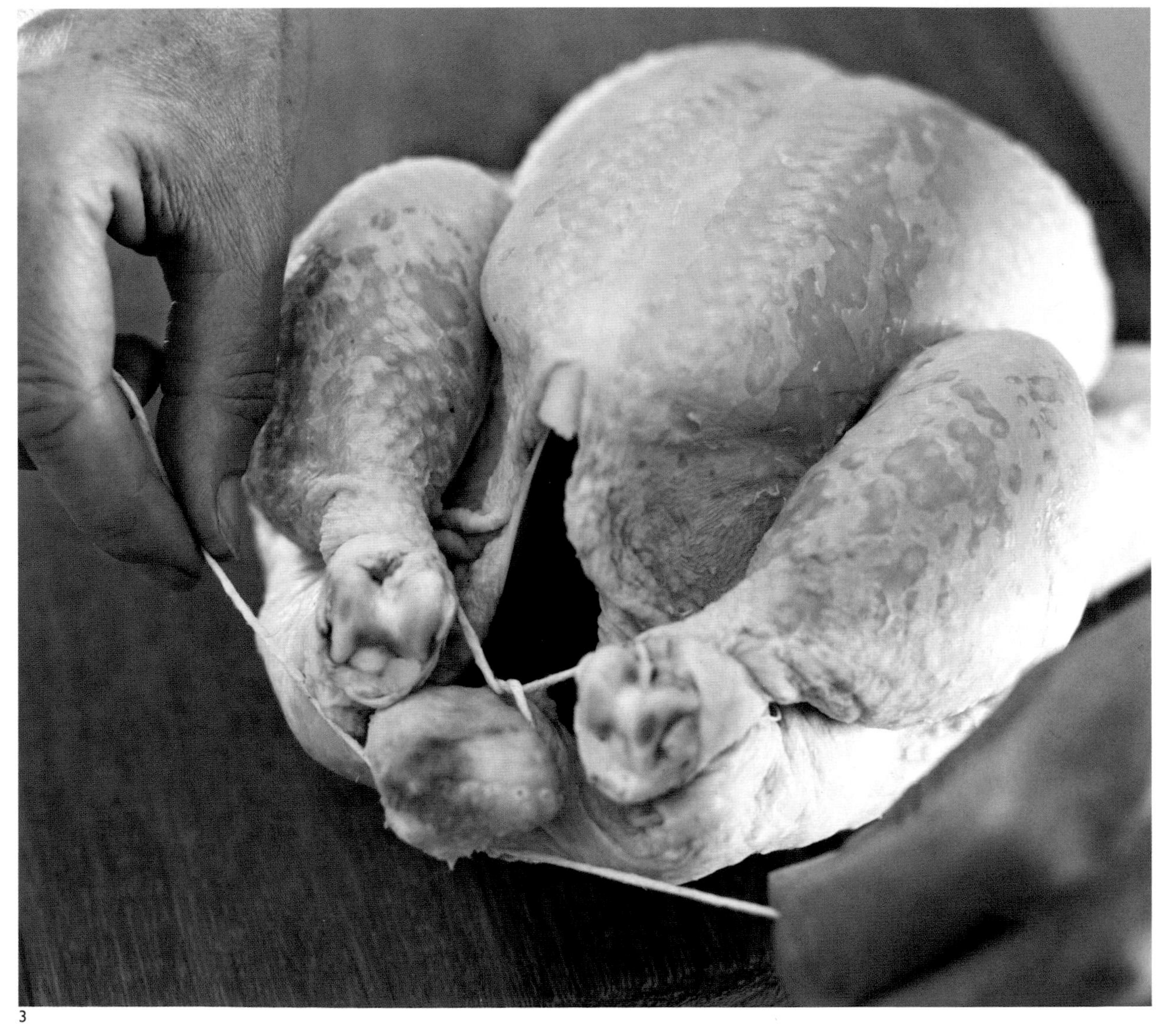

3

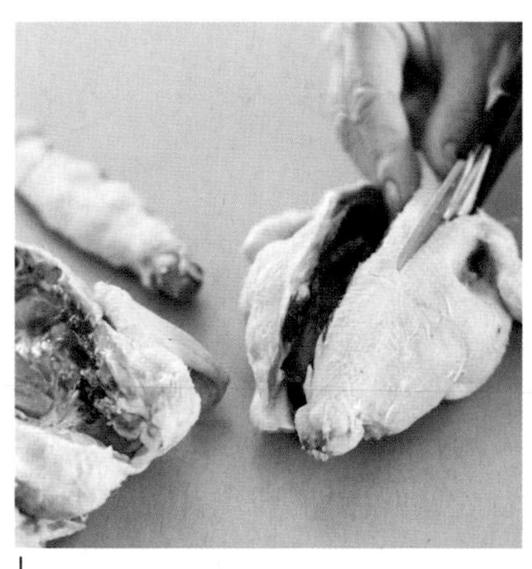

1

2

SACAR LAS PECHUGAS DE UN AVE DE CAZA PEQUEÑA

COCINAR LAS AVES ABIERTAS Y APLANADAS

Si se abren y aplanan las aves de caza pequeñas, como el faisán, la pintada, la perdiz, la codorniz o el picantón, son más fáciles de asar a la parrilla o en la barbacoa.

1 Corte a lo largo uno de los lados de la columna vertebral con unas tijeras de cocina o para aves. Corte a lo largo del otro lado para retirar completamente la columna. Aplane el ave apretando las pechugas con la palma de la mano.

2 Introduzca en diagonal una broqueta metálica en el ave, a través de uno de los muslos y el ala opuesta. Introduzca una segunda broqueta en dirección contraria para mantener el ave plana.

SACAR LAS PECHUGAS DE UN AVE DE CAZA PEQUEÑA

En las aves de caza pequeñas, como la paloma o la perdiz, casi toda la carne está en las pechugas. Éstas pueden separarse, de manera que el resto del animal puede usarse para preparar un caldo (*véase* pág. 17). Utilice un cuchillo pequeño y afilado para realizar un corte a lo largo de uno de los lados del esternón. Lleve la carne hacia atrás y sepárela de los huesos de la caja torácica hasta que pueda sacar la pechuga por completo. Repita la operación en el otro lado.

ABLANDAR UNA PECHUGA DE PALOMA

La carne de la pechuga de una paloma adulta puede ser bastante dura. Para ablandarla, añada sal y azúcar en cantidades iguales (1 cucharada de cada para dos pechugas). Tape las pechugas y refrigérelas durante 2-3 días; vaya dándoles la vuelta cada día. Poco a poco, el adobo se hará líquido.

ASAR AVES Y CAZA

El ganso y el pato son las únicas aves que no muestran una tendencia natural a secarse al asarlas y, por eso, necesitan una preparación específica (*véase* inferior). La preparación más básica de las demás aves consiste en sazonar la piel y después untarlas con una gruesa capa de mantequilla. Como alternativa, pruebe alguno de los métodos de asar de las págs. 46-47.

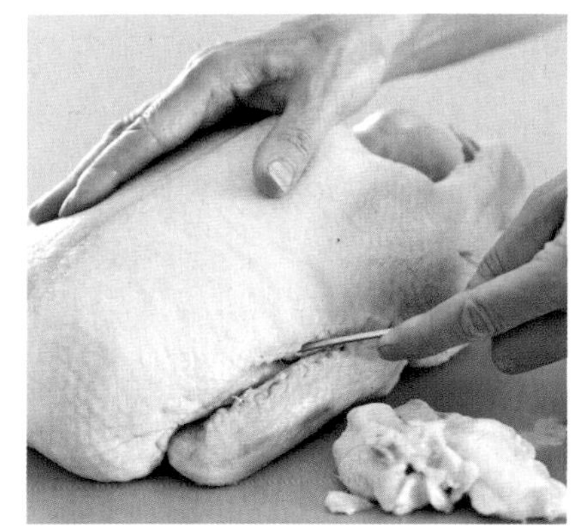

PINCHAR LA PIEL DEL GANSO

COMPROBAR EL PUNTO DE COCCIÓN

PREPARACIÓN DEL GANSO Y EL PATO

Retire los acúmulos de grasa de alrededor de la cavidad o del interior del ave, pero no los tire (*véase* recuadro). Pinche la piel del animal por todas partes con una broqueta, excepto la zona de las pechugas. Esta acción favorece que la grasa fluya durante el asado. Ponga el ave encima de una rejilla sobre una fuente para asar alta y frote la piel con abundante sal.

TIEMPOS DE COCCIÓN

Calcule el tiempo de cocción con ayuda de la tabla de la pág. 69, incluso si ha utilizado relleno. Si el ave empieza a tomar demasiado color, cúbrala holgadamente con papel de aluminio, en cuyo caso deberá prolongar ligeramente el tiempo de cocción.

COMPROBAR EL PUNTO DE COCCIÓN

Tanto el pavo como el pollo deben servirse bien cocidos. En el caso de otras aves no es imprescindible, aunque si se hacen bien se intensifican los sabores, la piel queda más crujiente y la grasa se derrite. Poco antes del tiempo estimado de cocción, pinche la parte más gruesa del muslo con una broqueta. Presiónela contra la carne, para que fluyan sus jugos. Si son claros, el ave está cocida, pero si muestran restos de sangre o tienen un color rosado, introduzca el ave en el horno un poco más antes de volver a comprobarlo.

REPOSO

Una vez asada, levante el ave, de manera que los jugos que hayan podido acumularse en su interior caigan en la fuente. Pase el ave a una fuente o a una tabla, tápela holgadamente con papel de aluminio y déjela reposar unos 15-30 minutos antes de trincharla (*véanse* págs. 74-75).

Utilización de la grasa de ganso y de pato

La grasa tanto del ganso como del pato es ideal para asar patatas. Ponga la que haya retirado del ave sobre la rejilla antes de utilizarla. La grasa se derretirá y se acumulará en la fuente. Recójala, cuélela cuidadosamente a través de un chino y déjela enfriar. Una vez fría, póngala en un recipiente; puede conservarse en el frigorífico hasta 4 meses.

MANTENER LA JUGOSIDAD DE AVES Y CAZA

Las aves de caza magras, especialmente el faisán, tienen tendencia a secarse durante la cocción. Si cubrimos las pechugas con unas lonchas de beicon graso antes de introducirlo en el horno, ayudaremos a mantener la carne jugosa. Dar la vuelta al pollo o a un pavo pequeño durante el asado permite que la carne de la pechuga se bañe en su propio jugo. Un relleno sabroso por debajo de la piel del pollo o de las aves de caza mantiene la jugosidad y conferir sabor a la carne. Elija un relleno graso, como el ajo mezclado con mantequilla de hierbas y guindilla o un queso tierno de cabra mezclado con jamón picado fino, romero y alcaparras. Calcule unos 150 g de mantequilla o queso crema para un pollo mediano.

DAR LA VUELTA A LAS AVES DURANTE EL ASADO

DAR LA VUELTA A LAS AVES DURANTE EL ASADO

Calcule el tiempo de cocción (*véase* tabla pág. siguiente) y ase el ave colocada hacia arriba durante una tercera parte del tiempo calculado. Dele la vuelta para que descanse sobre sus pechugas y ásela durante otro tercio del tiempo previsto. Vuelva a poner el ave boca arriba y ásela el tiempo restante.

RELLENAR BAJO LA PIEL

Cuando se rellena un ave así, sus jugos rezuman a través de la carne hasta la fuente, de forma que aportan mucho sabor a la salsa y a la carcasa, con la que después se puede preparar un caldo (*véase* pág. 17).

1 Retire cualquier resto del cordel. Deslice los dedos entre la piel y la carne de las pechugas, empujando la mano poco a poco hacia delante, bajo la piel, hasta separarla. A ser posible, intente alcanzar la parte superior de los muslos, pero sin arriesgarse a desgarrar la piel.

2 Con la ayuda de una cucharita, ponga el relleno bajo la piel y extiéndalo un poco sobre los muslos siempre que sea posible. Vuelva a colocar la piel en su sitio y nivele, con los dedos sobre ella, el relleno. No se preocupe si aparecen bultos, ya que desaparecerán durante la cocción. Bride de nuevo el ave antes de asarla (*véanse* págs. 64-65).

1

2

Relleno

No debe rellenarse la cavidad del ave, especialmente del pollo y el pavo, ya que el calor tarda tanto tiempo en llegar al relleno que la carne se cocería demasiado. En su lugar, rellene sólo la cavidad del cuello y cocine el resto del relleno por separado en un molde o en moldes individuales, o forme bolas con él. Sin embargo, puede llenar la cavidad de hierbas, trozos de limón y dientes de ajo para aportar más sabor a la carne.

TABLA PARA EL ASADO DE LAS AVES

En el caso de aves de gran tamaño, como pollo, pato, ganso o pavo, áselas a 220 °C durante 20 minutos y después reduzca la temperatura a 180 °C; siga la tabla por cada 500 g de peso. Las aves de menor tamaño se pueden asar a temperaturas superiores, pero tenga cuidado en no cocerlas en exceso; vaya comprobando si están listas tras un breve período de cocción. Para que las pechugas se conserven jugosas, las aves pequeñas se pueden cocinar de un lado y después darles la vuelta del otro lado. La carne debería dejarse a temperatura ambiente durante 2 -3 horas antes de asarse. Si procede a asar la carne después de sacarla del frigorífico, necesitará un tiempo de cocción ligeramente superior.

	TIEMPO DE COCCIÓN	TEMPERATURA DEL HORNO
POLLO	15-20 min/500 g	180 °C
PAVO	15-20 min/500 g (el tiempo de cocción/500 g se reduce a 10-15 min/ 500 g para pavos de más de 4,5 kg)	180 °C
PATO Y GANSO	20 min/500 g	180 °C
PINTADA	55-60 min por pieza	190 °C
FAISÁN	45-55 min por pieza	190 °C
UROGALLO	25-30 min por pieza	200 °C
PERDIZ	25-30 min por pieza	200 °C
PALOMA TORCAZ	20-25 min por pieza	200 °C
CODORNIZ	15-20 min por pieza	200 °C

TROCEAR UN POLLO

Un pollo de unos 1,5 kg puede cortarse en 10 trozos, que representan 4-5 raciones. Un pollo más grande supondrá más raciones si las pechugas, los muslos y los contramuslos se cortan en más trozos (*véase* inferior). La misma técnica se puede utilizar para un pavo pequeño, un faisán o una pintada.

1 Retire la espoleta (*véase* pág. 64). Con la ayuda de un cuchillo grande y afilado, corte la piel entre el muslo y la pechuga. Tire del mismo para separarlo del cuerpo, echándolo hacia atrás para dejar a la vista la articulación. Lleve el muslo hacia atrás y a la derecha para que la articulación se separe. Antes de separar por completo el muslo, intente cortar alrededor de la pequeña ostra de carne que está unida a la carne del contramuslo. No es imprescindible, pero es bueno incluirla en el muslo. Repita la operación en el otro lado.

2 Para conseguir que las alas sean más carnosas, puede añadirse un pequeño trozo de la pechuga al separarlas. Sostenga el ala y realice un corte vertical a través de la parte posterior de la pechuga. Al llegar a la articulación del ala, separe la carne para dejarla a la vista y cortarla para retirar el ala. Repita la operación en el otro lado.

3 Corte el esternón a lo largo por un lado. Con la carne de la pechuga sujeta con una mano, separe suavemente con el cuchillo la carne de las costillas hasta que pueda separar por completo la carne de la pechuga. Repita la operación en el otro lado.

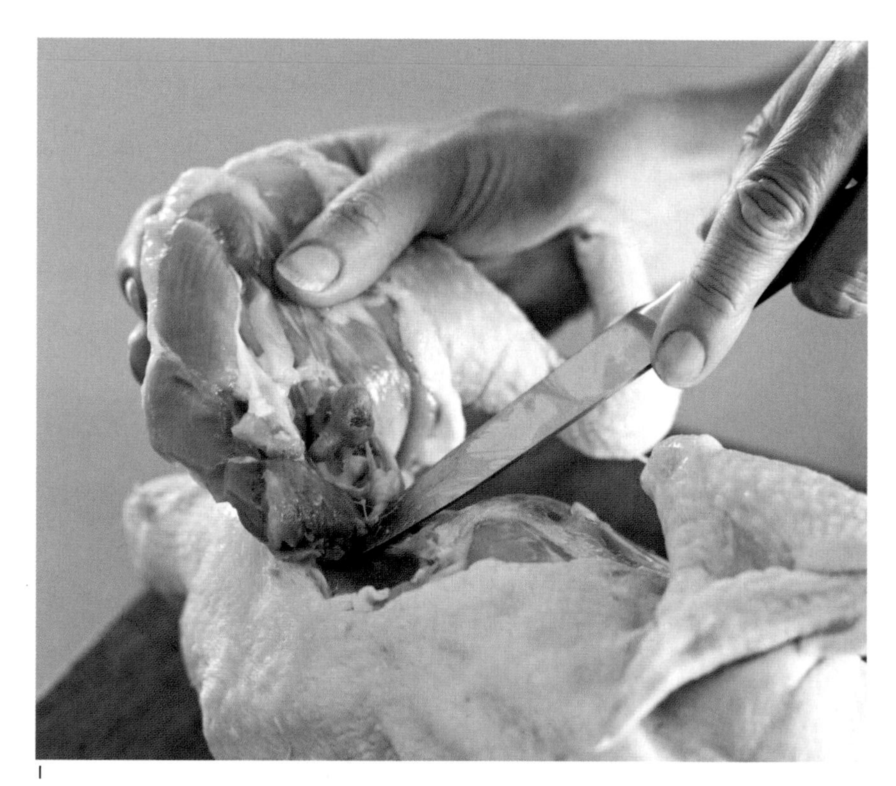

1

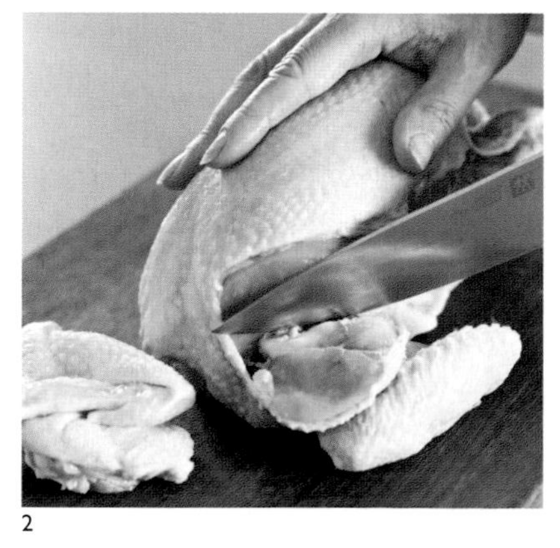

2

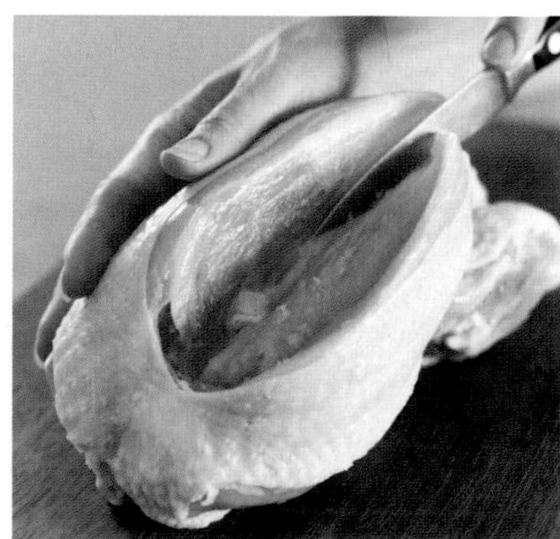

3

DESHUESAR LOS MUSLOS Y LOS CONTRAMUSLOS

En un pollo de gran tamaño, estos trozos pueden deshuesarse, de manera que la carne puede cortarse en trozos más pequeños.

1 Para deshuesar el contramuslo, colóquelo con la parte carnosa hacia abajo sobre la superficie de trabajo. Utilice un cuchillo pequeño para hacer un corte a lo largo del hueso. Empezando por uno de los extremos, separe la carne de alrededor del hueso; extráigalo con una mano mientras con el cuchillo lo libera por completo.

2 Para deshuesar el muslo, corte la pequeña articulación de su extremo más delgado. En el extremo más grueso, separe la carne de alrededor del hueso y libérelo completamente con el cuchillo. Encontrará un gran número de nervios delgados, como hilos. Retire todos los que pueda.

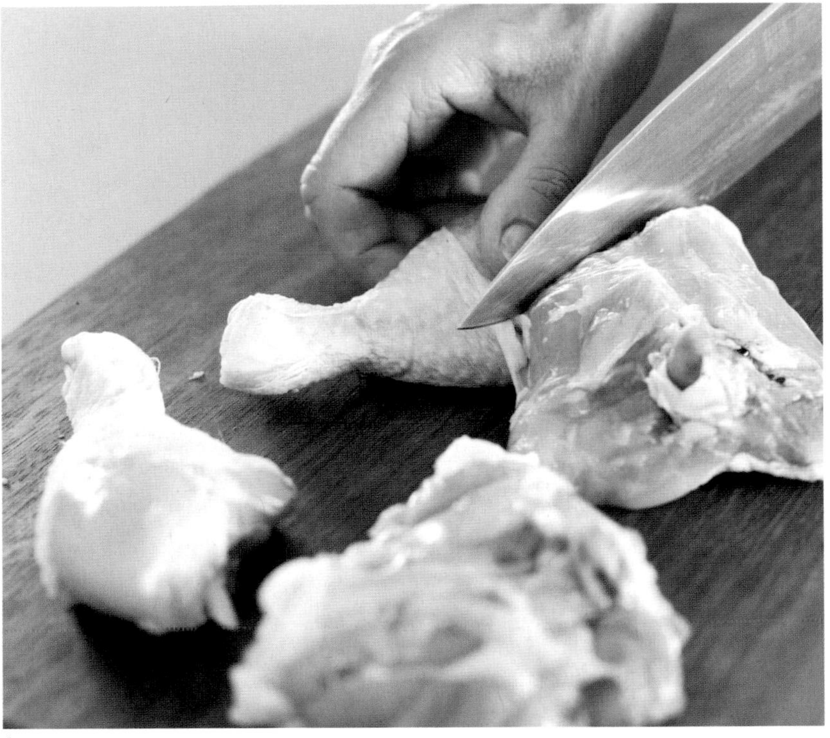

4

5

4 Reserve la carcasa para preparar un caldo (*véase* pág. 17). Para separar el muslo del contramuslo, ponga la pieza con la parte de la piel hacia abajo sobre la tabla de cortar. Doble el muslo para hacerse una mejor idea de dónde se encuentra la articulación; generalmente tiene encima una pequeña capa de grasa blanca. Corte a través de ella para separar el muslo del contramuslo. Si se encuentra con el hueso y el cuchillo no se desliza limpiamente, mueva el cuchillo ligeramente y vuelva a intentarlo.

5 Corte las pechugas por la mitad. Si va a escalfar el pollo o no desea prepararlo con piel, retírela de ambos trozos. En ocasiones, es difícil retirar la piel del contramuslo. Para hacerlo, échela hacia atrás por encima del extremo del muslo, ayudándose de un trozo de papel de cocina para agarrarla mejor y tirar de ella con más firmeza.

DESHUESAR EL CONTRAMUSLO

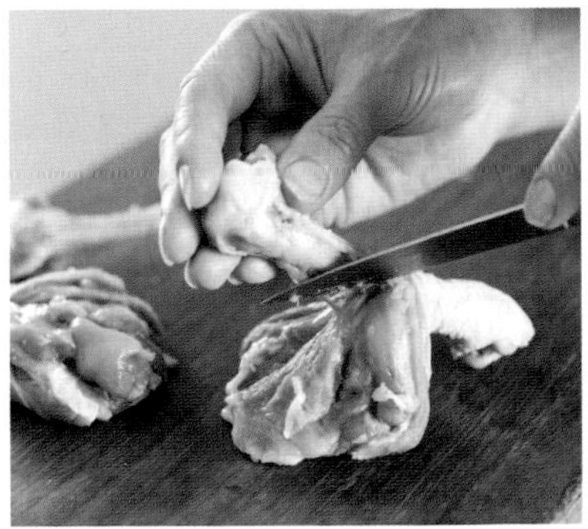

DESHUESAR EL MUSLO

DESHUESAR UN POLLO

Aunque la estructura del esqueleto varía en cada ave, esta misma técnica puede utilizarse para el pavo, el faisán, el pato, la pintada e incluso las aves de caza más pequeñas. El deshuesado lleva su tiempo y no debe hacerse con prisas, ya que, de lo contrario, existe el peligro de cortar la piel. Las ventajas que supone bien valen el esfuerzo; el ave se puede rellenar, asar y después trinchar fácilmente en tajadas limpias que sólo contienen carne blanca, carne roja y relleno.

1

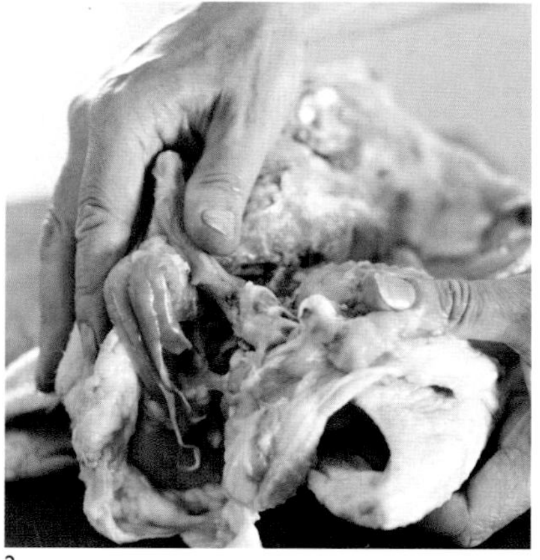
2

3

1 Retire la espoleta (*véase* pág. 64). Coloque el ave con la parte de las pechugas hacia abajo sobre la tabla de cortar y corte a lo largo del espinazo con un cuchillo afilado de tamaño medio. Apartando la piel con una mano, utilice el cuchillo para separar la carne de alrededor de la carcasa. En el extremo de la pata, al final encontrará la articulación.

2 Eche la pata hacia atrás, para que la articulación se rompa. De no ser así, empuje el cuchillo en la articulación y retuérzalo hasta que el hueso se separe. Utilice la misma técnica en la parte del ala hasta que también ésta se separe de la carcasa. Repita la operación en el otro lado del ave.

3 Continúe separando la carne de la carcasa; levántela con una mano para que pueda ver con claridad en qué lugares debe separar la carne. Tenga especial cuidado al llegar al borde superior del esternón, ya que esta parte del hueso está muy cerca de la piel y, por tanto, se puede rasgar con facilidad. Llegará un momento en que podrá separar por completo la carcasa.

4 Para retirar los huesos del muslo y el contramuslo, separe la piel del extremo del hueso que quedó a la vista. Siga el hueso hacia abajo, separando la carne de la articulación hasta llegar al extremo inferior del muslo. Repita la operación en el otro lado.

5 Corte las dos secciones más externas de las alas, de forma que sólo quede el muslito del ala. Retire el hueso del ala de la misma manera que lo ha hecho con los muslos. Pula el ave deshuesada; para ello, retire los trozos de grasa y los nervios de los muslos fácilmente accesibles. También pueden quedar zonas de piel sobrantes que podrían limpiarse, pero manténgalas en su sitio hasta que llegue el momento de bridar el ave.

6 Coloque el relleno (que tiene que estar frío) en el centro del ave. Enhebre una aguja de bridar grande con cordel fino (*véase* pág. 9). Dele nuevamente forma al ave, de manera que los dos extremos de la piel se encuentren por encima del relleno. Si hay un exceso de piel suelta en los extremos, recórtela con unas tijeras de cocina. Utilice la aguja de bridar para coser el ave, dejando un buen trozo de cordel a ambos lados, de forma que pueda retirarse con facilidad después, una vez asada. Dé la vuelta al ave para que la costura quede debajo.

4

5

6

ASAR UN AVE DESHUESADA Y RELLENA

Coloque el ave en una fuente para asar, salpimiéntela y úntela con mantequilla ablandada. Si el ave deshuesada y rellena es un pato, pinche la piel por todos los lados, excepto la zona de las pechugas, con el extremo de una broqueta, para permitir que la grasa fluya, y colóquela sobre una rejilla en una fuente para hornear. Ase el ave a 200 °C; calcule 20 minutos por cada 500 g. Si la piel empieza a tostarse demasiado, cúbrala holgadamente con papel de aluminio.

ASAR UN AVE DESHUESADA Y RELLENA

TRINCHAR UN AVE

Utilice siempre un cuchillo de trinchar bien afilado y un tenedor de dos púas. Coloque el ave sobre una placa de trinchar o una tabla con una ranura alrededor del borde para recoger los jugos. Ponga los trozos trinchados en platos calentados o en una fuente caliente. Aunque la estructura del esqueleto de las distintas aves puede variar ligeramente, la forma de trincharlas es prácticamente la misma para todas.

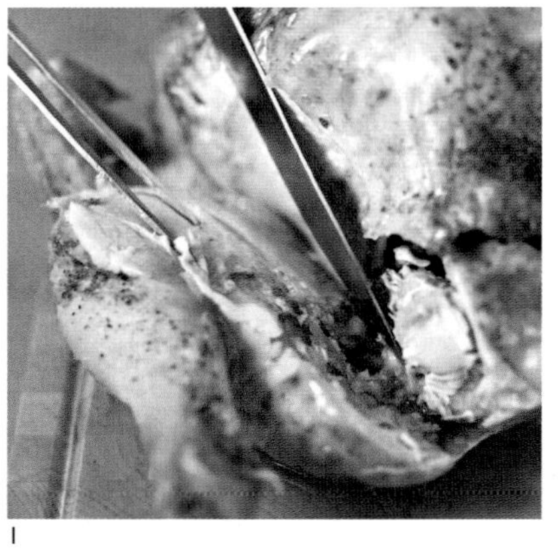
1

2

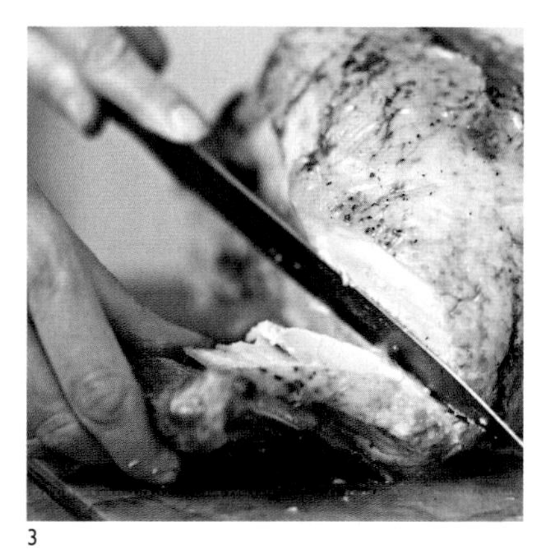
3

4

1 Empuje el cuchillo de trinchar entre el muslo y la pechuga; desplácelo para dejar a la vista la articulación que lo mantiene unido al cuerpo. Corte la articulación para separar el muslo. Repita la operación en el otro lado.

2 Separe el muslo del contramuslo realizando un corte a través de la articulación. En las aves de gran tamaño, puede ser interesante filetear la carne del muslo y el contramuslo.

3 En las aves de más tamaño, las alas pueden servirse con un trozo de pechuga, aunque en las más pequeñas no vale la pena. Realice un corte vertical cerca de la parte frontal de la pechuga; siga hacia abajo para encontrarla articulación que sujeta el ala al cuerpo. Repita la operación en el otro lado.

4 Realice un corte a lo largo de uno de los lados del esternón para retirar la pechuga de una sola pieza. Colóquela sobre una tabla de cortar y córtela en lonchas. Como alternativa, trinche las lonchas directamente del ave entera.

PATÉS

Los patés pueden hornearse en un molde refractario y después sellarse con un caldo gelatinoso que ayude a su conservación e impida que se sequen, o bien en un molde forrado con lonchas de beicon, lo que también ayudará a mantenerlos jugosos. Pueden adornarse con romero o tomillo y hojas de laurel. Es preferible ponerlas sobre la superficie del paté a media cocción, de manera que se cocinen un poco pero no se quemen. El paté acabado puede conservarse en el frigorífico hasta 5 días. Los patés no se congelan bien, ya que se tornan acuosos y lo más probable es que pierdan su textura.

1

2

3

PATÉ DE CAMPAÑA

Para 8 raciones

350 g de panceta de cerdo magra con la corteza
2 pechugas de pollo o de pato deshuesadas y sin piel
150 g de beicon entreverado y un poco más para forrar el molde
225 g de higadillos de pollo picados
3 cucharadas de oporto o brandy
1 cucharada de romero o tomillo picados y un poco más para adornar (opcional)
300 ml de caldo de cerdo gelatinoso (*véase* pág. 16) [opcional]
1 cucharadita de sal
pimienta

1 Pique grueso el cerdo, el pollo o el pato y el beicon y seguidamente tritúrelos finos por tandas en el robot. Como alternativa, para conseguir un paté de textura muy gruesa, las carnes pueden picarse a mano. Ponga las carnes preparadas de este modo en un cuenco grande. Triture un poco los higadillos de pollo en el robot y añádalos al cuenco junto con sal y pimienta abundantes, el oporto o el brandy y las hierbas picadas. Mezcle bien.

2 Ponga todos los ingredientes en un molde refractario o en un molde forrado con beicon (*véase* pág. siguiente). Coloque el molde del paté en una fuente para hornear o de paredes altas, de aproximadamente el doble de tamaño que el molde, y llénela con agua hirviendo, de manera que alcance hasta una altura de unos 3 cm. Tápelo con papel de aluminio; para ello arrugue los extremos alrededor de los bordes de la fuente para que no se escape el vapor. Introduzca con cuidado la fuente en el horno precalentado a 160 °C, y hornee el paté durante 1 hora.

3 Si lo desea, adorne el paté con las hierbas y cuézalo 45 minutos más, o hasta que sus jugos salgan claros al pincharlo con una broqueta. Deje que se enfríe lentamente y después introdúzcalo en el frigorífico. Si quiere desmoldar el paté para cortarlo en lonchas, éste es el momento de prensarlo poniéndole un peso encima (*véase* pág. siguiente). Si desea servirlo en el molde, caliente el caldo gelatinoso en un cazo hasta que se licue, pero sin llegar a calentarlo. Ponga el caldo en una jarra y viértalo por encima del paté hasta que el punto más alto de la carne, generalmente en el centro del molde, quede cubierto. Refrigérelo hasta que cuaje.

FORRAR UN MOLDE CON BEICON

PRENSAR UN PATÉ COCINADO

PATÉS INDIVIDUALES

FORRAR UN MOLDE CON BEICON

En el caso de los patés de carne, ave o caza, forrar el molde con lonchas de beicon les confiere un aspecto impresionante. Además, mantiene los ingredientes húmedos una vez que se desmolda el paté. En lugar de beicon puede utilizarse panceta. El secreto es usar lonchas muy finas y superponerlas ligeramente al forrar el molde.

En primer lugar, estire las lonchas con el dorso de un cuchillo. Con ello conseguimos que las lonchas queden más finas y lo suficientemente largas para cubrir tanto la base como las paredes del molde. Además, será más fácil cortar las lonchas de paté. Ponga una loncha de beicon o panceta en uno de los extremos del molde, de manera que cubra bien las esquinas y sobresalga por las dos paredes largas del recipiente. Coloque una nueva loncha en el molde, ligeramente superpuesta a la primera. Si las lonchas tienen uno de los bordes más graso, utilícelo para superponerlas a la primera loncha. Una vez que han quedado cubiertas la base y las paredes, corte más lonchas para cubrir los extremos del molde con tiras horizontales.

PATÉS INDIVIDUALES

Los moldes metálicos o de cerámica pequeños son ideales para preparar raciones individuales de paté. Pueden forrarse de la misma manera que un molde más grande, y el tiempo de cocción debe reducirse incluso a la mitad. Debe comprobarse el punto de cocción con una broqueta (*véase* paso 3 de la pág. anterior).

SAZONAR EL PATÉ

Dado que el paté se sirve refrigerado, su sabor se reduce, por lo que debe sazonarse más. Si no está seguro del grado de sazón de su paté, cueza una cucharada, ya sea en el microondas o en una sartén. Déjelo enfriar antes de probarlo y después modifique la sazón. Prepare el paté con uno o dos días de antelación para que los sabores se mezclen.

PRENSAR UN PATÉ COCINADO

Si su intención es desmoldar el paté una vez cocinado, el prensado con peso lo compactará y facilitará el corte. Coloque una fuente plana de metal o de madera sobre el paté y ponga encima un peso (las pesas de una balanza o algunas latas). Una vez frío, refrigérelo varias horas, sin retirar el peso.

RILLETTES

Las *rillettes*, un paté de textura gruesa mezclado con grasa, pueden prepararse con cerdo, pato o ganso; el secreto para tener éxito es una cocción lenta y suave, de forma que la carne quede extremadamente tierna y se despegue de los huesos en hebras suaves y jugosas. En envases herméticos y selladas con una capa de grasa, las *rillettes* se conservarán en el frigorífico durante varios meses. La mejor manera de servirlas es con pan francés caliente y cebollas y pepinillos encurtidos o con una salsa de manzana de textura gruesa.

Sugerencia de entrante

Para servir las *rillettes* como entrante, humedezca moldes individuales, como los de *dariole*, y fórrelos con plástico, presionando bien en las esquinas. Llénelos con la mezcla de las *rillettes* (sin sellarlas con grasa) e introdúzcalos en el frigorífico para que cuajen. Para servir las *rillettes*, desmóldelas en platos individuales y retire el film de plástico. Acompáñelas con tostadas.

Para 6 raciones

1 kg de panceta de cerdo magra con corteza o 500 g de panceta de cerdo magra con corteza y 500 g de muslos de pato o de ganso
125 g de tocino
3 cucharadas de agua
1 cucharada de tomillo picado
nuez moscada recién rallada, al gusto
sal y pimienta

1 Pique la panceta y la grasa de cerdo en pequeños trozos. Introdúzcalos en una fuente refractaria con la carne de pato o ganso, si se utiliza, el agua, el tomillo y un poco de sal y pimienta. Tápelo y hornee en el horno precalentado a 140 °C unas 4 horas, o hasta que la carne esté muy tierna.

2 Deje la carne en la fuente hasta que esté suficientemente fría como para manipularla, escurra la grasa y resérvela. Con la ayuda de dos tenedores, deshaga la carne en hebras, y chafe la grasa ablandada (descarte los huesos si ha utilizado muslos de pato o ganso). Sazone bien, con abundante nuez moscada, e incorpore 3 cucharadas de la grasa líquida reservada.

3 Conserve la carne apretada en un bote hermético y nivele la superficie. Vierta por encima 2-3 cucharadas de la grasa líquida reservada para sellar la carne. Refrigere hasta que vaya a utilizarlo.

1

2

3

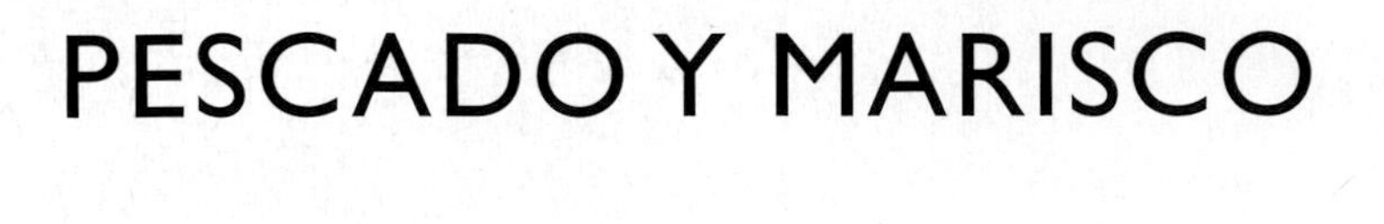

PESCADO Y MARISCO

Un buen pescadero preparará el pescado a punto para cocinarlo, pero es más satisfactorio hacerlo uno mismo y saber que hemos realizado todos los pasos necesarios para la preparación del plato. Busque la mejor pescadería, ya sea en una tienda pequeña o en una gran superficie. Elija el pescado de ojos brillantes y aspecto lustroso, como si acabara de salir del agua. Ante todo, el pescado fresco debe oler a mar y no a pescado. El pescado fileteado debe tener un aspecto firme, húmedo y fresco, en lugar de gris y ajado. Si la carne parece seca y deshecha, probablemente es que ha estado en contacto con hielo. Esté atento cuando compre pescado azul, como la caballa, la sardina o el arenque, ya que se estropea rápidamente, como lo hace cualquier pescado que no ha sido eviscerado.

El marisco puede dividirse en tres grandes grupos: los crustáceos, los moluscos y los cefalópodos. Los crustáceos tienen una cáscara dura, y en este grupo encontramos la langosta, el cangrejo y las gambas. Los moluscos incluyen los bivalvos (dos valvas), los más apreciados en la cocina, como el mejillón, la almeja, la vieira y la ostra. El pulpo, el calamar y la sepia son cefalópodos. Siempre que sea posible, el marisco debe cocinarse y consumirse el mismo día en que se compra.

Al comprar, también debe tener en cuenta el método de pesca. Evite el pescado y el marisco de especies amenazadas o pescados de manera poco ética. En su lugar, opte por otro de la misma familia o de sabor similar. La mejor fuente es un pescadero que se surta de los abastecedores locales. De esta manera sabemos que el pescado es fresco y que el impacto sobre el medio ambiente es mínimo.

LIMPIAR

ESCAMAR

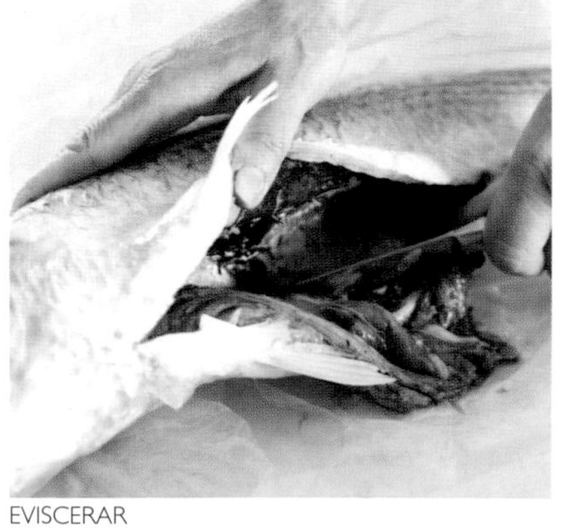

EVISCERAR

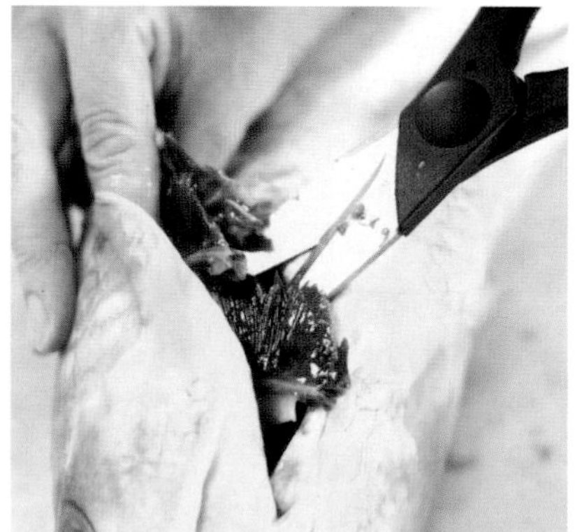

RETIRAR LAS AGALLAS

PREPARAR UN PESCADO ENTERO

Las siguientes técnicas se aplican tanto a los pescados que vamos a cocinar enteros como a los que pensamos dividir en raciones. Prepare el pescado lo antes posible después de comprarlo y consérvelo en el frigorífico seco, cubierto holgadamente con *film* de plástico (no sellado herméticamente) si no va a cocinarlo inmediatamente.

PULIR

Esto se aplica básicamente a los pescados con muchos pinchos, como el pargo y la dorada. Utilice unas tijeras de cocina fuertes para cortar las aletas, empezando por el extremo de la cola y avanzando hacia la cabeza.

ESCAMAR

No todos los pescados necesitan ser escamados. La caballa y la platija, por ejemplo, tienen unas escamas muy suaves. En el caso de otros pescados que se sirven con piel es imprescindible, ya que incluso las escamas más pequeñas quedan duras y quebradizas al cocinarlo y son desagradables en la boca. Escamar un pescado es un trabajo sucio, ya que las escamas suelen volar en todas direcciones. Para recoger el mayor número de escamas, ponga el pescado en una bolsa de plástico o dentro del envoltorio con el que lo ha comprado. Trabaje desde la cola en dirección a la cabeza, pasando el descamador de pescado (*véase* pág. 9), un cuchillo de hoja gruesa o el dorso de un cuchillo afilado contra la piel, cuidando de no rasgarla. Después de escamarlo, enjuáguelo bajo el chorro de agua fría.

ENTALLAR

EVISCERAR

Muchos pescados, sobre todo los planos, suelen eviscerarse cuando se pescan. Si compra un pescado sin eviscerar, hágalo lo más pronto posible, incluso si va a cocinarlo inmediatamente, ya que las tripas son lo primero que empieza a estropearse, contaminando a su vez el resto del pescado. Trabaje sobre papel de periódico o el envoltorio del pescado. Cuando se trate de un pescado redondo, realice un corte poco profundo desde el orificio anal hacia la cabeza. Retire todo el contenido de la cavidad antes de enjuagarlo con agua fría. Si existe una zona cubierta de una membrana negra bajo la espina dorsal, ráspela limpiando la zona con los dedos. Para eviscerar un pescado plano, realice un corte en la piel por detrás de la aleta pectoral y utilice los dedos para retirar el contenido de la cavidad. Enjuáguelo bajo el chorro de agua fría.

RETIRAR LAS AGALLAS

Las agallas también aceleran la putrefacción y, además, tienen un sabor amargo que puede contaminar el resto del pescado. Córtelas con unas tijeras de cocina, bien por la cabeza o bien a través de la cavidad abdominal abierta; lo que sea más fácil.

ENTALLAR

Ésta es la etapa final de la preparación de un pescado que vamos a cocinar entero. Ayuda a acelerar la cocción y permite que la sazón y los sabores penetren en la carne. Con ayuda de un cuchillo afilado, realice unos cortes profundos en diagonal sobre la piel y la carne, a intervalos de unos 2-4 cm, dependiendo del tamaño del pescado.

1

2

3

FILETEAR UN PESCADO REDONDO

Los pescados redondos tienen una espina central a lo largo del cuerpo con un filete a cada lado. Entre estos pescados se encuentran el salmón, el bacalao, la lubina, la trucha, el pargo, la merluza y la pescadilla. Puede filetearse cualquier pescado de cuerpo redondo, lo que satisface a aquellos a quienes no les gusta encontrar espinas cuando comen pescado (o cabezas y colas).

1 Retire la cabeza; para ello, realice un corte curvo para evitar desperdiciar la carne del extremo superior del pescado.

2 Con ayuda de un cuchillo para filetear (*véase* pág. 8), realice un corte horizontal en la carne del extremo de la cabeza, manteniendo el cuchillo lo más pegado posible a uno de los lados de la espina. Continúe deslizándolo a lo largo del pescado para separar la carne de las espinas.

3 Sostenga la parte suelta del filete con la otra mano, de manera que pueda ver el interior del pescado. Cuando alcance la espina dorsal, continúe a lo largo del otro lado del pescado (la parte de la ventresca), y separe con cuidado la carne de las espinas. Estas espinas son largas y finas y es fácil cortarlas, pero también pueden retirarse una vez sacados los filetes (*véase* pág. 89).

4 Continúe separando la carne del extremo de la cola de las espinas, cortando el extremo del filete en el punto de la cola para separarlo por completo. Dé la vuelta al pescado y filetee el otro lado de la misma manera. Para despellejar los filetes, utilice la misma técnica que la empleada para los pescados planos.

4

Reservar las espinas
Dado que el pescado cocinado no recibirá el beneficio extra de sabor de las espinas, consérvelas (no las del pescado azul) para preparar un caldo (*véase* pág. 18).

FILETEAR UN PESCADO PLANO

Al filetear un pescado plano es más fácil sacar cuatro filetes que dos. Mantenga el cuchillo lo más cerca posible de la espina para evitar desperdiciar carne, aunque la que quede en las espinas añadirá más sabor al caldo (*véase* pág. 18). Generalmente, los pescados planos, como el lenguado y la platija pequeña, son demasiado pequeños para filetearlos. Para despellejar un lenguado, *véase* pág. 88.

1 Ponga el pescado con la piel oscura hacia arriba sobre una tabla de cortar. Con la ayuda de un cuchillo para filetear (*véase* pág. 8), realice un corte a lo largo del centro del pescado hasta llegar a la espina dorsal y siga la línea visible que separa los filetes.

2 Empezando por el extremo de la cabeza, deslice el cuchillo en el corte y empújelo en horizontal contra la espina dorsal, hacia el borde del pescado. Continúe deslizando el cuchillo contra las espinas hasta separar el filete.

3 Saque el filete adyacente de la misma manera.

4 Dé la vuelta al pescado y saque los filetes de la parte blanca de la misma forma. Con frecuencia, en la parte blanca encontramos una tira larga y delgada de huevas que habitualmente sale con el filete. Puede cocinarse con el filete o bien sacarse y añadirse a la cazuela del caldo.

5 Para despellejar los filetes, ponga cada uno con la parte de la piel hacia abajo sobre la tabla y sostenga el extremo de la cola con la mano. Deslice un cuchillo entre la carne y la piel y hágalo avanzar a lo largo de cada filete con un movimiento de zigzag y manteniendo el cuchillo pegado a la piel para evitar desperdiciar carne.

Los filetes de la parte oscura de un pescado plano son ligeramente más carnosos, que los de la parte blanca. Sin embargo, la piel blanca tiene una textura más suave y, antiguamente, los pescaderos la vendían más cara.

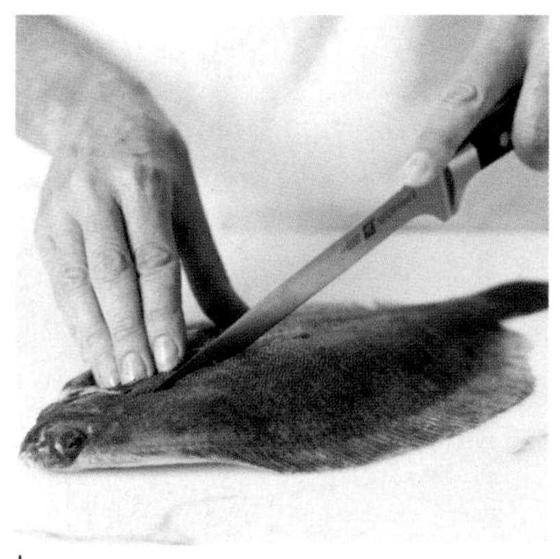

1

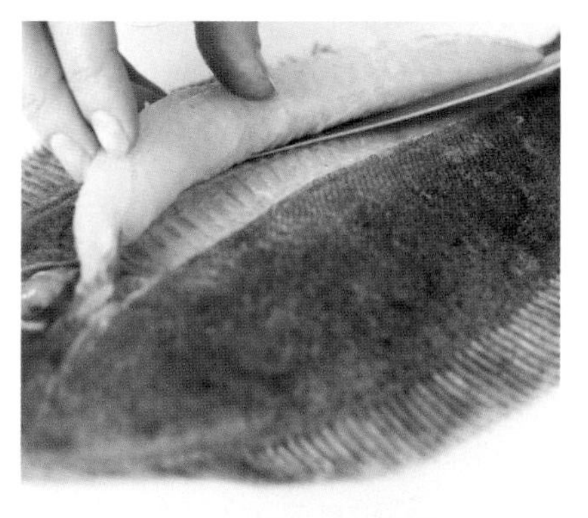

2

3

4

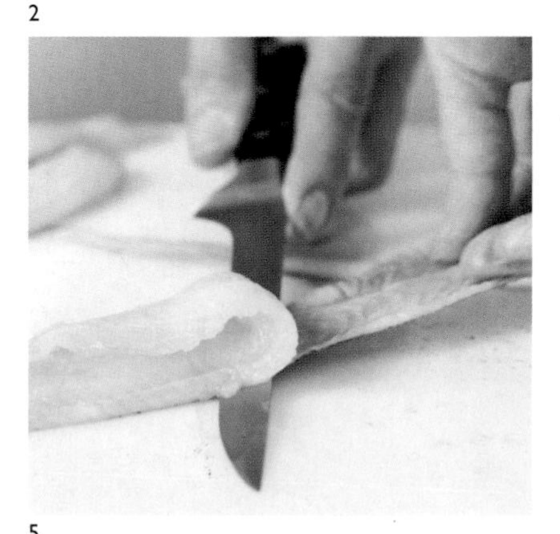

5

Mejorar el agarre

En ocasiones, es útil untarse los dedos con sal para agarrar el extremo de la cola de un filete y evitar que nos resbale. Si el pescado tiene una zona negra cerca del extremo grueso del filete, frótela con los dedos untados con sal. Enjuague la zona de los filetes cubierta de sal y séquelos.

DESPELLEJAR UN PESCADO PLANO ENTERO

Habitualmente, la piel oscura del lenguado se retira mientras el pescado sigue entero. Se puede utilizar la misma técnica para el mendo limón y otros pescados planos más pequeños, aunque la piel no sale tan limpiamente como en el caso del lenguado.

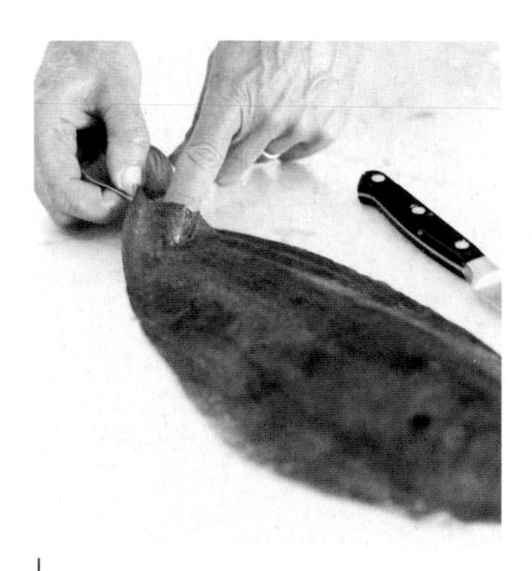

1

2

1 Haga un corte superficial en la piel, justo por encima de la cola. Introduzca la punta del cuchillo entre la piel y la carne para crear un pequeño bolsillo lo suficientemente grande como para introducir el dedo. Introduzca el dedo en el bolsillo y desplácelo de lado a lado para soltar la piel de manera que pueda agarrarla bien.

2 Úntese el dedo con sal y tire con fuerza de la piel hacia el extremo de la cabeza del pescado. La piel saldrá entera, pero si empieza a arrancar la carne, utilice el cuchillo para soltarla e inténtelo de nuevo.

Arrancar la piel oscura
Aunque con frecuencia la carne de la parte oscura de los pescados planos es más gruesa, su piel es más basta y tiene un sabor más fuerte que la de la parte blanca, motivo por el que habitualmente se retira antes de cocinar el pescado.

TÉCNICAS PARA DESESPINAR

Tomarse un tiempo para retirar las espinas del pescado antes de cocinarlo, especialmente de los pescados pequeños enteros como el arenque o la caballa pequeña, hace que sea mucho más fácil comerlos. Esta preparación puede realizarse con antelación.

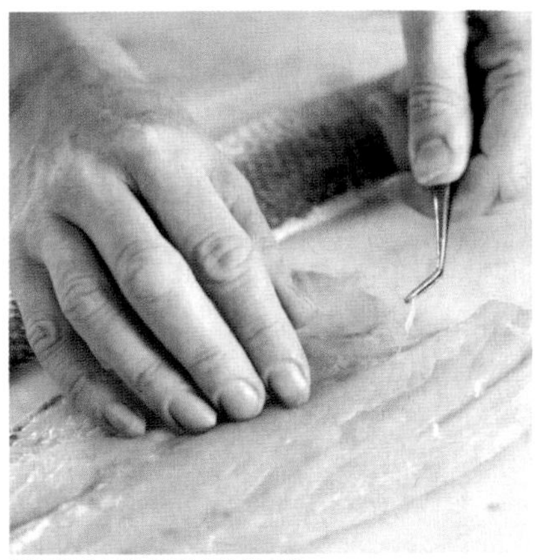

RETIRAR LAS ESPINAS FINAS

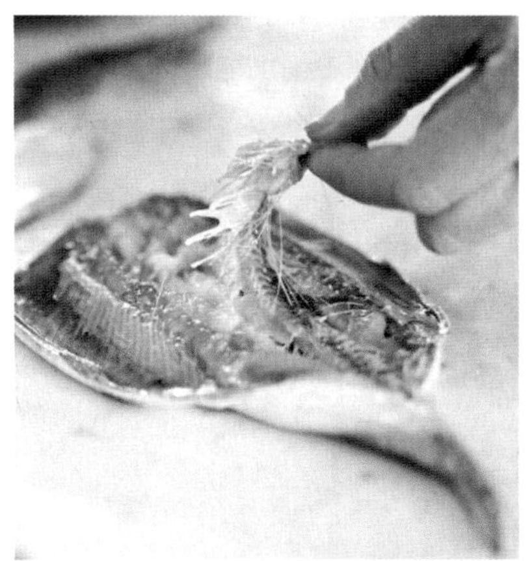

DESESPINAR UN PESCADO ENTERO

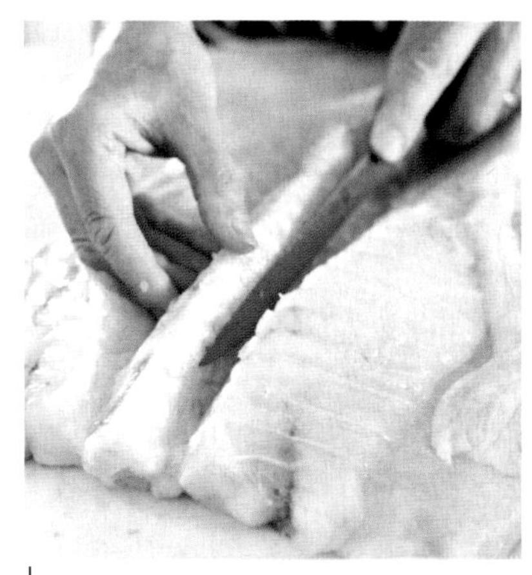

1

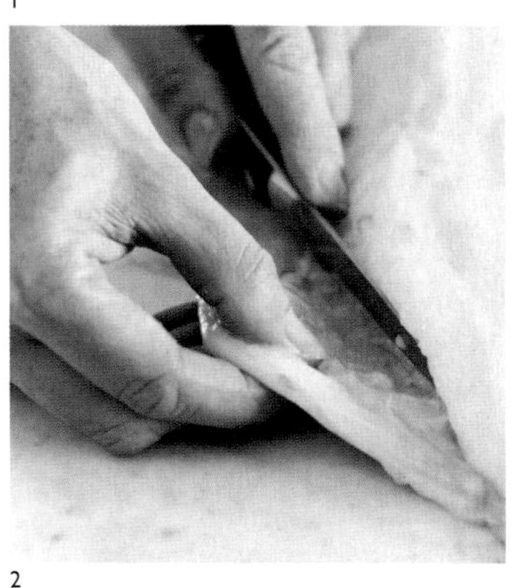

2

RETIRAR LAS ESPINAS FINAS

La mayor parte de las espinas más finas y escondidas se encuentra en el extremo más grueso del filete y son las que formaban parte de la caja torácica. Estas espinas pueden retirarse fácilmente con la ayuda de unas pinzas para pescado o unas pinzas normales (*véase* pág. 9). Para localizar las espinas ocultas, pase los dedos por encima del filete, empezando por el extremo más grueso, y extráigalas estirando firmemente con ayuda de las pinzas.

DESESPINAR UN PESCADO PEQUEÑO ENTERO

Los pescados pequeños enteros como el arenque, la sardina y la caballa pequeña son más fáciles de comer si primero se retiran las espinas. Abra la parte inferior del pescado sobre una tabla de cortar, de manera que la parte de la piel quede hacia arriba. Presione firmemente a lo largo de la espina dorsal con el pulgar para separar la carne, lo cual ocurrirá bajo la presión del pulgar. Dé la vuelta al pescado y retire la espina dorsal cortándola junto con la cola (o sin ella si desea mantener la cola para la presentación).

DESESPINAR EL RAPE

Casi siempre, el rape se vende despellejado y sin su enorme cabeza. A menudo también está fileteado, pero en los pescados de menor tamaño puede tener todavía la espina dorsal.

1 Deslice el cuchillo a lo largo de un lado de la espina y después del otro para sacar los filetes.

2 Retire las pieles deslizando el cuchillo en horizontal bajo los filetes. Asimismo, recorte cualquier parte manchada o membrana oscura, ya que su sabor es agrio.

CORTAR EL PESCADO EN RODAJAS

Dependiendo del tamaño del pescado, es decir, de la dureza de las espinas, puede ser difícil dividir el pescado entero en raciones. Utilice un cuchillo fuerte y, si la espina se resiste, golpee la parte posterior del cuchillo, cerca del mango, con un mazo para la carne o un rodillo. Muchas veces, con los pescados planos grandes son más eficaces unas tijeras de cocina fuertes.

CORTAR EL PESCADO REDONDO EN RODAJAS

Los pescados redondos de gran tamaño, como el salmón y el mújol, pueden cortarse en transversal en rodajas gruesas, de manera que se cocinen con la espina. Esto se hace sencillamente deslizando el cuchillo a través de la espina. Si es difícil cortar la espina central con el cuchillo, golpee firmemente la parte baja de éste con un rodillo o intente realizar el corte con unas tijeras de cocina fuertes. El grosor ideal de una ración es de unos 3,5 cm, aunque es posible que para las raciones de la parte de la cola sean necesarias dos rodajas.

CORTAR EN RODAJAS UN PESCADO PLANO GRANDE

El pescado plano grande, como el rodaballo, el fletán o el rémol, puede cortarse en rodajas de ración. Corte la cabeza y la cola con la ayuda de un cuchillo grande o unas tijeras de cocina fuertes. Con un cuchillo grande, corte el pescado a lo largo de la espina dorsal. Si es difícil cortarla, golpee firmemente la parte baja del cuchillo con un rodillo o corte ligeramente a ambos lados de la espina dorsal para desperdiciar la menor cantidad posible de carne. Divida las dos mitades del pescado en rodajas. Como guía para saber el tamaño que debe tener cada una, deberían pesar entre 200 y 250 g. De un pescado entero de unos 1,5 kg saldrán cuatro raciones.

CORTAR EL PESCADO REDONDO EN RODAJAS

CORTAR EN RODAJAS
UN PESCADO PLANO GRANDE

Cocinar rodajas y filetes poco hechos

Algunos pescados, como el salmón y el atún, y también las vieiras, pueden servirse poco hechos. Esto es especialmente importante cuando se cuecen en la sartén con poco aceite, ya que podemos hacer que la superficie quede dorada y crujiente, lo que contrasta con la textura blanda del pescado poco hecho. Un trozo de pescado de unos 3 cm de grosor debe estar 2 minutos al fuego por cada lado.

FREÍR PESCADO

El pescado pequeño entero, las rodajas, los filetes y el marisco pueden freírse en una sartén con poco aceite. Es esencial tener una sartén de calidad, fondo grueso y antiadherente que le dé al pescado una superficie bien tostada y caramelizada. Puede cocinarse completamente en la sartén o dorarse para acabar la cocción en un guiso o en el horno. Las freidoras eléctricas con control de temperatura son ideales. En su lugar se puede usar una freidora normal con una cesta para poder sacar rápidamente el pescado del aceite. Asimismo, puede servir una cacerola grande normal con una espumadera para sacar los alimentos, aunque si cocinamos trozos de pescado pequeños, mientras los sacamos todos, algunos pueden cocerse demasiado.

FREÍR CON POCO ACEITE

PIEL DE PESCADO CRUJIENTE

FREÍR POR INMERSIÓN

FREÍR CON POCO ACEITE

Asegúrese de que el pescado está seco antes de introducirlo en la sartén, ya que, de lo contrario, se cocerá al vapor en su propio jugo. Utilice un aceite neutro, como el de girasol, el de cacahuete o el de oliva. Si utiliza mantequilla, añada un chorro de aceite a la sartén para evitar que se queme.

Primero, caliente la sartén y después añada el aceite. Sólo cuando el aceite esté caliente, introduzca el pescado ya sazonado. No llene demasiado la sartén, ya que si el pescado no tiene espacio a su alrededor, se cocerá en su propio jugo en lugar de desarrollar una apetitosa capa crujiente. Sacuda la sartén mientras cuece el pescado y baje el fuego si el aceite hierve con demasiada fuerza. Dé la vuelta al pescado una sola vez, para que ambos lados queden completamente tostados y los jugos no salgan.

PIEL DE PESCADO CRUJIENTE

La piel del pescado es muy sabrosa y, al freírla, se torna apetitosamente crujiente. Puede dejarse con el filete o puede freírse por separado y utilizarse para adornar el plato. Antes de freír, seque bien la piel con papel de cocina y sazónela ligeramente. Si fríe el pescado con piel, fríalo primero por el lado de la piel y dele la vuelta sólo cuando la piel esté crujiente y dorada. Si cocina la piel por separado, hágalo rápido antes de freír el pescado. Escurra la piel sobre papel de cocina y, para emplatar, ponga el pescado encima o córtela en tiras y repártalas sobre el plato como adorno.

FREÍR POR INMERSIÓN

Llene la freidora hasta una tercera parte de su capacidad con aceite vegetal, teniendo en cuenta que éste subirá cuando hierva. La mayoría de los aceites pueden reutilizarse 3 veces antes de estropearse. Déjelo enfriar, fíltrelo y consérvelo en un recipiente adecuado.

El pescado debe sazonarse y, en el caso de los pescados pequeños, enharinarse. Los filetes de bacalao o eglefino deben rebozarse (*véase* pág. 164). Los trozos pequeños pueden cocinarse a temperatura suave (*véase* pág. 133). No fría el pescado sin cubrirlo entero. La mayor parte de los pescados deben cocinarse a una temperatura de 180-190 °C. Si no utiliza una freidora eléctrica, sujete un termómetro en una de las paredes de la freidora. Si no tiene un termómetro, compruebe la temperatura con un dado de pan pequeño. Debe chisporrotear inmediatamente y dorarse en 30 segundos.

PESCADO A LA PARRILLA Y AL GRILL

Existen dos métodos distintos de asar el pescado con calor directo. La parrilla confiere un excelente sabor y un acabado apetitoso a las rodajas grandes de pescado de carne firme, mientras que el grill es una manera sana de cocinar pescados enteros pequeños y delicados.

ASAR A LA PARRILLA

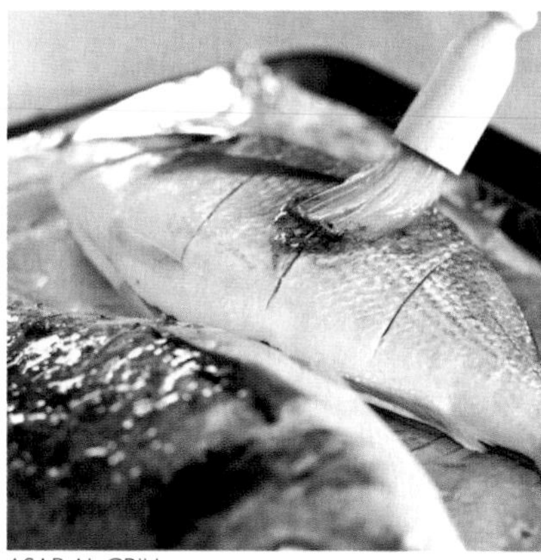

ASAR AL GRILL

ASAR A LA PARRILLA

Esta técnica consiste en cocinar sobre brasas o sobre la pequeña parrilla acanalada que se utiliza sobre los fogones (*véase* pág. 10). La parrilla acanalada deja unas apetitosas líneas tostadas sobre el pescado o, si se gira el pescado 90 °C a media cocción, se dibuja un efecto de rejilla de líneas doradas.

El asado a la parrilla es adecuado para rodajas de pescado de carne firme, gambas grandes y vieiras. Unte las acanaladuras ligeramente con aceite o una mezcla de aceite y mantequilla derretida y caliente bien la parrilla antes de poner el pescado. Una vez colocado, no mueva los trozos de pescado hasta que estén tostados con profundas líneas doradas.

ASAR AL GRILL

Éste puede ser un método sano de cocción porque no necesita añadir grasa, aunque el pescado mejorará si se unta con mantequilla aromatizada o aceite. Los pescados pequeños enteros pueden asarse al grill, pero márquelos primero con cortes hasta la espina central para que el calor penetre con rapidez. Los filetes y las rodajas también quedan bien al grill, y los pescados planos son especialmente adecuados para este método.

Utilice una hoja grande de papel de aluminio como base y doble las esquinas para que hagan la función de fuente. En primer lugar, unte el papel de aluminio con aceite para evitar que trozos de piel, la cabeza o la cola se peguen y estropeen la presentación. Dé la vuelta al pescado una vez durante la cocción.

COMPROBAR EL PUNTO DE COCCIÓN

Sea cual sea el método elegido, comprobar el punto de cocción del pescado es muy sencillo. Pinche la parte más gruesa de la carne con la punta de un cuchillo afilado. En el pescado blanco, el color debe haber pasado de ligeramente translúcido a una blancura nublada, mientras que en los pescados de tonos rosados, el color será más opaco. La textura será más firme que la del pescado crudo, y en los filetes grandes de pescado blanco, la carne se separará en escamas al presionarla con un tenedor.

En los pescados enteros, la carne se separará de la espina con facilidad en lugar de pegarse a ella. Si el pescado se sirve ligeramente poco cocido (lo que es seguro, *véase* recuadro pág. 90) o un poco pasado no representa un problema demasiado grande, pero evite que el pescado se cueza en exceso, ya que quedará muy seco.

COMPROBAR EL PUNTO DE COCCIÓN

COCINAR PESCADO AL HORNO

El pescado al horno puede cocinarse con caldo o vino, con o sin hortalizas. Asar pescado en papillote (envuelto en papel) o asado en papel de aluminio es una manera eficaz de retener los sabores y la humedad. Asar pescado implica cocinar una pieza grande de pescado sazonado, en seco y a una temperatura elevada. Es una forma ideal de cocinar un pescado entero, el cual puede estar relleno y sazonado.

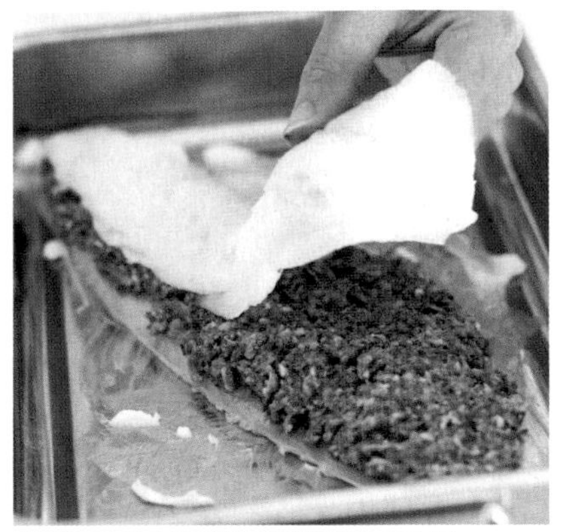

ABADEJO AL HORNO CON ANCHOADA

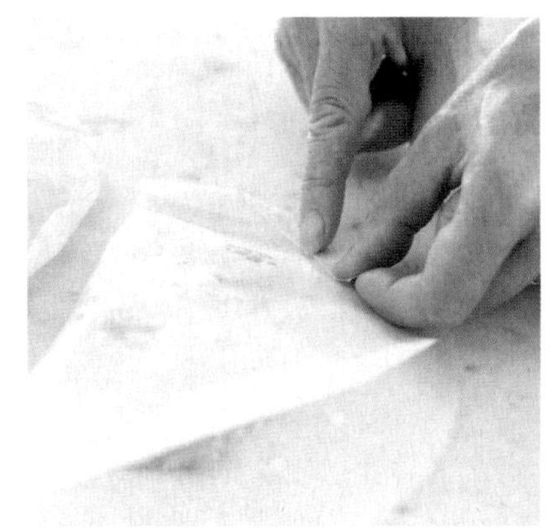

PESCADO EN PAPILLOTE

ASAR

ASAR PESCADO CON PAPEL DE ALUMINIO

Envuelva el pescado entero con el relleno o llene la cavidad con rodajas de limón y hierbas. Forre una placa de horno con papel de aluminio y unte el papel con aceite de oliva. Coloque el pescado sobre el papel de aluminio y báñelo con más aceite. Salpimiéntelo. Arrugue el papel de aluminio alrededor del pescado. Áselo en el horno precalentado a 220 °C y calcule unos 40 minutos por cada 1,5 kg de pescado. Ajuste el tiempo de cocción de acuerdo con el tamaño del pescado. Compruebe con un cuchillo el punto de cocción.

Abadejo al horno con anchoada

Para 4-6 raciones

2 latas de filetes de anchoa de 50 g, escurridas
4 dientes de ajo pelados y picados
un puñado grande de perejil picado
2 escalonias picadas
3 cucharadas de alcaparras saladas, enjuagadas y escurridas
un poco de aceite de oliva
2 filetes de abadejo sin espinas, de 350-400 g
un buen chorro de vino blanco o vermut

1 Mezcle todos los ingredientes en el robot, excepto el pescado, hasta obtener una pasta. Utilícela para extenderla entre los dos filetes.

2 Ate los dos filetes con cordel a intervalos de 4 cm y páselo con cuidado a una fuente de horno untada con aceite. Añada un buen chorro de vino blanco o vermut. Cocínelo en el horno precalentado a 220 °C y calcule 20-25 minutos por cada 500 g, hasta que el pescado esté cocido. Páselo a una fuente y manténgalo caliente mientras prepara los fondos de cocción (*véase* pág. 27).

PESCADO EN PAPILLOTE

Cocinar el pescado envuelto en una bolsa de papel retiene toda su humedad y sabor.

1 Corte para cada ración un círculo de 25 cm de papel sulfurizado y unte el centro con un poco de mantequilla derretida. Ponga un trozo de unos 200 g de pescado sin piel ni espinas (pescado blanco o salmón) en una de las mitades del papel. Mezcle una cucharadita de ralladura de limón con una cucharada de mantequilla derretida, 1/2 diente de ajo majado y una cucharada de hierbas picadas, como perejil, perifollo o estragón, y sal y pimienta. Espárzalo sobre el pescado.

2 Doble el papel por encima del pescado, de manera que los bordes se encuentren, y doble los dos bordes juntos hasta que esté completamente sellado. Coloque el paquete sobre una placa de horno y úntelo con un poco más de mantequilla. Introdúzcalo en el horno precalentado a 200 °C, durante 20 minutos. Abra la parte superior del paquete con las tijeras para dejar a la vista el contenido. Sírvalo en el mismo papel.

ASAR

El asado es adecuado para pescados enteros y filetes grandes, rodeados de un relleno o envueltos en jamón o beicon para aportar más sabor. Después del asado, los fondos de cocción pueden recuperarse con un poco de caldo de pescado reducido (*véase* pág. 18), vino o crema líquida para preparar una salsa.

PESCADO ESCALFADO Y AL VAPOR

Escalfar es una manera muy suave de cocinar que mantiene el pescado especialmente jugoso. Es ideal para raciones pequeñas, cocidas suavemente en caldo de pescado, así como para pescados grandes enteros inmersos en un caldo corto (*véase* pág. 18), lo que permite que los sabores del caldo penetren en la pieza. Una vez utilizado, el caldo corto puede filtrarse, reducirse y convertirse en una salsa, o congelarse para utilizarlo más tarde en la preparación de sopas de pescado o guisos. Con frecuencia, el pescado al vapor se asocia a la cocina asiática. Aromas como el del jengibre, la lima, el ajo, la guindilla, la hierba limonera y las especias se utilizan para marinar el pescado con antelación, de manera que penetren en él antes de empezar a cocinarlo.

ESCALFAR

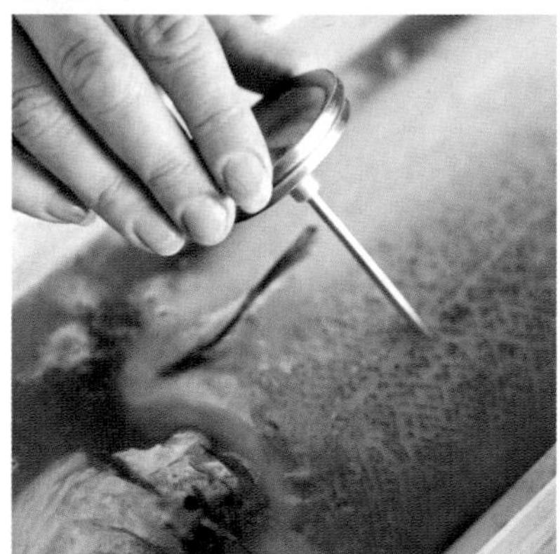
COMPROBAR EL PUNTO DE COCCIÓN

ESCALFAR

El uso de una besuguera con una trébede interior (*véase* pág. 10) facilita el trabajo de escalfar un pescado entero grande para servirlo caliente o frío, así como gran cantidad de rodajas o filetes. Los pescados más adecuados para preparar escalfados son el salmón, la trucha de mar, la corvina y la breca. Un pescado de unos 1,5 kg tiene un tamaño manejable y supondrá 6 raciones. Escame el pescado, eviscérelo y retire las agallas (*véanse* págs. 82-83).

Para servirlo caliente, lleve a ebullición lenta en la besuguera 3 cantidades de caldo corto (*véase* pág. 18). Ponga el pescado en la trébede y caliéntelo hasta que el líquido empiece a hervir suavemente otra vez. (No permita que hierva a borbotones.) Cocine el pescado durante 15 minutos, apague el fuego y compruebe que el pescado está hecho con un termómetro. Introdúzcalo en la parte más gruesa del pescado y déjelo durante 30 segundos. Debería marcar unos 63 °C. Como alternativa, pinche una parte gruesa de la carne con un cuchillo; la carne debe descamarse con facilidad. Saque el pescado del caldo con cuidado hasta que esté bien escurrido y páselo a una bandeja caliente. Sírvalo con salsa holandesa (*véanse* págs. 30-31).

Para servirlo frío, ponga el pescado ya preparado en la besuguera sobre la trébede y añada el caldo corto. Deje que hierva suavemente. Tápelo y apague el fuego. Deje que el pescado cueza durante 45 minutos, después, páselo a una bandeja y deje que se enfríe. Retire la piel y ponga el pescado en una bandeja de servir. Espolvoréelo con hierbas y adórnelo con trozos de limón o lima. Sírvalo con mayonesa simple o aromatizada (*véase* pág. 29).

COCER AL VAPOR

El pescado puede cocerse al vapor en una vaporera de bambú colocada sobre una cazuela o *wok* con agua caliente o sobre una rejilla de *wok* cubierta con papel de aluminio o una tapa abovedada. Para cocer un pescado entero o en rodajas también se puede utilizar una besuguera con una trébede elevada. Puede cocer el pescado al vapor en el horno, sobre una rejilla en una fuente para hornear con un poco de agua hirviendo, cubierta con papel de aluminio para retener el vapor.

COCER AL VAPOR

PEQUEÑOS CRUSTÁCEOS

Las cabezas, las cáscaras y otros desechos de estos mariscos pueden guardarse para preparar un caldo (*véase* pág. 18).

QUITAR EL INTESTINO DE LAS GAMBAS

PELAR Y QUITAR EL INTESTINO DE LOS LANGOSTINOS Y GAMBAS

Una vez retirada la cabeza de la gamba o langostino, la cáscara puede quitarse completamente junto con la cola o puede dejarse, separando con cuidado la cáscara. Si sirve las gambas o langostinos como aperitivo para incorporarlas en alguna salsa, la cola puede servir de «mango», pero si las va a añadir a una sopa, guiso u otros platos, es mejor retirarla.

Realice un pequeño corte poco profundo a lo largo del dorso de la gamba o langostino para sacar el intestino oscuro que recorre la longitud del animal. En los ejemplares pequeños, el intestino casi nunca es visible y no es necesario retirarlo, pero en los grandes puede conferirles un aspecto poco apetitoso.

ABRIR Y APLANAR

Si profundiza el corte realizado para retirar el intestino a la gamba o langostino (aunque sin cortarlo completamente por la mitad), podrá aplanarlo sobre la superficie de trabajo.

ABRIR Y APLANAR

COCINAR GAMBAS Y LANGOSTINOS

El método más simple para cocinar las gambas y langostinos enteros es sumergirlos en agua hirviendo con sal y cocerlos hasta que adquieran un tono rosado. Escúrralos, deje que se enfríen y sírvalos tal cual, acompañados de mayonesa (*véase* pág. 29) y pan con mantequilla. Las gambas y langostinos crudos pueden pelarse y freírse con mantequilla, guindilla, ajo y hierbas.

PREPARAR Y COCINAR CIGALAS

Las cigalas se preparan de la misma manera que las gambas y langostinos, aunque son mucho más difíciles de pelar. Cocine las cigalas como las gambas.

COCINAR CANGREJOS DE RÍO

El cangrejo de río está emparentado con la langosta y tiene el aspecto de una langosta en miniatura. El cangrejo de río crudo debería comprarse vivo y cocinarse tan pronto como fuera posible después de adquirirlo. Es mejor introducirlo en el congelador antes de cocinar, pero sólo durante 1 hora, para matarlos humanamente (*véase* pág. 98). Introdúzcalos en una cacerola con agua hirviendo con sal abundante y cuézalos unos 5 minutos. Calcule un poco más de tiempo si se trata de cangrejos de más de 15 cm de largo. Una vez cocidos, sírvalos de la misma manera que serviría unas gambas cocidas, acompañados de mayonesa simple o aromatizada (*véase* pág. 29). Los cangrejos de río son maravillosos en *risottos* y sopas.

BUEY DE MAR VIVO

El buey de mar puede adquirirse ya cocido o vivo. La ventaja de comprarlo vivo es que sabe que es fresco y que puede cocerse en su punto. Cocínelo lo más pronto posible después de adquirirlo. En caso necesario, un buey de mar vivo puede conservarse un día para el otro en el frigorífico, pero si lo encontramos muerto al ir a cocinarlo, debemos desecharlo, ya que su carne se deteriora con mucha facilidad.

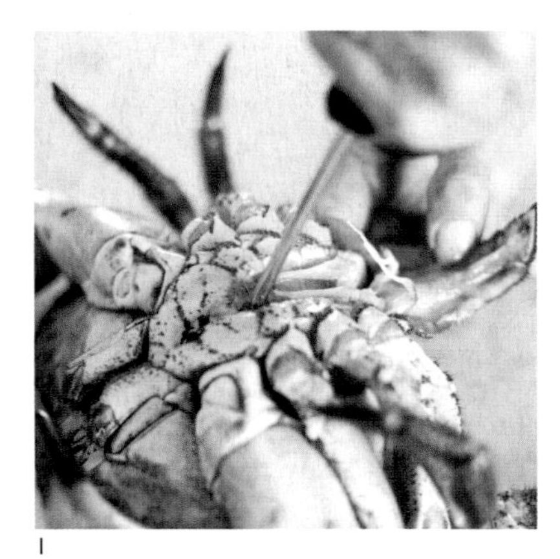

1

2

Pese el buey de mar para saber el tiempo de cocción que necesitará; calcule 10 minutos para los primeros 500 g y 5 minutos más por cada 500 g de más. Lleve a ebullición una cacerola grande con agua y abundante sal. Calcule unos 15 g de sal por cada litro de agua; tan salada como el agua de mar.

1 El buey de mar tiene dos centros nerviosos que deben cortarse cuanto antes. Levante la pequeña solapa (conocida como delantal) de la parte inferior del cuerpo del buey. Empuje un pequeño destornillador dentro de la cavidad situada bajo el delantal y retírelo.

2 Trabaje con rapidez y empuje firmemente la herramienta en la boca, entre los ojos.

3 Inmediatamente, introduzca el buey en el agua hirviendo y recupere el punto de ebullición. Cuézalo durante el tiempo estimado; el caparazón adquirirá un color marrón rosado al cocerlo. Saque el buey del agua y déjelo enfriar. Seguidamente, extraiga la carne tal y como se muestra en la pág. siguiente o de acuerdo con la receta elegida.

Cangrejo de caparazón blando

Los cangrejos de caparazón blando son aquellos que han cambiado el caparazón con el fin de poder crecer. Si se cocina en este momento, habitualmente a la parrilla, frito en mantequilla o frito en abundante aceite, el caparazón queda crujiente y comestible. El cangrejo de caparazón blando se considera una exquisitez y puede ser muy caro, aunque normalmente su sabor es más suave que el del cangrejo de caparazón duro. Antes de cocinarlo, corte los ojos y la boca con unas tijeras y eche hacia atrás el caparazón blando, de manera que pueda retirar las agallas. Retire la cola, con lo cual saldrán también las vísceras no comestibles.

ADEREZAR UN BUEY COCIDO

Este término se refiere a la manera en que se extrae la carne del cangrejo o buey, se sazona y se presenta en su caparazón. Si utiliza la carne de cangrejo para otra receta, proceda de la misma manera, excepto en la parte final.

1 Retuerza las pinzas y las patas para arrancarlas. Sosteniendo la parte anterior de la cáscara hacia atrás, empuje el cuerpo lejos de usted con los pulgares hasta que se separe por completo del caparazón.

2 A cada lado del cuerpo hay una fila de 7 agallas grises en forma de pluma. Retírelas y deséchelas. Asimismo, estire y deseche la bolsa estomacal y las partes de textura ósea adheridas a la misma, que se encuentran detrás de la boca. Son las dos únicas partes no comestibles.

3 Utilice un cuchillo grande y afilado para cortar con firmeza el cuerpo por la mitad. Con la ayuda de una broqueta metálica, saque toda la carne blanca que se encuentra en las cavidades en que se divide el cuerpo. Recoja toda la carne blanca en un cuenco.

4 Con ayuda de un martillo, rompa las pinzas y las patas y saque la carne blanca con una cucharilla, un palo de broqueta o una pinzas de marisco (*véase* pág. 8) y añádala al cuenco. Saque la carne marrón blanda del caparazón principal y póngala en un cuenco aparte.

5 Golpee con un martillo por la línea claramente marcada en la parte inferior del caparazón. Así se romperán los bordes rugosos dejando un contenedor de bordes limpios para la carne del cangrejo. Lave el caparazón a conciencia y séquelo. Mezcle la carne marrón con un poco de mayonesa (*véase* pág. 29) y abundante pimienta negra y colóquela en el centro del caparazón. Desmigue la carne blanca con un tenedor y colóquela a ambos lados de la carne marrón. Pique fino un puñado pequeño de perejil, una yema y una clara de huevo cocidas, pero mantenga los ingredientes separados. Úselos para adornar la carne marrón. Refrigere.

1 2 3 4

BOGAVANTE COCIDO ALIÑADO

1

2

3

BOGAVANTE VIVO

El bogavante puede comprarse ya cocido, pero es mejor adquirirlo vivo y cocinarlo fresco. Puede cocerlo para aliñarlo, en cuyo caso debe pesarlo y calcular el tiempo de cocción; calcule 10 minutos por los primeros 500 g y añada 5 minutos por cada 500 g más. También puede cortarse por la mitad cuando aún está crudo, para cocerlo al vapor, a la parrilla o en la barbacoa. Es mejor servirlo de manera simple, con ingredientes que potencien su sabor en lugar de enmascararlo, como pueden ser hierbas, ajo o limón.

PREPARAR UN BOGAVANTE VIVO

Sea cual sea el método elegido para cocinar el bogavante, antes debe sacrificarlo de manera humana. Introdúzcalo en el congelador a -20 °C en una bolsa de plástico, durante 2 horas.

COCER EL BOGAVANTE

Si se decanta por cocer el bogavante, introdúzcalo en una cacerola con agua hirviendo con abundante sal directamente del congelador y llévelo nuevamente a ebullición. Cuézalo el tiempo calculado, sáquelo y déjelo enfriar.

COCINAR EL BOGAVANTE AL VAPOR O A LA PARRILLA

1 Saque el bogavante del congelador y colóquelo sobre la tabla de cortar. Busque la pequeña «cruz» del caparazón, sobre la cabeza. Ponga la punta de un cuchillo grande sobre la cruz y presione firmemente hacia abajo para seccionar la médula espinal.

2 Lleve el cuchillo vertical hacia abajo para cortar la cola por la mitad. Dé la vuelta al bogavante y corte el extremo de la cabeza de la misma manera, para cortarlo por la mitad.

3 Con la punta del cuchillo, retire el intestino negro que discurre a lo largo de la cola. Deseche la pequeña bolsa estomacal gris que se encuentra detrás de la boca y las agallas gris blanquecinas que se encuentran en ambas mitades, en la parte baja de la cabeza. Éstas son las únicas partes no comestibles. Los bogavantes hembra contienen un coral intensamente rojo. Asimismo, pueden presentar algunas huevas oscuras en la parte exterior. En el centro del cuerpo está el hígado verde grisáceo. El coral, las huevas exteriores y el hígado son comestibles. El bogavante está a punto para que se cocine (*véase* inferior).

COCER AL VAPOR

Utilice una cacerola doble (*véase* pág. 10) o una cacerola grande con una cesta extensible para cocer al vapor. También puede emplear un *wok* grande con tapa, dotado de una rejilla redonda que puede colocarse de manera que quede por encima del nivel del agua caliente.

Sazone el bogavante y vierta por encima un aliño de estilo asiático elaborado con aceite sazonado, ajo, jengibre, cebolla tierna picada, cilantro picado y un poco de guindilla picada y zumo de limón. Cuézalo al vapor durante unos 15 minutos o hasta que la carne de la cola esté cocida.

Asar a la parrilla

Sazone el bogavante cortado por la mitad. Prepare una mantequilla de hierbas con perejil, cebollino o estragón picados y un poco de ajo y la ralladura de un limón o una lima. Caliente una parrilla grande y cocine el bogavante, con la parte del corte hacia abajo, durante 10 minutos, hasta que adquiera un color intensamente rosado. Dele la vuelta y úntelo con la mantequilla. Cocínelo otros 5-10 minutos, hasta que esté cocido y cubra, si es necesario, la parrilla con papel de aluminio para asegurar que la carne quede hecha. El bogavante también puede asarse en la barbacoa de la misma manera, aunque se hará con más rapidez.

BOGAVANTE A LA PARRILLA

ALIÑAR UN BOGAVANTE COCIDO

Arranque las pinzas y las patas. Con la ayuda de un martillo, abra las pinzas y las articulaciones que las sujetan al cuerpo. Cuando el bogavante sea grande, rompa también las patas con ayuda de unas tenazas para marisco (*véase* pág. 8) o un cascanueces. Ponga el bogavante plano sobre la tabla de cortar y siga los pasos 2 y 3 anteriores. La carne blanca de la cola puede sacarse de la cáscara y arrancarse. Córtela en trozos del tamaño de un bocado y vuelva a colocarla en la cáscara. Ponga las mitades del bogavante en una fuente o en platos individuales, con las pinzas y las patas, algunos trozos de limón y un cuenco con mayonesa (*véase* pág. 29).

MOLUSCOS

Si no va a cocinar inmediatamente los mejillones, las almejas o los berberechos, púrguelos en un cuenco grande de agua muy fría durante varias horas y vaya removiéndolos de vez en cuando. El agua fresca limpia gran parte de la arena que los animales hayan podido ingerir. Esto no es necesario en los mejillones de cultivo, ya que no absorben tanta arena.

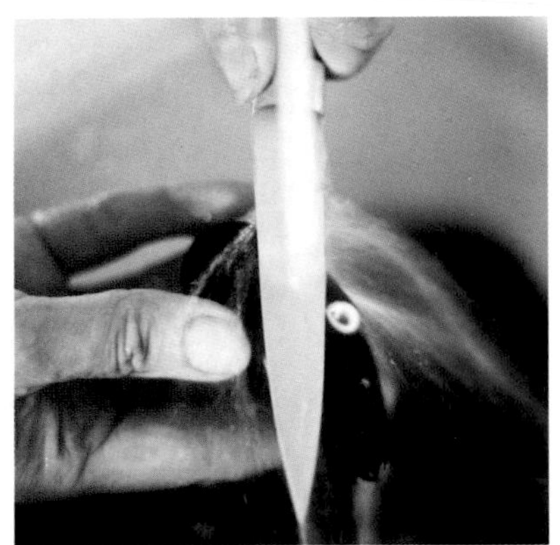
PREPARAR LOS MEJILLONES

SERVIR LOS MEJILLONES

PREPARAR LOS MEJILLONES

Lave los mejillones en agua fría para retirar los restos de arena. Raspe las posibles lapas y retire las barbas, las fibras que los mejillones utilizan para sujetarse a las rocas o a las cuerdas. Mientras trabaja, asegúrese de que todas las valvas estén intactas y deseche los mejillones rotos. Aquellos que estén abiertos deben cerrarse al golpearlos con el cuchillo o contra la pared del fregadero. Deseche los que no se cierren.

COCINAR LOS MEJILLONES

Para preparar los clásicos mejillones a la marinera, póngalos en una cacerola con cebolla y ajo salteados en mantequilla y aromatizados con un vaso de vino. Tape con una tapa hermética y cueza los mejillones durante 4-5 minutos. Sacuda la cacerola frecuentemente hasta que los mejillones se abran. Retírelos con su cáscara con ayuda de una cuchara perforada, póngalos en cuencos para servir previamente calentados y enriquezca el jugo de la cocción con crema líquida, perejil y tomillo. Los mejillones también quedan muy buenos si se abren al vapor en una cacerola tapada con un chorrito de vino y se sirven con una de sus valvas bañados con mantequilla de ajo y hierbas, espolvoreados con pan rallado y ligeramente gratinados.

PREPARAR Y COCINAR ALMEJAS Y BERBERECHOS

Las almejas y los berberechos están menos sucios que los mejillones, pero de todas maneras tienen que lavarse y comprobarse antes de utilizarlos para desechar los que tengan la valva rota. Cocine los berberechos y las almejas pequeñas de la misma manera que los mejillones (*véase* superior). Son deliciosos en la salsa de tomate para un plato de pasta. Las almejas grandes pueden ser correosas y, por regla general, se pican para añadirlas a estofados y guisos de pescado. Cuézalas tal y como se indica más arriba, pero calcule algunos minutos más. Tanto los berberechos como las almejas son ideales para combinar con pescado blanco en un pastel de pescado.

1

2

PREPARAR LAS OSTRAS

PREPARAR VIEIRAS

Si las ha comprado con la valva, abrirlas es sencillo.

1 Sujétela con la valva plana hacia arriba e inserte la hoja de un cuchillo fuerte entre las dos valvas. Deslice el cuchillo contra la valva plana superior, para que pueda seccionar el músculo que sujeta la vieira. Separe la carne de la valva inferior, pero tenga cuidado en no cortar la carne.

2 Recorte la membrana gris que rodea la carne blanca y deséchela. Enjuague la carne blanca y el coral y séquelos con papel de cocina antes de cocinarlos.

COCINAR LAS VIEIRAS

Al igual que las ostras, las vieiras pueden comerse crudas con unas gotas de zumo de limón y sal y pimienta. Con mayor frecuencia se fríen ligeramente en un chorro de aceite de oliva o un poco de mantequilla, sólo 30-40 segundos por lado si le gustan poco hechas o 2 minutos de cada lado si las quiere bien hechas. Las vieiras están muy buenas con un poco de beicon o panceta crujientes, morcilla negra, ajo, guindilla y hierbas.

PREPARAR LAS OSTRAS

Las ostras son los bivalvos más difíciles de abrir. Para su seguridad, utilice un cuchillo para ostras (*véase* pág. 8) y protéjase la otra mano con un paño grueso o un guante de horno. Forre una bandeja con papel de aluminio arrugado y una capa gruesa de sal marina o cubitos de hielo para sostener las ostras, de manera que no se pierda su jugo. Si sirve las ostras crudas, raspe las valvas antes de abrirlas para retirar la suciedad.

1 Sostenga la ostra con la valva redondeada hacia abajo. Introduzca el cuchillo entre las dos valvas hasta uno de los lados del extremo articulado. Retuerza el cuchillo para seccionar el músculo y la valva se abrirá.

2 Deslice el cuchillo por el interior de la valva superior para soltarla completamente; tenga cuidado en no dañar la carne de la ostra. Deseche la valva superior y deslice el cuchillo por debajo de la carne de la ostra para soltarla. Las ostras crudas se sirven frías sobre un lecho de hielo o sal y con unas gotas de limón, pimienta negra o salsa Tabasco.

COCINAR LAS OSTRAS

Déjelas en su valva, báñelas con un poco de crema líquida y espolvoréelas con perejil, estragón o cebollino picado. Eche por encima pan rallado y gratínelas unos 5 minutos hasta que estén cocidas. Asimismo, las ostras pueden prepararse en un guiso cremoso o pueden añadirse a un pudin de carne y riñones (*véanse* págs. 62-63).

1

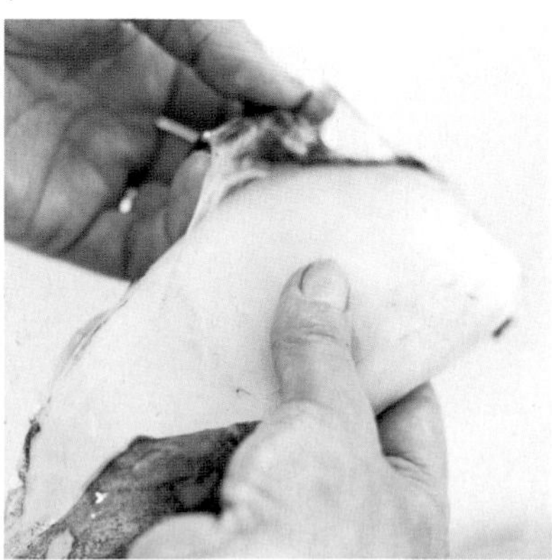

2

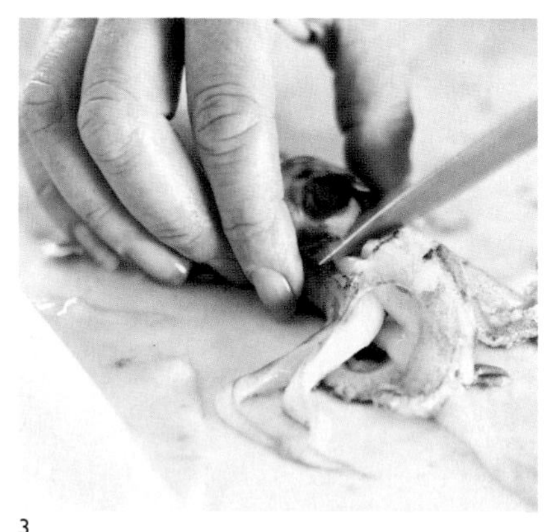

3

Tinta de calamar y de sepia

La tinta de calamar, utilizada para dar un color sorprendentemente oscuro a la pasta (*véase* pág. 179), los arroces y las salsas, se encuentra en el saco de tinta. Éste puede ser difícil de encontrar en los calamares pequeños, pero está pegado a la cabeza, dentro de un pequeño saco plateado. La tinta de la sepia también se utiliza por su color y sabor y es bastante más abundante.

CEFALÓPODOS

Generalmente, el calamar pequeño se encuentra en el mercado entero o en forma de tubos limpios, mientras que los calamares de mayor tamaño se encuentran también enteros o ya cortados en anillas. La sepia tiene un cuerpo más rechoncho que el calamar y un gran hueso plano o pluma dentro de su cuerpo, que hay que retirar. Después de limpiarlo, hay que cocinar el pulpo suavemente para que quede tierno. Puede cortarse en trozos y añadirse a guisos de pescado o puede marinarse con aceite de oliva, ajo, limón y perejil para servirlo como ensalada.

LIMPIAR EL CALAMAR

1 Si compra el calamar entero con la piel, separe la cabeza y los tentáculos del cuerpo y después vacíe y deseche su contenido, incluida la pluma cartilaginosa y semejante al plástico.

2 Bajo el chorro del agua, frote la piel con los pulgares. Las aletas, situadas a ambos lados del cuerpo, pueden retirarse para cocinarlas por separado o pueden dejarse pegadas al cuerpo. Tienen la misma textura que éste.

3 Separe los tentáculos de la cabeza cortándolos justo por debajo de los ojos, de manera que se mantengan en una sola pieza en lugar de quedar sueltos. Deseche la cabeza. Seque todos los trozos con papel de cocina.

MARCAR EL CALAMAR

El cuerpo de los calamares grandes puede marcarse en diagonal con un cuchillo antes de cocinarlo. Con ello, no sólo se consigue un acabado atractivo, sino que la carne queda más tierna y acelera la cocción. Realice un corte a lo largo de uno de los lados del cuerpo del calamar para que quede abierto, con la parte interior hacia arriba. Con la punta de un cuchillo afilado, marque el calamar en diagonal en una dirección y después en la otra, de manera que los cortes se crucen. Asegúrese de no cortar la carne completamente.

COCINAR EL CALAMAR

Reboce las anillas de calamar y los tentáculos con harina bien sazonada o con masa para rebozar (*véase* pág. 164) y fríalos con poco o abundante aceite. Sírvalos con mayonesa (*véase* pág. 29). Los calamares pequeños (unos 8-10 cm de largo) pueden rellenarse con ajo y hierbas y brasearse en aceite de oliva y vino o salsa de tomate. El calamar también queda bien en guisos, paellas y *risottos*.

PREPARAR LA SEPIA

Haga un corte en toda la longitud del cuerpo y retire y deseche la pluma junto con las vísceras. Quite la piel y las aletas y prepare los tentáculos, como en el caso del calamar.

PREPARAR EL PULPO

La carne del pulpo antes de prepararlo puede reblandecerse mediante la congelación. Una vez descongelado, corte los tentáculos justo por debajo de los ojos. Échelos hacia arriba para dejar al descubierto el «pico» (boca). Córtelo y deséchelo. Corte la parte de la cabeza (donde están los ojos) separándola del cuerpo y deseche. Dé la vuelta al cuerpo del pulpo para dejar la cara interior fuera. Retire y deseche el contenido del cuerpo. Enjuague el cuerpo y los tentáculos y elimine toda la arena que puedan tener estos últimos.

COCINAR EL PULPO

Lleve una cacerola con agua con sal a una ebullición suave y cocine el pulpo de 1 hora o hasta que esté tierno. El pulpo queda bien en guisos o puede cocerse con unas hojas de laurel y servirse con aceite de oliva y pimentón.

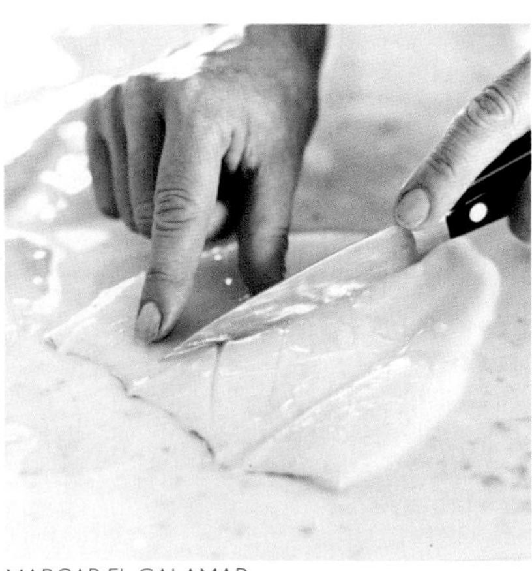

MARCAR EL CALAMAR

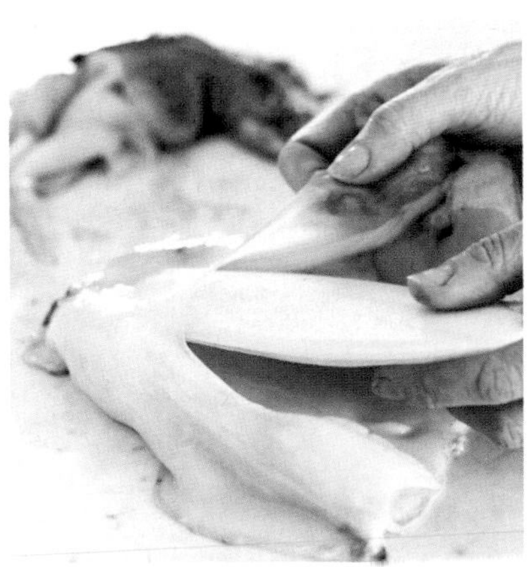

PREPARAR LA SEPIA

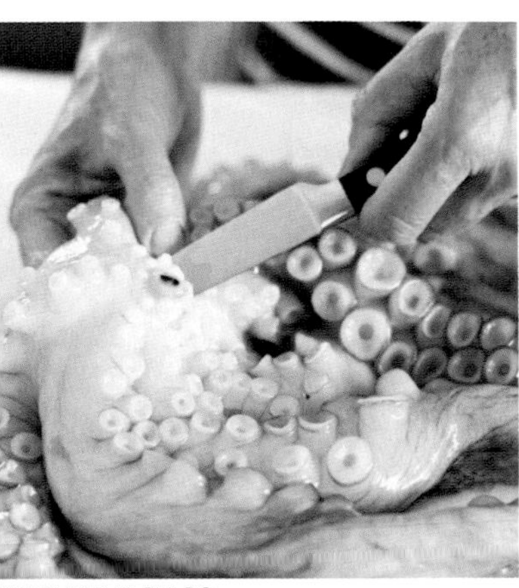

PREPARAR EL PULPO

VERDURAS Y FRUTAS

La compra y el uso selectivo de frutas y verduras es la mejor manera de disfrutar del sabor fresco y vital y del óptimo valor nutritivo de los alimentos de temporada. Pero, mientras la predecible selección de verduras y frutas que ofrecen los supermercados consigue desalentarnos y el cultivo de nuestros propios productos favoritos es una opción poco práctica, los mercados agrícolas, las tiendas rurales y otros establecimientos de alta calidad son ideales para encontrar productos de temporada de sabores deliciosos.

Es confirmar lo que es obvio, pero sólo deben adquirirse las verduras y frutas que estén en buenas condiciones. Las verduras marchitas, golpeadas o dañadas habrán perdido gran parte de su sabor y beneficios y no vale la pena invertir en ellas tiempo ni esfuerzo. La luz destruye algunos de los nutrientes de las verduras, de manera que debe conservarlas en un lugar fresco y oscuro o en la parte baja del frigorífico. Los tubérculos se mantienen bien hasta una semana, mientras que las verduras de hoja se estropean con rapidez. La mayor parte de la fruta que se compra en los supermercados no está madura, de manera que deberá adquirirla con varios días de antelación para que tenga tiempo de desarrollar su jugosidad y máximo sabor. Cuando compre limones y limas, elija los que no estén tratados con cera, especialmente si los quiere para rallar su corteza. La fruta se impregna del sabor de otros ingredientes con gran facilidad, así que es buena idea comprar una tabla de cortar especial para prepararlas.

1

2

3

ALCACHOFAS

Las alcachofas grandes pueden prepararse enteras, una por persona, con mantequilla aromatizada si se sirven calientes o con vinagreta si se sirven frías (*véase* pág. 34). Las hojas de la alcachofa se arrancan empezando por la parte exterior, se sumergen en la mantequilla o el aliño y se comen con los dedos, mordiendo la parte carnosa de la base de la hoja y desechando el resto. Las hojas más cercanas al corazón de la alcachofa son más tiernas y, en ocasiones, pueden comerse enteras. Una vez arrancadas las hojas, el corazón carnoso de la base se come entero.

1 Deseche las hojas dañadas, marchitas o manchadas del exterior y corte la base de la alcachofa unos 1,5 cm. Para presentar, puede cortar las puntas de las hojas más externas, pero no es imprescindible.

2 Coloque la alcachofa en el borde de la tabla de cortar y retire el tallo, retorciéndolo y quebrándolo al mismo tiempo. De esta manera, junto con el tallo saldrán algunas de sus fibras duras.

3 Si le cuesta arrancar el tallo, realice un corte poco profundo con un cuchillo en su parte superior para ayudar a separarlo.

4 Con la ayuda de un cuchillo, limpie el resto del tallo, para que las alcachofas se mantengan de pie sin balancearse, y cuézalas en una cacerola grande con agua hirviendo con medio limón y una cucharada de aceite durante unos 20 minutos. Compruebe si las alcachofas están cocinadas; tire de una de las hojas interiores, la cual debe salir sin dificultad. Sujete las alcachofas boca abajo para que escurran el agua. Cuando se hayan enfriado lo suficiente como para manejarlas, abra las hojas verdes más externas y empuje hacia fuera las hojas blancas centrales.

5 Con la ayuda de una cucharilla, raspe el heno de color blanco crema del centro y deséchelo. Sírvalas con mantequilla o vinagreta, tal como se indica en la parte superior.

4

5

TOMATES

Utilice siempre los mejores tomates que pueda encontrar. Con frecuencia, los tomates producidos en masa son pálidos e insípidos y no desarrollan un delicioso y dulce sabor, independientemente de cómo los cocine. A ser posible, no introduzca los tomates en el frigorífico, ya que les resta sabor. La pulpa del tomate puede cortarse en juliana muy fina o en dados, en *concassé*.

PELAR

Habitualmente, los tomates que van a utilizarse para platos cocinados se pelan, ya que la piel no se deshace durante la cocción.

Retire el tallo y ponga los tomates en un cuenco refractario. Si están muy maduros, entalle con el cuchillo una cruz sobre la piel de la base de cada tomate. Cúbralos con agua hirviendo y déjelos reposar hasta que la piel empiece a soltarse (si el tomate está muy maduro tardará 15-20 segundos, mientras que en los tomates más firmes llevará hasta 2 minutos). Sáquelos del cuenco y sumérjalos en un segundo recipiente con agua helada (este paso no es imprescindible). Pélelos y descarte la piel.

RETIRAR LAS SEMILLAS

Corte los tomates por la mitad. Con la ayuda de una cucharilla, retire las semillas y la pulpa. En los tomates muy jugosos, la pulpa puede colarse y usarse para un aliño o una salsa.

SECAR EN EL HORNO

La intensidad de su sabor puede aumentar deshidratándolo parcialmente en el horno, lo cual es especialmente bueno para los tomates de ensalada, las salsas y los platos cocinados. Corte por la mitad tomates maduros y sabrosos y colóquelos formando una capa sobre una fuente baja con el lado del corte hacia arriba. Eche por encima un poco de azúcar blanquilla, romero u orégano picados y áselos en el horno precalentado a 140 °C, unas 4 horas, hasta que queden arrugados y secos. Úselos en frío o en caliente, cortados en tiras. Puede conservarlos en un tarro cubiertos con aceite de oliva. Introdúzcalos en el frigorífico, donde se conservarán 2 meses.

PELAR

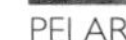

RETIRAR LAS SEMILLAS

SECAR EN EL HORNO

CEBOLLAS Y PUERROS

La cebolla tiene un sabor muy intenso, pero al mismo tiempo increíblemente dulce que se desarrolla cuando se fríe lentamente, de manera que sus jugos se caramelizan. El puerro, emparentado con la cebolla, tiene un sabor similar pero más suave. La parte verde más dura es ideal para caldos y cremas.

1 Corte una rodaja en el extremo puntiagudo de la cebolla y pélela. Córtela por la mitad en sentido longitudinal. Ponga una de las mitades, con la parte del corte hacia abajo, sobre la tabla de cortar. Con ayuda de un cuchillo afilado, realice cortes verticales, separados unos 5 mm, desde la parte superior hasta las raíces, sin acabar de cortar el extremo de éstas.

2 Realice cortes horizontales próximos, y mantenga intacta la parte de las raíces.

3 Finalice realizando cortes verticales de un extremo a otro. Deseche la parte de las raíces sin cortar.

1

2

3

Pelar cebollitas para encurtir

Cuando tenga dificultad para pelar las escalonias o las cebollitas pequeñas, póngalas en un cuenco refractario y cúbralas con agua hirviendo. Déjelas 2 minutos y escúrralas bien. Así, las pieles se ablandarán y saldrán de una sola vez.

LIMPIAR PUERROS

LIMPIAR PUERROS

La tierra y la suciedad pueden introducirse en las capas del puerro. Una vez que haya retirado las capas correosas más externas, corte el extremo verde abierto del puerro, cuyas hojas no son tiernas. Conserve unos 5 cm de la parte más verde, ya que adquiere un atractivo color al cocerla. Realice un corte a lo largo del puerro hasta el centro. Sosténgalo bajo el chorro del agua, abriendo las capas con los dedos y frotando los restos de tierra atrapados entre ellas, y después séquelo con papel de cocina o déjelo escurrir boca abajo en un escurridor. Úselo entero, en rodajas o picado.

AGUACATES

Un aguacate maduro debería ceder un poco al apretarlo con suavidad en la palma de la mano. La maduración de una fruta sólida y firme puede acelerarse si se pone en un frutero varios días junto con otras frutas. Tenga cuidado si utiliza el aguacate en platos cocinados, ya que su sabor puede amargar si se somete al calor durante mucho tiempo. Es mejor simplemente calentarlos.

DESHUESAR Y PELAR

Corte el aguacate por la mitad con un cuchillo grande; realice el corte en sentido longitudinal alrededor del hueso. Gire las dos mitades en direcciones opuestas. Golpee firmemente el hueso que ha quedado en una de las dos mitades con el filo del cuchillo. Gírelo y retire el hueso sujeto al cuchillo. Retire la piel.

CORTAR EN DADITOS

Ponga el aguacate con la parte del corte hacia abajo sobre la tabla de cortar. Realice cortes horizontales, separados unos 5 mm, y seccione la pulpa por completo. Practique cortes verticales separados 5 mm y después córtelo a lo ancho en dados pequeños.

PICAR RÁPIDAMENTE

Una forma rápida de picar un aguacate para ensalada consiste en realizar lonchas gruesas de 1 cm en la mitad del aguacate sin quitarle la piel y después realizar cortes en dirección opuesta. Empuje la piel como si quisiera dar la vuelta a la fruta, dejando caer los trozos de pulpa en un cuenco.

DESHUESAR

Evitar la oxidación

Una vez en contacto con el aire, la pulpa del aguacate se oxida rápidamente. Mézclelo enseguida con un aliño o salsa o bien, si la pulpa se sirve en trozos grandes, humedézcalos con zumo de limón.

CORTAR EN DADITOS

PICAR RÁPIDAMENTE

PIMIENTOS

Asar los pimientos y después pelarlos hace que sean más digeribles, ablanda su carne y acentúa su sabor. Esto es especialmente importante para las ensaladas en las que el pimiento no se cocina más.

ASARLOS AL GRILL

Corte los pimientos por la mitad y póngalos en la placa del horno forrada de papel de aluminio, con la parte de la piel hacia arriba. Áselos bajo el grill, hasta que la piel empiece a ennegrecerse. Introdúzcalos en una bolsa de plástico y ciérrela. El vapor ayudará a que la piel se suelte.

ASARLOS SOBRE LA LLAMA

Éste es un buen método si sólo tiene que asar uno o dos pimientos. Utilice unas pinzas o un tenedor largo para sujetar el pimiento sobre la llama del fogón de gas. Dé vueltas al pimiento hasta que esté chamuscado por todas partes. Introdúzcalos en una bolsa de plástico como se ha descrito.

PELAR

Una vez fríos, pele los pimientos, tire del tallo y retire las semillas que queden en el interior. Si está excesivamente jugoso, séquelo con papel de cocina.

Guindillas y chiles

En algunas recetas, donde además del picante interesa su textura suave, como en salsas, mojos y sopas de estilo asiático, las guindillas deben pelarse. Utilice uno de los métodos que se han descrito pero deje las guindillas enteras; el tiempo de asado se reducirá en ambos casos. Las guindillas contienen una enzima llamada capsaicina, la cual puede irritar la piel. Utilice guantes de goma al preparar las guindillas para evitar este problema.

ASAR AL GRILL

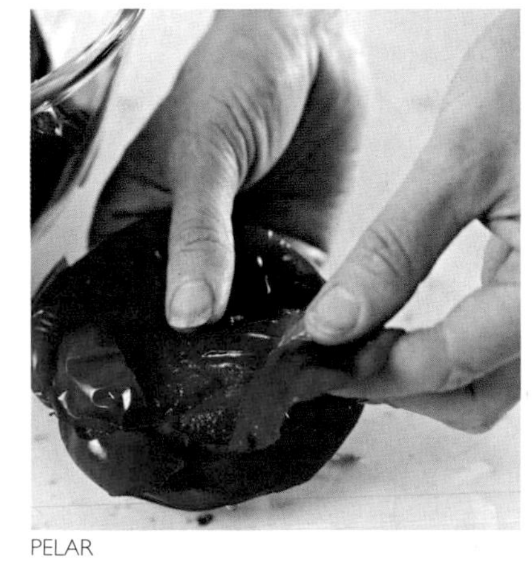

PELAR

ASAR SOBRE LA LLAMA

AJO

Utilice siempre dientes de ajo carnosos y jugosos; cuando llevan almacenados un tiempo se hacen viejos. Al cocinar una cabeza entera o los dientes se acentúa su dulzor, especialmente si se asan. Cuanto más fino se pica el ajo, tanto más intenso es su sabor. Pique los ajos con un prensaajos (*véase* pág. 9), májelos en un mortero o píquelos con el cuchillo. En verano, disponemos de ajos tiernos, que tienen un sabor más sutil, y su piel es blanda.

PICAR EL AJO A MANO

1 Sostenga un cuchillo grande de forma plana sobre un diente de ajo y presione con firmeza con la palma de la mano. De esta manera se separará la piel, de forma que será más fácil pelarlo, al tiempo que se ablanda el diente de ajo para poder picarlo.

2 Pique el ajo lo más fino posible, primero a lo largo y después a lo ancho. Maje el ajo apretándolo con la hoja del cuchillo. Si se echa un poco de sal por encima del ajo será más fácil romperlo y no saltará tanto.

1

2

AJO ASADO

UTILIZAR AJO CRUDO

Utilícelo con precaución, ya que un exceso de ajo crudo en la mayonesa o en el aliño puede dar un toque demasiado picante y fuerte. Empiece con un diente pequeño y, si es necesario, añada más. Para dar un toque sutil de ajo a la ensalada, frote la ensaladera con la parte del corte de un diente cortado por la mitad. Se puede frotar con ajo el pan rústico tostado antes de echar un chorrito de aceite y poner encima tomate, pimiento y pastas, al estilo de las *bruschettas*.

UTILIZAR AJO SILVESTRE

El ajo silvestre o ajo de oso pertenece a la familia del cebollino y tiene un sabor más suave y un aroma más apagado que el ajo. Las hojas anchas pueden consumirse crudas en ensalada o ligeramente cocidas en sopas. Las flores blancas pueden incluirse en las ensaladas. Constituye un complemento ideal para el tomate.

AJO ASADO

El ajo asado, suave y meloso, puede transformarse en puré y utilizarse en una sopa de tomate o en salsas o añadirse a la salsa del pollo o de la carne. Asimismo, constituye un buen acompañamiento para la carne asada. Corte la parte superior de una cabeza de ajos y envuélvala parcialmente en papel de aluminio. Ásela en el horno precalentado a 200 °C, durante 45-50 minutos, hasta que los dientes de ajo puedan sacarse fácilmente de la piel. Como alternativa, áselos en la misma fuente que la carne.

SETAS Y TRUFAS

La mayor parte de las setas silvestres tienen un sabor más intenso que el de las setas de cultivo, pero todas ellas pueden intercambiarse en las recetas, dependiendo de su disponibilidad en el mercado. Las setas aportan sustancia, textura y color a un amplio abanico de platos y dan vida al aperitivo más sencillo. Las trufas son el trofeo de los buscadores de setas, especialmente las escandalosamente caras trufas blancas. Con su aroma acre aportan un sabor intenso a los platos de otoño. También se encuentran en conserva.

LIMPIAR LAS SETAS

La mayoría de las setas sólo necesitan limpiarse con un paño húmedo o papel de cocina; limpie las setas cultivadas sólo si es absolutamente imprescindible, ya que absorben el agua, lo que hace que se estropeen enseguida y altera sus cualidades a la hora de cocinarlas. Es posible que quiera pelar la capa más externa de las setas grandes y planas si está un poco agrietada. Las setas silvestres suelen estar más sucias y pueden esconder pequeños insectos entre sus laminillas y pliegues. Nuevamente, revíselas de una en una y frótelas con un paño húmedo en caso necesario. Si están muy sucias, sumérjalas en agua (en cuyo caso, los insectos flotarán). Enjuáguelas bien y después séquelas con papel de cocina.

SERVIR SETAS

Salteadas con mantequilla y añadidas a unos huevos revueltos, en *risottos* y en salsas cremosas de sartén. Las setas grandes y planas son recipientes ideales para espolvorearlos con miga de pan sazonada con ajo.

LIMPIAR LAS TRUFAS

Cepille cualquier resto de tierra de las trufas blancas o negras frescas y pele la piel rugosa.

SERVIR LAS TRUFAS

Pique o filetee finamente las trufas y repártalas sobre las ensaladas, la pasta fresca (con mantequilla derretida y parmesano) o en *risottos* y platos con huevo. Un chorrito de aceite de trufas puede sustituir a un poco de aceite de oliva en la mayonesa o los aliños (*véanse* págs. 29 y 34) para acompañar a los platos de pollo, carne, pescado o verduras.

LIMPIAR LAS SETAS

FILETEAR LAS TRUFAS

ESPÁRRAGOS

El tallo de los espárragos puede ser grueso y robusto o delgado y largo. La yema es la parte más apreciada del espárrago y sólo se desecha la parte más dura del tallo. Los espárragos pueden servirse calientes, cubiertos simplemente con mantequilla derretida y hierbas para acompañar al pollo u otras aves o al pescado. Cubiertos de salsa holandesa (*véanse* págs. 30-31) constituyen el entrante perfecto, o pruébelos con una vinagreta (*véase* pág. 34) y virutas de queso parmesano. También quedan muy bien salteados.

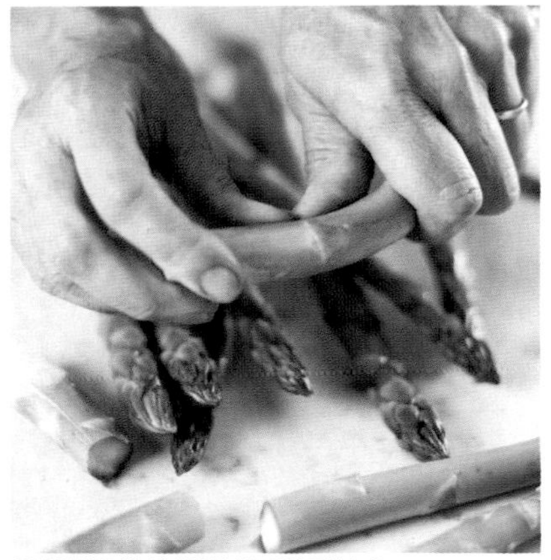

QUEBRAR EL EXTREMO DEL TALLO

PELAR EL EXTREMO DEL TALLO

COCINAR LOS ESPÁRRAGOS

QUEBRAR EL EXTREMO DEL TALLO
Sostenga el espárrago cerca del extremo del tallo y dóblelo hasta que se quiebre. El espárrago se romperá en el punto donde el tallo se hace más duro. Con frecuencia, el extremo duro del tallo tiene un ligero color púrpura rosado, de manera que es fácil localizarlo. En lugar de simplemente desecharlo, añada los extremos del tallo a un caldo vegetal para aportar más sabor (*véase* pág. 19).

PELAR EL EXTREMO DEL TALLO
Éste es un método útil si quiere conservar la mayor parte del tallo. Corte el tallo a 1 cm del extremo y utilice un pelador para retirar la fina capa de piel dura alrededor del extremo del tallo.

COCINAR LOS ESPÁRRAGOS
Tradicionalmente, para cocerlos, se utiliza una olla o cacerola para espárragos (*véase* pág. 10). Se atan formando un manojo y se cuecen de pie, sumergidos parcialmente en agua hirviendo, para que las delicadas yemas permanezcan fuera del agua y se cuezan al vapor. Se puede aplicar el mismo método de cocción en una cacerola, usando un trozo de papel de aluminio para cubrir las puntas.

Puede poner los espárragos en una sartén con una fina capa de agua hirviendo. Tápela con una tapa o papel de aluminio y cuézalos lentamente. El tiempo de cocción depende del grosor de los espárragos, pero bastarán 3-5 minutos para que los tallos estén blandos. También pueden asarse, hacerse a la parrilla, a la plancha y en la barbacoa. Úntelos con aceite de oliva, sazónelos y cuézalos hasta que estén ligeramente tostados. Si se asan a la parrilla o en la barbacoa, primero pueden blanquearse en agua.

Espárragos blancos
Los espárragos blancos son populares en Francia y en todo el Mediterráneo. El espárrago se cultiva bajo un montículo de tierra que hace que el tallo se mantenga blanco. Se recolecta cuando la yema empieza a emerger del suelo. Por el contrario, el espárrago verde se corta cuando ha brotado unos 20-25 cm por encima del nivel del suelo.

VERDURAS DE HOJA

Todas las verduras de hoja comparten técnicas similares de preparación. Mientras que el tallo de la delicada acelga es comestible, habitualmente los de la col se desechan y sólo se consume la parte tierna de las hojas.

LIMPIAR LA COL Y OTRAS VERDURAS DE HOJA

1 Arranque las hojas del extremo del tallo y enjuáguelas en agua fría.

2 Con ayuda de un cuchillo grande, realice un corte en forma de «V» para retirar el tallo duro del centro de cada hoja. Ponga varias hojas, una encima de la otra, y enróllelas apretadas.

3 Con un cuchillo grande y afilado, corte las hojas lo más fino que pueda. Esta técnica se utiliza también para preparar una *chiffonade* con las hojas (tiras muy finas de lechuga, espinacas o albahaca repartidas en las ensaladas o sopas, con frecuencia salteadas primero ligeramente con mantequilla).

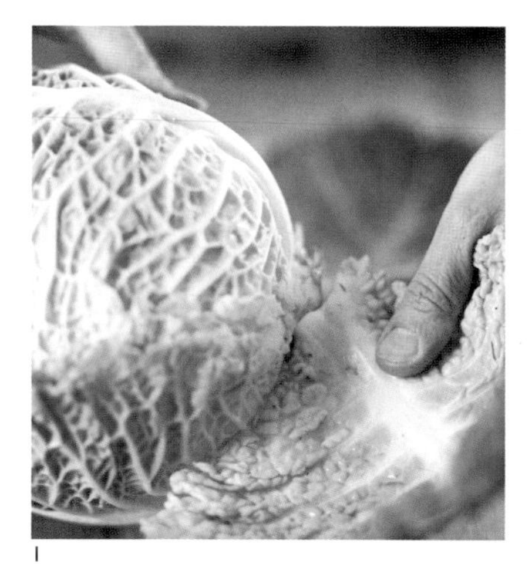

1

2

3

Preparar las acelgas

Separe los tallos de las hojas como en el caso de la col y después corte los tallos y las hojas por separado, ya que los tallos tardan más en cocerse. Saltéelos en mantequilla con cebolla tierna y nuez moscada recién rallada. Como alternativa, deje las hojas enteras y cuézalas al vapor o braséelas en el horno con un poco de caldo de carne o de verduras (*véanse* págs. 16-17 y pág. 19), mantequilla y sal y pimienta.

JUDÍAS, APIO Y QUINGOMBÓ

Las judías, al igual que los guisantes, empiezan a perder su dulzor desde el momento de su recolección, motivo por el que son tan populares como producto congelado. Cuando se dispone de grandes cantidades de judías pueden blanquearse, refrescarse y congelarse hasta 2 meses. Cueza ligeramente las habas en agua o al vapor. Sírvalas rociadas con un poco de mantequilla y beicon, jamón o chorizo cortado en daditos. Asimismo, se obtiene un buen puré, que puede enriquecerse con crema líquida y sazonarse con pimienta. Peladas quedan muy bien en ensalada. Cueza las vainas enteras de quingombó en agua hirviendo hasta que simplemente estén tiernas y rocíelas con mantequilla o salsa de tomate. También se utilizan en *curries* o fritas con especias y ajo.

PELAR LAS HABAS

RETIRAR LAS HEBRAS DE LAS JUDÍAS VERDES

QUINGOMBÓ

DESGRANAR Y PELAR LAS HABAS

Las habas jóvenes con la vaina pueden trocearse (después de cortar los extremos) y cocerse, pero cuando maduran se debe desechar la vaina y sólo se pueden aprovechar los granos grandes de su interior. Las habas congeladas sustituyen a las frescas. Las habas están cubiertas con una piel blanquecina que es comestible, pero si se retira queda a la vista su tierno centro de color verde esmeralda. Una vez cocidas, es fácil pelarlas.

RETIRAR LAS HEBRAS DE LA JUDÍA VERDE Y EL APIO

Generalmente, no es necesario retirar las hebras de la judía verde joven y tierna, mientras que las más grandes y maduras sí deben quitarse, ya que las hebras son fibrosas e indigestas. Compruébelo realizando un corte transversal en uno de los extremos de la vaina, dejando intacto el otro extremo. Si se separa la hebra dura, probablemente deberá preparar todas las judías antes de trocearlas. Utilice la misma técnica para los tallos grandes de apio; realice un corte parcial en la base del tallo y estire las hebras hacia el extremo más fino.

QUINGOMBÓ

Las vainas deben ser firmes y verdes, sin manchas marrones. Corte el extremo del tallo y deje el quingombó entero o córtelo en rodajas gruesas. Su jugo espeso y pegajoso se utiliza para espesar guisos criollos y *gumbos*.

COLIRRÁBANO

El globo bulboso del colirrábano puede ser de color crema pálido, verde y, en ocasiones, púrpura-rosado y tiene un sutil sabor a frutos secos. El tierno puede servirse crudo, rallado en ensaladas. Los bulbos más maduros siempre se cocinan, lo que aumenta la intensidad de su sabor.

PREPARACIÓN DEL COLIRRÁBANO

SERVIR EL COLIRRÁBANO CRUDO

Corte la piel y los brotes y rebane, pique o ralle la pulpa gruesa. Para preparar una ensalada de verano, mézclelo con ingredientes como la remolacha y la zanahoria ralladas, cebolla tierna cortada en aros, hojas de lechuga y frutos secos.

COCINAR EL COLIRRÁBANO

Pélelo como si fuera a servirlo crudo. Cuézalo en agua hirviendo con sal o al vapor hasta que esté tierno. Escúrralo bien en un escurridor antes de servirlo como guarnición de carnes o aves, aromatizado con ajo, mantequilla y hierbas frescas.

SALSIFÍ, ÑAME Y AGUATURMA

El salsifí puede ser negro (cuando es así, en ocasiones recibe el nombre de escorzonera) o blanco, y su forma recuerda a la de la zanahoria. Es delicioso como crema, con cebolla, caldo, crema líquida y hierbas, o rebanado después de cocido y salteado con mantequilla. El salsifí también es muy bueno frío, en ensaladas. El ñame sólo se consume cocinado y tiene una textura similar a la de la patata. Además de cocido, también queda muy bien salteado en aceite de guindilla o frito. La aguaturma es una pequeña raíz y se prepara cocida en agua con sal. Constituye una sopa suave y cremosa que puede aromatizarse con cebolla, dados de beicon, crema líquida y caldo, que se tritura bien con mantequilla y hierbas para acompañar buey, ternera, aves o caza.

PELAR EL SALSIFÍ

PREPARAR EL ÑAME

PREPARAR LA AGUATURMA

COCINAR EL SALSIFÍ

Hierva el salsifí con la piel para evitar que cambie de color y pélelo después. Si se pela antes de cocerlo, debe cocerse siguiendo la técnica para blanquear hortalizas (*véase* pág. 129).

PREPARAR Y COCINAR EL ÑAME

Prepare el ñame como las patatas o los boniatos. Córtelo en trozos o rodajas y pélelo con un cuchillo. Cuézalo en agua con un poco de sal hasta que esté tierno. Escúrralo bien.

PREPARAR Y COCINAR LAS AGUATURMAS

Cuanto menos nudosa es la aguaturma, tanto más fácil es pelarla. Utilice un pelador de hortalizas, corte las partes nudosas y ponga las aguaturmas inmediatamente en agua con un chorrito de zumo de limón para evitar que se oxiden. Córtelas en trozos del mismo tamaño antes de cocerlas. Para evitar desperdiciar cualquier cosa, las muy nudosas pueden cocerse parcialmente con la piel y dejarlas enfriar antes de pelarlas, de manera que la piel salga con mayor facilidad.

CALABACÍN Y CALABAZA

Con el calabacín y la calabaza se hacen muy buenas sopas y guisos, así como purés para guarnición. Su sabor suave precisa que se potencie con ingredientes como el ajo, la guindilla, las hierbas, el jengibre y las especias. Las flores de calabacín pueden rebozarse en *tempura* (*véase* pág. 133) y freírse en abundante aceite hasta que estén doradas. Sírvalas con parmesano rallado por encima. Puede rellenarlas con una mezcla de hierbas y queso blando o ricotta.

PREPARAR LAS FLORES DEL CALABACÍN

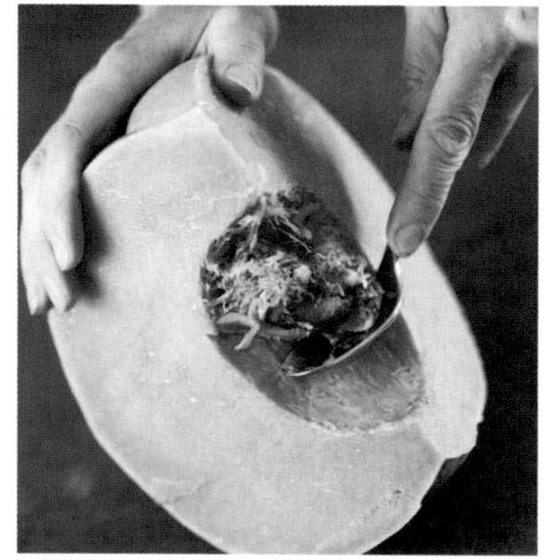

RETIRAR LAS SEMILLAS DE LA CALABAZA

PREPARAR LAS FLORES

Compruebe que en el interior de la flor no haya ningún insecto. Corte cuidadosamente los estambres del centro de la flor y los cálices de su base. Las flores hembra pueden tener un calabacín enganchado. Si mide más de 1 cm de diámetro, córtelo y cocínelo de manera independiente, ya que tardará más en cocerse.

COCINAR LAS FLORES

Si se opta por el relleno, introduzca un poco en cada flor y retuerza su extremo para cerrarla. Prepare la masa de *tempura* (*véase* pág. 133). Caliente una sartén con aceite de oliva a una altura de 4 cm hasta que una gota de *tempura* empiece a chisporrotear y tome un pálido color dorado en 30 segundos. Enharine las flores y después sumérjalas en la *tempura*. Fríalas en el aceite durante 1-2 minutos.

PELAR Y RETIRAR LAS SEMILLAS

Todas las calabazas tienen una piel gruesa y, habitualmente, en su interior encontramos las semillas y una pulpa fibrosa. Las más pequeñas pueden cortarse por la mitad para pelarlas y retirar las semillas, mientras que es más fácil cortar en tajadas las de mayor tamaño. Córtela en trozos manejables, raspe todas las semillas y la pulpa fibrosa con una cuchara y retire la piel con un cuchillo.

MAÍZ DULCE

Como mejor está el maíz dulce muy fresco es ligeramente cocido y servido con mantequilla o mantequilla aromatizada con ajo, hierbas o especias derretidas por encima.

UTILIZAR LAS MAZORCAS DE MAÍZ

Elija mazorcas carnosas, con las hojas verdes y hebras pálidas o doradas. Retire todas las hojas y las hebras. Para cocer la mazorca entera, sumérjala en agua hirviendo. No añada sal al agua, ya que, de lo contrario, los granos quedarán duros. Cuézala 3-4 minutos, hasta que el color de los granos se haya oscurecido. También puede cocerlas al vapor hasta que estén tiernas o brasearlas en el horno con cebolla salteada, hierbas o especias y un chorrito de caldo.

DESGRANAR

Desgrane la mazorca antes o después de cocerla. Sostenga la mazorca de pie sobre una tabla de cortar y deslice el cuchillo en vertical por todo su contorno para soltar los granos.

MAÍZ MINI

Estas mazorcas de maíz en miniatura se asocian generalmente a la cocina asiática y se preparan al vapor, salteadas o añadidas a *curries* o estofados, enteras o troceadas.

SALICORNIA O HINOJO MARINO

Esta verdura fina, similar a un espárrago, crece en las salinas costeras y tiene un sabor ligeramente salado y una textura crujiente y cérea. Una vez cocida, rocíela con mantequilla y salpiméntela. Sírvala para acompañar pescado, especialmente corvina u otro pescado blanco.

PREPARAR Y COCINAR
Deseche el extremo leñoso o manchado y lave las salicornias cambiando varias veces el agua para eliminar los restos de tierra. Cuézalas en agua hirviendo durante 1-2 minutos. Los tallos deben quedar tiernos, pero mantener su forma.

Introduzca de nuevo las salicornias bien escurridas en la cazuela, eche por encima mantequilla y salpiméntelas. Póngalas en el plato precalentado y utilícelas como cama para filetes o rodajas de pescado o sírvalas aparte.

JENGIBRE FRESCO Y HIERBA LIMONERA

El jengibre fresco es un ingrediente típico de la cocina asiática, y su sabor en cualquiera de los platos que llevan este ingrediente es mejor que el del jengibre seco molido. Rallado fino también aporta un fresco aroma de especias a pasteles y postres calientes y fríos. La hierba limonera se utiliza básicamente en los platos asiáticos, en los que se tritura para obtener una pasta con otros ingredientes aromáticos. También puede dejarse entera o golpearla firmemente con un rodillo antes de usarla para infusionar líquidos para platos tanto salados como dulces.

PREPARAR LA HIERBA LIMONERA

PICAR LA HIERBA LIMONERA

Corte los extremos y retire las hojas exteriores más duras. La hierba limonera tiene una textura muy basta y es difícil picarla finamente. La forma más fácil es utilizar un cuchillo fuerte y cortarla en rodajas lo más finas posible, después poner los trozos en el robot y triturarlos junto con los otros ingredientes del plato hasta que esté picada fina.

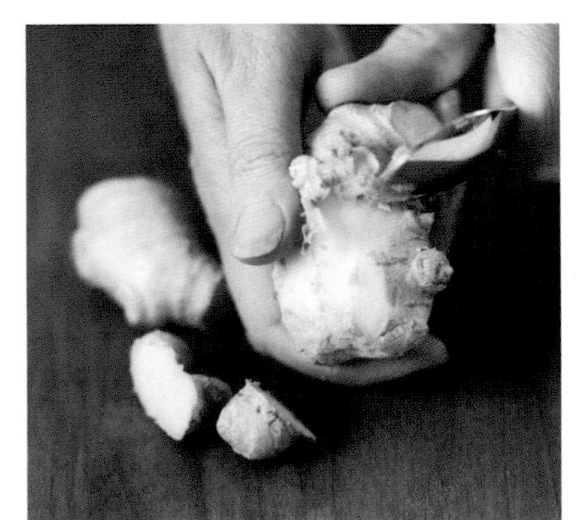

PREPARAR EL JENGIBRE FRESCO

PREPARAR EL JENGIBRE FRESCO

Elija una pieza de jengibre carnosa por comodidad, ya que son menos nudosas. Retire la fina piel con un cuchillo pequeño y afilado o un pelador. Puede raspar la piel con el canto de una cucharilla. Píquelo fino, trocéelo o rállelo. Si opta por rallarlo, hágalo sobre un plato para no desperdiciar su jugo.

COCER LAS PATATAS Y PREPARAR PURÉ

Las patatas nuevas, realmente sabrosas, quedan deliciosas simplemente cocidas y servidas con mantequilla derretida y hierbas o un aliño. Las patatas harinosas maduras pueden mejorar su sabor si se les añade crema líquida, sal y pimienta u otros aromas. También pueden chafarse o triturarse para formar pequeñas tortas o utilizarse para coronar pasteles de carne, pescado o verduras con una capa dorada y crujiente.

1

2

Elegir la patata correcta
Las patatas cerosas son adecuadas para cocer, así como para *rösti* (*véase* pág. 126)y ensaladas, mientras que las patatas harinosas son mejores para asar, hornear, preparar puré y freír. Existen también las patatas nuevas y las patatas de ensalada, disponibles en diferentes variedades.

EL PURÉ PERFECTO

Para 4 raciones

1 kg de patatas, cocidas en agua con sal durante unos 20 minutos hasta que estén tiernas, escurridas
75 ml de leche o crema de leche ligera caliente
una generosa nuez de mantequilla
sal y pimienta

1 Presione las patatas a través de un tamiz, un prensapatatas o un pasapurés (*véase* pág. 12). También puede utilizarse una prensa normal para puré de patatas, pero no eliminará tan bien los grumos. No utilice nunca un robot para machacar las patatas, ya que el puré adquirirá una textura gomosa.

2 Añada la leche o la crema y la mantequilla y remuévalo bien con una cuchara de madera hasta que quede homogéneo y cremoso. Si lo desea, añada más mantequilla y salpimiéntelo; utilice pimienta blanca si no desea que se vean los puntitos de la pimienta.

VARIANTES

Para aportar otros sabores, añada queso rallado o mostaza, ajo asado, hierbas, azafrán, alcaparras o guindilla fresca picada fina. También pueden incorporarse verduras cortadas finas, como col, puerro o cebollas tiernas salteadas previamente en mantequilla.

ACABADO RÁPIDO PARA EMPANADAS

Vuelque la mezcla fría de patata sobre el relleno frío de una empanada y repártala uniformemente hasta los bordes. Utilice un tenedor para aplanar la patata. Puede pasar el dorso de una cuchara por el puré para conseguir una superficie irregular. Cuanto más irregular sea la superficie, tanto más se tostará y más crujiente quedará al introducirlo en el horno.

RECUBRIR EMPANADAS Y NIDOS CON UNA MANGA PASTELERA

El puré de patatas suave y cremoso también puede ponerse en una manga pastelera y extenderse sobre empanadas o para formar montones o nidos, los cuales quedarán tostados y crujientes al introducirlos en el horno. Acople una boquilla rizada de unos 1,5 cm de diámetro en una manga pastelera grande y sujete los bordes de la manga sobre el borde de una jarra, que servirá de soporte. Llénela con el puré de patata. Tome la manga y retuerza el extremo abierto, de manera que el puré sea empujado hacia la boca de la manga. Dibuje estrellas o remolinos sobre el relleno de la empanada y hornéelo. Como alternativa, dibuje con la manga discos de unos 7-10 cm de diámetro sobre papel para hornear. Dibuje con la manga un círculo sobre los bordes del disco para formar nidos. Rocíelos con mantequilla derretida y, si lo desea, espolvoree por encima parmesano rallado. Hornéelos en el horno precalentado a 190 °C, hasta que estén dorados.

GRATIN DAUPHINOIS

Mientras que las patatas asadas con su piel constituyen un plato de diario, cuando se asan lentamente en una salsa cremosa constituyen una excelente guarnición para carnes rojas y de caza asadas o guisadas.

GRATIN DAUPHINOIS

Para 6 raciones

1 kg de patatas cerosas grandes, peladas y en rodajas finas
1 diente de ajo picado fino
sal y pimienta
450 ml de crema de leche ligera
25 g de mantequilla
25 g de queso parmesano rallado

1

1 Coloque la mitad de las rodajas de patata en una fuente refractaria baja de 1,5 litros untada con mantequilla y sazone por encima con el ajo y abundante sal y pimienta. Seguidamente, extienda el resto de la patata. Vierta la crema y la mantequilla. Espolvoréelo todo ligeramente con el queso parmesano.

2 Hornee en el horno precalentado a 180 °C, durante 1 1/2 horas, hasta que la superficie quede bien dorada y las patatas estén tiernas.

2

GRATIN INDIVIDUAL

VARIANTES

Para preparar una versión más ligera, utilice leche o un buen caldo de carne (*véanse* págs. 16-17) en lugar de la crema.

Para obtener una versión con verduras, sustituya algunas de las patatas por otras verduras, como finas lonchas de apio nabo, hinojo o chirivía.

GRATIN INDIVIDUAL

Unte con mantequilla un molde individual y forre la base con un círculo de papel sulfurizado. Coloque los ingredientes en el molde tal y como se ha explicado anteriormente y horneélo durante 45 minutos. Para servir, suelte los lados del *gratin* de patatas con un cuchillo afilado, asegurándose de que llega hasta el fondo. Dé la vuelta al molde sobre un plato precalentado, levántelo con cuidado y retire el papel.

PATATAS FRITAS EN POCO ACEITE

Tanto las patatas harinosas como las cerosas pueden prepararse de esta manera. El método más sencillo es saltearlas, pero un *rösti* constituye una excelente guarnición para platos de carne o pescado.

RÖSTI DE PATATAS

Para 6 raciones

1,1 kg de patatas cerosas
sal y pimienta
hierbas picadas o cebolla tierna (opcional)
mantequilla y aceite de oliva para freír

1 Cueza parcialmente las patatas en agua hirviendo con sal durante 10 minutos, hasta que se ablanden ligeramente. Déjelas enfriar. Ralle las patatas por su parte más larga sobre un cuenco y salpimiéntelas. Si lo desea, añada hierbas picadas, como cebollino, perejil, romero, tomillo o un poco de cebolla tierna picada fina. Caliente un poco de mantequilla y aceite de oliva suave en una sartén. Cuando esté caliente, coloque montones grandes de la mezcla de *rösti* ligeramente espaciados y presiónelos con el dorso de una pala de pescado.

2 Cueza a fuego medio unos 10 minutos, hasta que la cara inferior esté crujiente y dorada; compruébelo levantando el borde con una paleta. Para dar la vuelta al *rösti*, sacuda la sartén para comprobar que no se ha pegado; de ser así, intente deslizar un cuchillo por debajo para soltarlo. Ponga un plato de un tamaño similar al de la sartén sobre ésta y gire la sartén y el plato, de manera que el *rösti* quede invertido sobre el plato. Deje que se deslice otra vez a la sartén y cocínelo otros 10 minutos, hasta que la otra cara quede también dorada.

VARIANTE

Para preparar un *rösti* grande, ponga la mezcla de *rösti* en la sartén y aplánela para formar una capa uniforme de unos 1,5 cm de grosor. Cocine como se ha explicado antes.

PATATAS SALTEADAS

Corte las patatas en trozos de 1 cm y cuézalas parcialmente en agua hirviendo con sal durante 3-4 minutos, hasta que se ablanden muy ligeramente. Escúrralas bien. Fríalas suavemente con un poco de aceite de oliva; vaya removiéndolas y dándoles la vuelta con frecuencia hasta que estén crujientes y doradas. Salpimiéntelas y, si lo desea, eche por encima una mezcla de ajo majado, ralladura de limón y perejil picado.

PATATAS SALTEADAS

RÖSTI

PATATAS FRITAS

Utilice una freidora eléctrica, una freidora común o una cacerola con un cestillo metálico para escurrir las patatas con facilidad. Emplee un aceite de sabor neutro, como el aceite de girasol, y llene el recipiente un poco más de un tercio de su capacidad. Caliente el aceite hasta 190°C en la freidora eléctrica o midiendo la temperatura con un termómetro asegurado en uno de los lados del recipiente. Si no tiene un termómetro, introduzca un dado de pan en el aceite; debe chisporrotear y dorarse en aproximadamente 1 minuto.

PATATAS FRITAS

Existen diversos nombres para las patatas fritas, dependiendo de su grosor. Para preparar unas patatas fritas gruesas, tipo inglés, se cortan primero en rodajas de 1,5 cm y después en bastones. Las patatas fritas de estilo francés (*pommes allumettes*, patatas paja), más finas, se cortan en bastones más delgados, no más gruesos que una cerilla. Entre ambas existen muchos tamaños. Utilice patatas harinosas para cualquier tipo de patata frita.

1 Una vez cortadas en el tamaño deseado, sumerja las patatas en agua fría. De esta manera se elimina el exceso de almidón y se evita que se peguen. Escúrralas bien y séquelas con papel de cocina; deben estar totalmente secas antes de freírlas, ya que, de otra manera, el aceite salpicará.

2 Introduzca las patatas en la freidora y fríalas durante 5 minutos o hasta que empiecen a ablandarse pero sin dorarse. Levante la cesta y deje que escurran durante 5 minutos. Vuelva a sumergirlas en el aceite y fríalas hasta que estén doradas. Esto llevará unos 6-8 minutos, dependiendo del grosor de las patatas.

3 Escúrralas bien sobre papel de cocina y sálelas antes de servir.

Patatas fritas crujientes
Para evitar unas patatas aceitosas no sobrecargue la freidora, ya que las patatas no tendrían suficiente espacio.

PATATAS FRITAS

VARIANTE

Para preparar unas patatas chips, pase las patatas harinosas ya peladas por el robot con la cuchilla para cortar, un rallador con una hoja para cortar o una mandolina (*véase* pág. 12). Puede utilizar la hoja ondulada de la mandolina para preparar patatas rejilla. Deslice la patata por la hoja, gírela 180° y vuelva a deslizarla. Sumerja las lonchas de patata en un cuenco lleno de agua fría hasta que esté a punto para freírlas. Escúrralas bien y séquelas a conciencia entre dos hojas de papel de cocina. Caliente la freidora como si fuera a preparar patatas fritas estándar (*véase* superior) y fría las patatas en cantidades pequeñas durante 2-3 minutos, hasta que estén doradas. Escúrralas sobre papel de cocina y sírvalas espolvoreadas con sal y pimienta.

PATATAS ASADAS

Las mejores para asar son las patatas grandes y harinosas, ya que pueden cortarse en trozos irregulares y angulosos para conseguir una costra apetitosa y crujiente. Los jugos de la carne o la grasa de ganso mejoran su sabor, pero si no dispone de ellos, utilice manteca de cerdo, aceite de oliva de sabor suave o aceite vegetal.

PATATAS ASADAS PERFECTAS

1 Corte las patatas en trozos irregulares y cuézalas parcialmente en una cacerola con agua con sal durante 5 minutos. Escúrralas bien. Una vez secas, sacuda las patatas dentro del colador hasta que empiecen a romperse.

2 Caliente una capa fina de grasa o aceite en una fuente para asar en el horno precalentado a 220 °C, durante 5 minutos. Ponga encima las patatas y remuévalas para que queden bien cubiertas de grasa o aceite. Áselas alrededor de 1 hora, pero vaya dándoles la vuelta de vez en cuando, de forma que se tuesten de manera uniforme.

VARIANTE

Para preparar patatas asadas al ajo y romero, corte las patatas en dados de 1,5 cm y no las cueza antes. Remuévalas en la grasa caliente y áselas 45-50 minutos, dándoles la vuelta frecuentemente. A los 30 minutos, eche por encima un diente de ajo picado fino y abundantes hojitas de romero. Como alternativa, en lugar de cortar las patatas en dados, puede sacar bolas utilizando un vaciador de melón (*véase* pág. 8). Utilice los restos de patata para sopas o estofados o para preparar un puré (*véase* pág. 124).

1

2

PATATAS ASADAS AL AJO Y ROMERO

VERDURAS SEMICOCIDAS

Las verduras se cuecen parcialmente por diversas razones: para añadirlas a otras recetas en las que se seguirán cocinando, como en asados o rustidos, antes de congelarlas o, simplemente, para ablandarlas un poco. Si se blanquean y después se refrescan se consigue mantener un buen color.

BLANQUFAR

REFRESCAR

BLANQUEAR

Utilice una cacerola grande de agua hirviendo, de manera que la temperatura del agua no descienda demasiado al añadir las verduras. Si la tiene, ponga dentro una cesta de rejilla, ya que, de esta manera, es más fácil escurrir las verduras.

Blanquee las diferentes verduras por separado, ya que las que son muy tiernas, como los tirabeques, necesitarán sólo 30 segundos, mientras que el brécol necesita 1-2 minutos. Tan pronto como las verduras se hayan ablandado un poco, escúrralas levantando la cesta o con la ayuda de un colador.

REFRESCAR

Refresque las verduras blanqueadas inmediatamente; para ello, sumérjalas en un cuenco con agua muy fría. De esta manera se interrumpe la cocción.

COCER PARCIALMENTE

Las patatas y otros tubérculos pueden cocerse parcialmente para ablandarlos ligeramente antes de acabar su cocción con otro método. Utilice el mismo que para blanquear; calcule unos 5 minutos de cocción hasta que las verduras se hayan ablandado ligeramente. Escurra bien.

BLANQUEAR VERDURAS PÁLIDAS

Este método de cocción se utiliza para las verduras que pierden su color con facilidad, como el salsifí (*véase* pág. 119), el apio nabo, los corazones de alcachofa (*véanse* págs. 106-107) y las aguaturmas (*véase* pág. 119), tanto si las cuece parcialmente antes de añadirlas a otros ingredientes como si las cuece completamente. Ponga 2 cucharadas de harina en una cacerola y añada poco a poco, sin dejar de batir, 1 litro de agua. Incorpore el zumo de un limón, sal y pimienta y 1 cucharada de aceite de oliva. Llévelo a ebullición y espere 2 minutos antes de añadir las verduras ya limpias y escurridas. Después de la cocción (*véase* pág. de verduras relevantes), escúrralas bien con la ayuda de un colador.

OTRAS TÉCNICAS DE PREPARACIÓN

Existen numerosas maneras de cortar y rebanar las verduras con el fin de prepararlas para un determinado método de cocción o simplemente presentarlas de una manera concreta. Asimismo, es útil saber cómo evitar la oxidación de las verduras antes de seguir preparándolas.

SALAR

Tradicionalmente, se han salado las berenjenas para eliminar su amargor, pero hoy en día raramente son amargas. No obstante, salarlas es una manera eficaz de reducir la cantidad de aceite que absorben durante la cocción, lo que se traduce, por ejemplo, en una *moussaka* menos grasa. Asimismo, se intensifica su sabor, ya que la sal hace que pierdan agua. En ocasiones, se salan las rodajas de pepino antes de encurtirlas o utilizarlas para ensaladas o aliños, para que pierdan agua.

Corte las berenjenas en rodajas y póngalas en un colador; añada abundante sal sobre cada capa. Déjelas reposar 30 minutos y después enjuáguelas bien cambiando varias veces el agua. No debe quedar rastro de la sal. Escúrralas y séquelas con papel de cocina antes de cocinarlas. Utilice la misma técnica con el pepino; primero pélelo y córtelo después en rodajas o rállelo.

SALAR

REHIDRATAR HORTALIZAS SECAS

Habitualmente, hortalizas como las setas, las berenjenas, los tomates, los calabacines, los pimientos o las guindillas secas deben rehidratarse antes de su uso, a no ser que se añadan a un guiso o a un estofado de cocción lenta, de manera que se hinchen durante el prolongado tiempo de cocción. Póngalas en un cuenco refractario y añada agua hirviendo hasta cubrirlas. Déjelas en remojo 15-30 minutos, hasta que se hinchen. Si va a preparar un *risotto*, una sopa u otro plato en el que precise líquido, utilice el agua del remojo para sustituir parte de la cantidad de líquido necesaria para el guiso.

CORTAR LAS VERDURAS EN BASTONES Y *CRUDITÉS*

Por regla general, este corte se utiliza con tubérculos como zanahorias, nabos, apio nabos y remolachas. Después de pelarlas, corte las piezas grandes en trozos manejables, y después en lonchas de 4-5 mm. Apile varias lonchas y corte en transversal para obtener trozos en forma de bastón. (Utilice la misma técnica para las *crudités*, pero córtelos de un tamaño ligeramente mayor.)

CORTAR EN BASTONES

CORTAR EN RODAJAS

CORTAR EN RODAJAS

La manera más fácil de obtener rodajas finas de hortalizas es utilizar una mandolina (*véase* pág. 12). Ajuste el grosor deseado y deslice la hortaliza arriba y abajo por la cuchilla. Siempre que utilice la mandolina tenga mucho cuidado porque la cuchilla está muy afilada.

EVITAR LA OXIDACIÓN

En el caso de las hortalizas que se oxidan una vez peladas o cortadas, como las patatas, la aguaturma (*véase* pág. 121), el salsifí, el colirrábano (*véase* pág. 119) y el apio nabo, sumérjalas inmediatamente en un cuenco con agua fría acidulada con un generoso chorro de zumo de limón o de vinagre. Déjelas allí hasta el momento de utilizarlas, escúrralas bien y séquelas con papel de cocina. Mientras están sumergidas, las verduras pierden nutrientes, de manera que utilice esta técnica sólo cuando necesite mucha organización y prepare los ingredientes con antelación, por ejemplo, cuando cocine por placer y no en la cocina cotidiana.

TORNEAR

HORTALIZAS TORNEADAS

Los tubérculos de textura firme, así como la calabaza y el calabacín, pueden «tornearse» dándoles una forma ovalada regular, de manera que tengan un aspecto atractivo y se cuezan de manera uniforme. En general, esta técnica sólo se utiliza en los restaurantes, ya que requiere tiempo y se malgasta bastante producto. No obstante, los recortes pueden utilizarse en caldos y sopas. Prepare las hortalizas torneadas con antelación. Corte las hortalizas en trozos del mismo tamaño, de unos 5 x 1,5 cm. Con la ayuda del cuchillo, recorte las esquinas y los extremos de cada trozo para conseguir una forma ovalada. Siga recortando las esquinas para crear una forma ovalada perfecta. Para este trabajo puede ser útil un cuchillo mondador curvo (*véase* pág. 8). Una vez preparadas, ponga las hortalizas en una bolsa de plástico y refrigérelas.

TÉCNICAS DE COCCIÓN

Existen muchas maneras distintas de cocinar las verduras y hortalizas para disfrutar de su textura y sabor, algunas de ellas más adecuadas para hortalizas duras y robustas y otras para verduras de hoja más delicadas.

HORTALIZAS ASADAS

CALABACÍN A LA PLANCHA

ASAR A LA PARRILLA, EN LA BARBACOA O A LA PLANCHA

Estos métodos son apropiados para hortalizas de textura firme, que no se desharán durante la cocción. Como la cocción es rápida, blanquee primero las hortalizas feculentas en agua hirviendo, para que no queden crudas en el centro. Las muy voluminosas deben cortarse en rodajas o trozos. Para manejarlas más fácilmente, inserte los trozos pequeños en una broqueta de madera o metálica. Úntelas con algún aliño durante la cocción. Cocínelas por un lado antes de darles la vuelta. Si usa una parrilla acanalada (*véase* pág. 10), dé la vuelta a las hortalizas sólo una vez, para mantener las rayas características.

ASAR

Además de las patatas y otros tubérculos, los pimientos, las berenjenas, los calabacines, las cebollas y el hinojo asados también quedan muy bien. Sus azúcares naturales caramelizan su superficie, confiriéndoles un acabado crujiente y dorado.

Trocee las hortalizas y repártalas sobre una placa para asar formando una capa. Pincélelas con aceite de oliva y salpimiéntelas ligeramente. Si lo desea, reparta por encima otros aromas como romero, tomillo, ajo o guindilla picados finos. Ase en el horno precalentado a 200 °C, durante 40-60 minutos, hasta que estén tiernas y empiecen a caramelizarse; vaya dándoles la vuelta ocasionalmente.

Salsa para untar

Para aproximadamente 500 g de hortalizas, mezcle 6 cucharadas de aceite de oliva, 1 diente de ajo picado, 1 cucharada de romero, tomillo u orégano picados, 1 cucharada de semillas de hinojo majadas, ½ cucharadita de sal de apio y abundante pimienta negra.

COCER AL VAPOR

SALTEAR

FREÍR POR INMERSIÓN/*TEMPURA*

COCER AL VAPOR VERDURAS DELICADAS

Es una alternativa a las verduras hervidas más sana, ya que conseguimos que retengan sus nutrientes, su color y su sabor. Es especialmente apropiado para verduras verdes delicadas como los espárragos, las verduras asiáticas y el brécol. Utilice una vaporera de bambú, una cacerola con un accesorio para cocer al vapor o una vaporera plegable metálica que se adapta al interior de una cacerola normal (*véase* pág. 11). Asegúrese de que el agua no está en contacto con los alimentos.

FREÍR Y SALTEAR

Las verduras y hortalizas se fríen o se saltean antes de mezclarlas con otros ingredientes, por ejemplo en un guiso, o como guarnición, añadiendo algún aromatizante como el ajo, hacia el final de la cocción. Use poco aceite o una mezcla de aceite y mantequilla y no deje de moverlas en la sartén.

FREÍR POR INMERSIÓN

La mayoría de las verduras y hortalizas pueden freírse, aunque las de textura firme como la zanahoria, la cebolla, la berenjena, la coliflor, el calabacín o las patatas son las más adecuadas. No fría hortalizas con mucha agua, como el tomate, o delicadas verduras de hoja. Una fina capa de rebozado (*véase* recuadro sobre la *tempura* de hortalizas) añade una textura y sabor deliciosos. No utilice aceite empleado para freír carne o pescado, ya que enmascarará el sabor. Deseche el aceite (en una botella, no en el fregadero) después de 3-4 usos. Caliente el aceite a la temperatura adecuada antes de añadir las verduras u hortalizas; caliéntelo a 180-190 °C o, si no tiene termómetro, hasta que un pequeño trozo de pan o una cucharada de rebozado se dore en 30 segundos. No llene demasiado el recipiente, ya que de lo contrario la temperatura del aceite bajará y las verduras quedarán grasas.

***Tempura* de hortalizas**

Bata, en un cuenco, 1 yema mediana de huevo, junto con 300 ml de agua mineral con gas helada. Incorpore 200 g de harina y 1 cucharadita de sal para preparar una masa con la consistencia de una crema de leche espesa. Debe quedar un poco grumosa. Enharine hortalizas como la zanahoria, el calabacín y el pimiento cortados en bastones, setas de tamaño mediano, judías verdes, coliflor y brécol. Sumérjalas en la masa, la cual debe cubrirlas con una película fina, de manera que se adivine su color. Fríalas en abundante aceite caliente. Escúrralas sobre papel de cocina hasta que acabe de freír el resto.

1

2

3

PASTEL DE VERDURAS

Este pastel sorprenderá en cualquier cena. La cantidad de verduras utilizadas puede variar, siempre que en total pesen unos 650 g. Precisará un molde alargado de 500 g, que deberá forrar previamente para que sea mucho más fácil desmoldar.

Para 8 raciones

200 g de ramitos pequeños de brécol
150 g de zanahorias mini finas
200 g de espárragos finos limpios
100 g de tirabeques
4 huevos
3 yemas de huevo
200 ml de crema de leche espesa
200 ml de leche
4 cucharadas de eneldo, hinojo o estragón picados

1 Humedezca el molde con agua y junte dos hojas de *film* de plástico de manera que queden pegadas. Forre el molde con el *film* de plástico presionando en las esquinas y eliminando todas las arrugas que pueda. Deje que los extremos sobresalgan por encima del borde del molde.

2 Blanquee el brécol y las zanahorias por separado durante 2-3 minutos. Escúrralos y refrésquelos con agua fría. Blanquee los espárragos y los tirabeques por separado durante 30 segundos, escúrralos y refrésquelos. Bata los huevos enteros y las yemas junto con la crema y la leche. Añada las hierbas, la sal y la pimienta.

3 Coloque la mitad de los espárragos en el fondo del molde y encima los ramitos de brécol; debe colocarlos boca abajo, de manera que cuando desmolde el pastel queden boca arriba.

4 Vierta por encima parte de la crema, de modo que cubra el brécol. Coloque una capa de tirabeques y después de zanahoria en el molde, y vierta de nuevo un poco más de la crema.

5 Repita la operación hasta acabar las verduras y la crema. Cubra la superficie con los extremos del *film* de plástico. Ponga el molde en una fuente de horno honda aproximadamente dos veces mayor que el molde y vierta agua hirviendo dentro para que llegue a una altura de 3 cm de las paredes del molde. Tápelo todo con papel de aluminio, arrugándolo en el borde de la fuente para evitar que escape el vapor. Introdúzcalo con cuidado en el horno precalentado a 160 °C, y hornee durante 1 1/4-1 1/2 horas o, hasta que al insertar un cuchillo en el pastel, éste salga limpio. Déjelo enfriar en el molde. Coloque una fuente sobre él y dele la vuelta. Retire con cuidado el molde y después el *film* de plástico.

4

5

PIÑA

La piña contiene una enzima que reblandece la carne, evita que la gelatina cuaje y ayuda a madurar a otras frutas en el frutero. Elija una con las hojas de aspecto sano y una suave fragancia, lo que es signo de madurez, aunque las piñas algo verdes siguen madurando en casa.

1

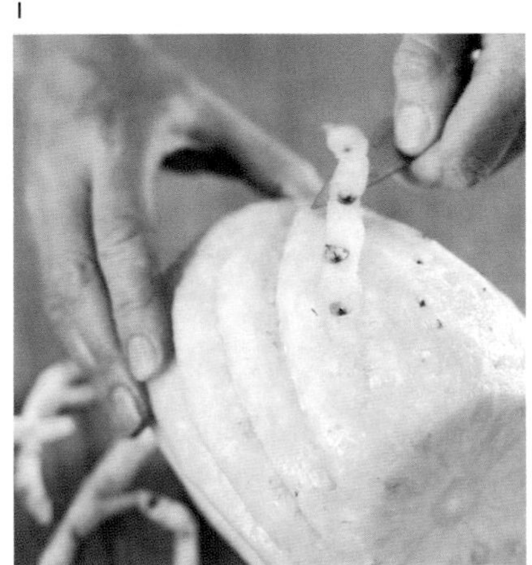

2

3

1 Corte la parte superior y la base de la piña y colóquela de pie sobre una tabla de cortar. Con la ayuda de un cuchillo afilado, corte la corteza por partes, manteniendo la hoja del cuchillo pegada a la piel y trabajando de arriba abajo.

2 La parte del corte de la piña mostrará muchos agujeros o manchas negras. Pueden eliminarse con la punta de un cuchillo afilado o al estilo clásico, cortando canales triangulares que sigan las líneas espirales de los agujeros, de manera que se retiren en tiras.

3 Corte la carne de la piña en rodajas transversales. Utilice un cortador circular de 3 cm o la punta del cuchillo para retirar el corazón central.

EMPLEAR PIÑAS MINI

Las piñas mini tan sólo tienen carne para una ración, pero cuando se cortan por la mitad a lo largo y se vacían, se convierten en recipientes ideales para ensaladas de fruta, helados, sorbetes y postres cremosos.

CREAR UN CENTRO CON LA PIÑA

CREAR UN CENTRO CON LA PIÑA

La corteza entera de la piña puede rellenarse con helado o sorbete de piña para crear un espectacular centro para una fiesta. Corte la parte superior e inferior de la piña tal y como se ha indicado anteriormente y reserve la parte de las hojas. Para sacar la corteza entera, ponga la piña de pie y corte en vertical alrededor de la parte interior de la corteza, separándola de la carne y trabajando hasta la mitad de la fruta. Repita el mismo proceso trabajando desde el otro extremo hasta que pueda empujar la carne de una sola pieza. Ponga la corteza de pie en un cuenco bajo, rellénela de helado o sorbete y ponga de nuevo la parte de las hojas y la pieza de la base, si lo desea. Si es demasiado alta para caber en el congelador, congele la parte de las hojas por separado.

MANGO

Los mangos jugosos y bien maduros son deliciosos tal cual, con unas gotas de zumo de lima o de limón o añadidos a una macedonia. Su textura blanda y carnosa también es ideal para la elaboración de un *coulis* (*véase* pág. 36) o triturada para la preparación de *mousses* o sorbetes. Los mangos tienen un hueso grande y plano que se extrae cortándolo por ambos lados.

1 Sostenga el mango sobre una tabla de cortar con uno de sus lados más estrechos encarado hacia usted. Realice un corte vertical ligeramente ladeado con respecto al centro, de manera que el cuchillo se deslice por la pulpa de la fruta a un lado. Dé la vuelta al mango y corte por el otro lado. Retire la piel del trozo que tiene el hueso y, seguidamente, corte toda la pulpa que pueda de alrededor de él.

2 Con la ayuda de un cuchillo pequeño y afilado, pele con cuidado y corte la carne en rodajas. Si el mango está muy maduro, es posible que la carne sea demasiado blanda para cortarla así. En este caso, ráspela con la ayuda de una cucharilla.

3 Para servir una mitad de mango como postre, corte líneas paralelas en la pulpa con una separación entre ellas de 1 cm hasta llegar a la piel pero sin cortarla. Corte líneas paralelas en sentido contrario. Empuje la parte de la piel hacia arriba, de manera que la pulpa se abra de forma decorativa. Añada unas gotas de zumo de lima.

Crema con aroma de frutas
El aroma del hueso del mango y del corazón de la piña puede utilizarse para infusionar crema de leche espesa o ligera. Introduzca el hueso o el corazón y los restos de pulpa enganchados a ellos en la crema y déjelo infusionar toda la noche. Retírelos antes de servir.

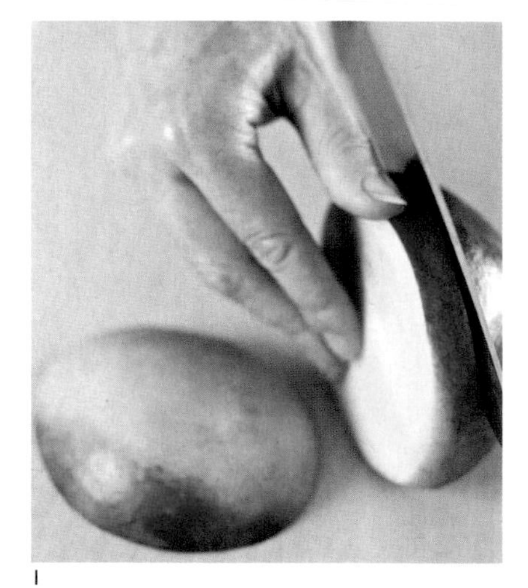

1

2

3

CÍTRICOS

La corteza y el zumo de los cítricos desempeñan un papel esencial tanto en platos salados como en dulces. Muchos son tratados con ceras después de su recolección para que duren más, por lo que debe elegir cítricos no tratados con cera si desea utilizar la cáscara. Si no encuentra, lave la fruta con agua jabonosa, enjuáguela y séquela con papel de cocina.

SEGMENTAR

Corte la parte superior y la inferior de la fruta con un cuchillo pequeño y afilado, de manera que simplemente asome la pulpa. Sostenga la fruta en vertical sobre la tabla de cortar. Retire la piel junto con la parte blanca realizando cortes verticales, para dejar al descubierto la pulpa. Trabajando sobre un cuenco para recoger el zumo, corte los gajos entre las membranas. Exprima en el cuenco el zumo de las membranas.

UTILIZAR UN RALLADOR DE CÍTRICOS

Con las afiladas acanaladuras de esta herramienta (*véase* pág. 8), trabaje a lo largo de la fruta para extraer finas tiras. Utilícela cuando quiera que la corteza sea decorativa.

UTILIZAR UN ACANALADOR DE CÍTRICOS

La hoja de esta herramienta tiene un ojal afilado que realiza acanaladuras decorativas sobre la cáscara de los cítricos (*véase* pág. 8). Las tiras pueden blanquearse en agua o almíbar y utilizarse con fines decorativos. La herramienta también es útil para decorar la corteza si desea rellenarla con helado o sorbete (*véase* inferior).

VACIAR

Para vaciar la pulpa de limas, limones o pequeñas naranjas, corte en primer lugar la parte superior de la fruta, la cual debe reservar si desea utilizar como tapa. Utilice un cuchillo afilado para separar la pulpa de la piel. Corte lo más hondo que pueda sin romper la piel y retire la pulpa a trozos. Para retirar la parte inferior de la pulpa puede ser útil un cuchillo para pomelos (*véase* pág. 8), pero también puede servir una cucharilla. Habitualmente, la pulpa de clementinas y mandarinas se separa con facilidad de la piel.

SEGMENTAR

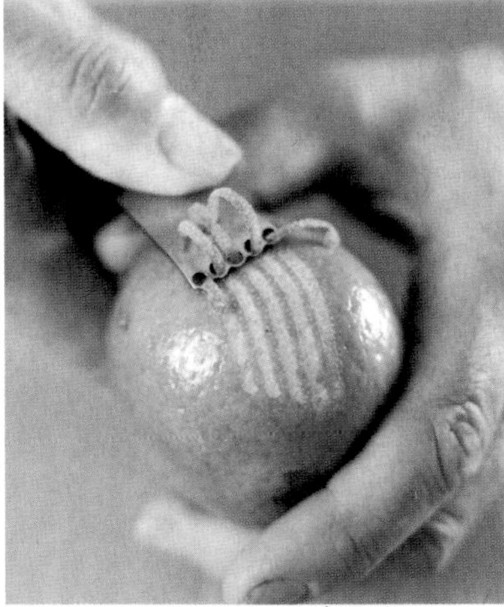

UTILIZAR UN RALLADOR DE CÍTRICOS

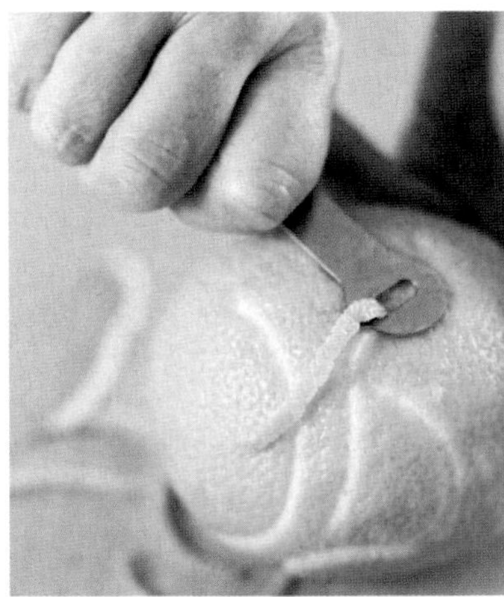

UTILIZAR UN ACANALADOR DE CÍTRICOS

VACIAR

Rallar

Utilice la parte más fina del rallador y ralle sólo la zona de color de la piel, ya que la membrana blanca tiene sabor amargo.

DESGRANAR GROSELLAS

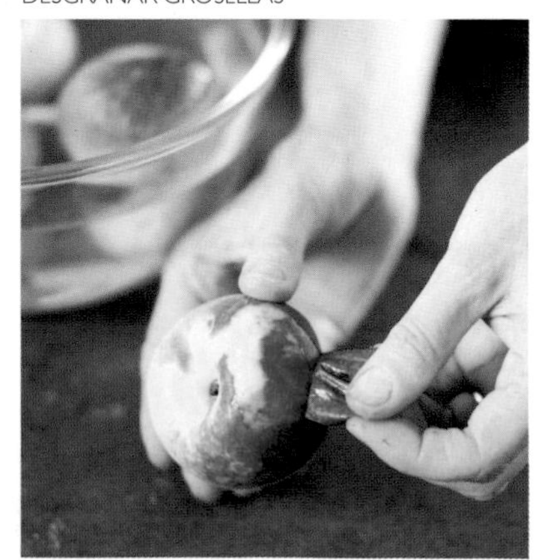
PELAR NECTARINAS

DESHUESAR CEREZAS

DESCORAZONAR MANZANAS

OTRAS FRUTAS

Muchas frutas son suficientemente sabrosas para comerlas tal cual, lo bastante atractivas para decorar pasteles y postres y con la consistencia necesaria para utilizarlas en salsas, purés y conservas. Todas las frutas siguientes necesitan una preparación diferente, pero sencilla.

DESGRANAR GROSELLAS

Sobre un cuenco, deslice el tallo de las grosellas negras, rojas o blancas entre las púas de un tenedor, de manera que las bayas caigan en aquél.

PELAR MELOCOTONES, NECTARINAS Y UVAS

Ponga la fruta en un cuenco refractario y cúbrala con agua hirviendo. En el caso de las uvas, déjelas 10 segundos, mientras que melocotones y nectarinas necesitarán 20-30 segundos. Retire el agua y cúbralas con agua fría. Suelte la piel con ayuda de un cuchillo y tire de ella con suavidad.

DESHUESAR CEREZAS

Para utilizar un deshuesador de cerezas (*véase* pág. 9) retire el tallo y coloque la cereza en la cazoleta del deshuesador con la parte del tallo hacia arriba. Cierre el deshuesador de manera que la varilla empuje el hueso de la cereza. Puede cortar la cereza por la mitad y retirar el hueso con los dedos.

DESCORAZONAR MANZANAS

Utilice un descorazonador de manzanas (*véase* pág. 8) para retirar el corazón de las manzanas para postres y para cocinar, así como de membrillos y peras de forma redondeada. Empuje el descorazonador recto a través del centro de la fruta, desde el extremo del tallo hasta la base, girándolo ligeramente a medida que avanza. El corazón de la fruta saldrá con el descorazonador.

PREPARACIÓN DE LA GRANADA

El zumo de una granada muy madura y de cáscara tierna puede exprimirse simplemente realizando un corte en un lado de la fruta y exprimiendo el zumo con firmeza. Por otro lado, corte la granada por la mitad y utilice un exprimidor de limones. Si desea usar los granos enteros, realice un corte en la cáscara y rompa la fruta. Con los dedos, separe los racimos de granos. Retire con cuidado cualquier resto de la membrana blanca.

PELAR EL LICHI, EL RAMBUTÁN Y EL MANGOSTÁN

Corte la piel correosa de cada una de estas frutas sin seccionar la pulpa (una vez que haya preparado uno conocerá el grosor de la piel). Retire la piel. A continuación, la fruta puede abrirse para retirar el hueso. La piel del mangostán es mucho más gruesa, y la pulpa está dividida en segmentos, cada uno de los cuales contiene una semilla grande.

PREPARACIÓN DE LOS HIGOS

Todas las partes del higo son comestibles, aunque la piel puede retirarse si es muy correosa o si sólo se necesita la pulpa. Corte el extremo del tallo sin seccionar el extremo puntiagudo de la pulpa. Corte el higo por la mitad o a cuartos y, con una cucharilla, retire la pulpa. Si los va a servir enteros, haga dos cortes verticales en la fruta y ábralos.

PREPARACIÓN DE LA UVA ESPINA O ALQUEJENJE

Las hojas pueden retirarse para añadir la fruta a una ensalada. Para decorar, eche hacia atrás las hojas y retuérzalas juntas.

DESGRANAR UNA GRANADA

PELAR UN RAMBUTÁN

PREPARAR LOS HIGOS

PREPARAR EL ALQUEJENJE

FRUTOS SECOS

Los frutos secos se enrancian con facilidad debido a su alto contenido en aceites. Si se guardan en un lugar fresco y seco se mantienen frescos durante uno o dos meses, pero compruebe su estado antes de utilizarlos para verificar que no se han enranciado. Las nueces, las pacanas y las avellanas tienen más tendencia a enranciarse que las almendras y los anacardos. Siempre que sea posible, compre los frutos secos enteros y rállelos en casa para incorporarlos a platos tanto dulces como salados.

PELAR PISTACHOS

PELAR CASTAÑAS

PELAR CASTAÑAS

Con la ayuda de un cuchillo afilado, entalle la parte curva de las castañas. Cuézalas en agua hirviendo con sal durante unos 15 minutos, hasta que estén blandas. Escúrralas y, una vez estén suficientemente frías para poder manejarlas, retire la piel dura y la interior.

PELAR PISTACHOS

Los pistachos pueden utilizarse con piel, pero al pelarlos se muestra su maravilloso color verde esmeralda. Ponga los pistachos sin cáscara en un cuenco refractario y cúbralos con agua hirviendo. Déjelos 30 segundos y escúrralos (no los tenga en agua demasiado tiempo o perderán color). Póngalos sobre varias capas de papel de cocina. Cúbralos con más papel de cocina y frótelos con firmeza para que se suelte la piel. Recoja los pistachos retirando cualquier resto de piel con los dedos.

PREPARAR EL COCO

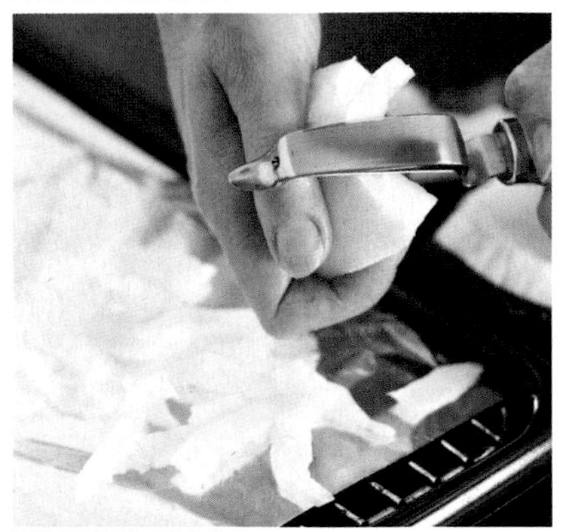
VIRUTAS DE COCO

LECHE DE COCO

PREPARAR EL COCO

Pinche los tres ojos con una broqueta y recoja la leche de coco. Dé un golpe seco a la cáscara con un martillo. Se romperá limpiamente en dos. Rompa la cáscara en trozos más pequeños con el martillo para que sea más fácil extraer la pulpa. Corte la pulpa blanca de la cáscara presionando con la hoja de un cuchillo de mesa entre los dos, para que la pulpa salga a trozos. Corte la piel marrón interna pegada a la pulpa con un cuchillo afilado.

Virutas de coco

Para decorar postres y pasteles con sabor a coco, corte delgadas virutas de pulpa con la ayuda de un pelador. Repártalas sobre una rejilla forrada con papel de aluminio y tuéstelas ligeramente hasta que se ricen y se doren.

Coco deshidratado

Pique grueso el coco y tritúrelo en el robot. Úselo fresco o déjelo secar sobre una bandeja forrada con papel de cocina.

Leche de coco

Forre un cuenco refractario con un cuadrado grande de muselina y llénelo con 250 g de coco deshidratado (preparado con la pulpa de aproximadamente 1 coco pequeño). Vierta 600 ml de agua hirviendo sobre el coco. Déjelo hasta que se enfríe lo suficiente como para manipularlo y agarre las puntas de la muselina para formar un saco. Escurra la mezcla del coco en el cuenco. Debería obtener unos 500 ml de leche de coco, que está lista para usar. Para preparar crema de coco, deje que la leche se separe, de manera que la crema suba a la superficie. Recoja la crema con una cuchara; con 500 ml de leche de coco tendremos unos 100 ml de crema.

PREPARAR LAS ALMENDRAS

PREPARAR LAS ALMENDRAS

Las almendras no blanqueadas poseen una fina piel marrón que puede retirarse para liberar el fruto de color blanco crema. Sumérjalas en agua hirviendo durante 2 minutos, escúrralas y pélelas.

Moler almendras

La almendra molida es un ingrediente esencial de muchos pasteles, púdines, postres, masas y también del mazapán. Puede adquirirse ya molida, pero la almendra molida en casa tiene mejor sabor. Utilice un robot o picadora y muélalas hasta conseguir una consistencia fina (como el pan rallado muy fino). No las triture demasiado, ya que, de lo contrario, los aceites que contienen convertirán la almendra molida en una masa.

Leche de almendras

Si sumergimos la almendra molida en agua hirviendo obtenemos una leche que puede utilizarse en bebidas y postres. Para preparar 200 ml de leche de almendras, sumerja 100 g de almendra molida en 250 ml de agua hirviendo durante 30 minutos y después fíltrelo a través de un tamiz fino, presionando toda la leche que sea posible con el dorso de una cuchara. Asimismo, también puede prepararse leche de frutos secos utilizando nueces, pacanas o avellanas recién molidas.

HIERBAS Y ESPECIAS

Las hierbas frescas se conservan mal. Si tiene espacio, un pequeño huerto casero de hierbas será un valor añadido para sus recetas. A ser posible, recolecte las hierbas por la mañana, antes de que hayan liberado sus aceites esenciales, y lávelas ligeramente si es necesario. Las especias no se conservan bien más de 6 meses (menos en algunos casos) y es mejor guardarlas en un armario, lejos de la luz. Siempre que sea posible, compre las especias enteras y muélalas o májelas en casa, justo antes de usarlas.

ACEITE DE HIERBAS

Escalde 25 g de hojas de albahaca o una mezcla de hierbas, como perejil, eneldo, hinojo y estragón, en agua hirviendo. Escúrralas inmediatamente y refrésquelas con agua fría. Tritúrelas en el robot con 150 ml de aceite de oliva suave. Viértalo en una jarra y refrigere hasta una semana.

PREPARACIÓN DE UN RAMILLETE DE HIERBAS AROMÁTICAS

Un clásico ramillete de hierbas aromáticas consiste en algunas ramas de tomillo y perejil y una hoja de laurel formando un ramillete con un trozo de puerro o apio atados con un cordel. Se utiliza para aromatizar guisos, estofados, sopas y salsas, y puede retirarse sin problemas una vez finalizada la cocción. Si se prepara una salsa o una sopa que deba colarse, no vale la pena atar las hierbas en un ramillete, sino que simplemente puede introducir las hierbas en el recipiente. Utilice variantes del ramillete de hierbas clásico, como la albahaca, el romero, el orégano, la mejorana, la ajedrea o el levístico. Para los platos de pescado utilice un ramillete de hinojo, perejil o cebollino y estragón.

FINAS HIERBAS

Este término se refiere a una mezcla de perejil, cebollino, estragón y perifollo utilizada en la cocina francesa clásica, especialmente en tortillas y otros platos con huevos, platos de pescado, mantequillas y mayonesa.

PICAR HIERBAS

Separe las hojas de los tallos. En el caso del cilantro, el perejil, el perifollo y el hinojo también pueden utilizarse los tallos jóvenes y tiernos. En ejemplares más maduros, los tallos son más duros y es preferible desecharlos. Pique las hierbas poco antes de utilizarlas para conservar su aroma y sabor. Para picar grandes cantidades de hierbas puede ser útil una medialuna (*véase* pág. 8).

MAJAR HIERBAS

Como alternativa a picar las hierbas, pueden majarse en un mortero, lo que extrae su sabor al machacarse y liberar sus aceites.

CONGELAR HIERBAS

Las hierbas duras como el laurel, el romero, la salvia y, en ocasiones, el tomillo crecen todo el año, de manera que no es necesario conservarlas. Los excesos de hierbas tiernas como el cebollino, la menta, el estragón, el perejil, el eneldo y el hinojo pueden congelarse para evitar desperdiciarlas. Píquelas y congélelas en bolsas pequeñas.

FLORES DE HIERBAS

Todas las flores de hierbas aromáticas pueden usarse en ensaladas y platos en crudo, a los que añaden un sabor sutil y color. Se marchitan con rapidez, de manera que tendrá que emplatarlas justo antes de servir. En el caso de las flores del cebollino y del ajo silvestre, las cuales crecen en racimos, es mejor separar los pétalos uno a uno.

HIERBAS SECAS

Con la excepción del orégano seco, que se utiliza con frecuencia en la cocina mediterránea, utilice las hierbas secas sólo como último recurso. No pueden guardarse durante mucho tiempo, ya que pierden el aroma rápidamente.

RAMILLETE DE HIERBAS AROMÁTICAS

PICAR HIERBAS

FLORES DE HIERBAS

CRUJIENTE DE HIERBAS

Las hierbas de hoja, como la salvia, el perejil, el cilantro, el levístico y el orégano, pueden freírse hasta que quedan crujientes para adornar los platos en los que se han usado. Separe las hojas y séquelas con papel de cocina si están húmedas. Caliente un poco de aceite vegetal en una sartén hasta que una de las hojas chisporrotee y quede crujiente en unos 15 segundos. Fría las hojas en cantidades pequeñas y escúrralas sobre papel de cocina hasta que estén hechas las restantes.

MOLER ESPECIAS

Utilice un molinillo de especias o de café reservado específicamente para este cometido. Muélalas en cantidades pequeñas hasta obtener un polvo fino o grueso, dependiendo de la receta. Puede emplear un mortero, lo cual es adecuado para machacar ligeramente especias como el cardamomo, de manera que puedan liberarse las semillas.

FREÍR ESPECIAS

Para extraer el sabor de las especias antes de añadirlas a los platos, tuéstelas ligeramente en una sartén pequeña y robusta sin aceite. Habitualmente, para ello son precisos 2-3 minutos, hasta que desprenden su aroma. Si se dejan más tiempo, las especias pueden quemarse y volverse amargas. También pueden freírse en aceite para extraer su aroma antes de añadir cebolla y otros ingredientes.

SECAR ESPECIAS EN EL HORNO

Es otro modo de tostar las especias para que desarrollen su sabor antes de añadirlas a otros ingredientes. Repártalas sobre una placa forrada con papel de aluminio e introdúzcalas en el horno precalentado a 180 °C durante 5-10 minutos.

INFUSIÓN DE ESPECIAS

Utilice especias enteras como el anís estrellado, la canela en rama, el cardamomo o la vainilla para infusionar almíbares, leche o crema para la elaboración de postres, helados, bebidas y conservas. Ponga las especias enteras en un cazo con el líquido y llévelo a ebullición.

CRUJIENTE DE HIERBAS

MOLER ESPECIAS

FREÍR ESPECIAS

Retírelo del fuego y deje que infusionen durante, como mínimo, 20 minutos (o hasta que se enfríen) antes de retirarlas.

FROTAR ESPECIAS

Se trata de marinadas y adobos secos en los que una mezcla de especias se frota sobre la carne, el ave, el pescado o la caza antes de cocinarlos. Es una manera perfecta de dar vida a un bistec simple, un muslo de pollo, un filete de pescado o una hamburguesa. Muela una mezcla de especias y frótela sobre la carne o el pescado (*véase* pág. 45). Déjelo como mínimo 30 minutos (o hasta 24 horas) antes de freír, asar a la parrilla u hornear.

Mezclas de especias

Picante e intensa: comino majado y semillas de cilantro con guindilla, pimentón, tomillo picado y ajo.

Suave y aromática: hinojo majado, semillas de mostaza y de apio con ralladura de limón, hojas de laurel y ajo.

HUEVOS

El huevo es uno de los ingredientes más nutritivos y versátiles con los que cocinamos, ya sea como ingrediente principal del plato o para espesar, cuajar o añadir volumen. Existe una marcada diferencia de sabor y color entre los huevos de calidad baja y los de calidad, de manera que adquiera siempre los mejores que encuentre, sea cual sea el uso que vaya a darles.

La yema y la clara de huevo tienen cualidades culinarias únicas y distintas. La mayor parte del sabor se encuentra en la yema, y los mejores resultados se obtendrán siempre con huevos de calidad (preferentemente biológicos) de yema intensamente amarilla. Su suave y rico sabor es esencial en algunos platos, bien sea cocinados como una simple tortilla o utilizados para enriquecer y espesar salsas y natillas. La clara de huevo tiene poco sabor, pero puede batirse para aumentar su volumen hasta ocho veces, lo que la hace indispensable en merengues, suflés y *mousses*. El huevo entero tiene aplicaciones ilimitadas en repostería, así como para preparar *crêpes*, cremas y postres. A veces se utiliza huevo crudo, pero supone un riesgo potencial para la salud de las mujeres embarazadas, los ancianos, los bebés y los niños pequeños o para aquellas personas cuyo sistema inmunitario está debilitado, que deben evitarlos.

El huevo entero puede conservarse en el frigorífico, aunque se batirá mejor si primero se deja a temperatura ambiente.

SEPARAR LA CLARA DE LA YEMA

Muchas recetas precisan sólo la yema o la clara, de manera que, inevitablemente, acabaremos con un exceso de la una o la otra. Las yemas separadas pueden guardarse en el frigorífico en un cuenco con agua, siempre que no estén reventadas, y la clara en un cuenco tapado con *film* de plástico. Si tiene gran cantidad de clara de huevo, congélela en envases etiquetados indicando la cantidad. Descongélelas antes de usarlas.

SEPARAR LAS CLARAS DE LAS YEMAS
Sostenga el huevo en una mano y golpee la parte más ancha contra el borde del cuenco. Empuje con los dos pulgares suavemente en la grieta y separe las dos mitades de la cáscara para permitir que la clara empiece a caer en el cuenco. Sujete el huevo en vertical y separe por completo la mitad superior de la cáscara de forma que la yema quede en la mitad inferior. Pase la yema de una mitad a la otra hasta que toda la clara haya caído al cuenco. Si parte de la clara cuelga de la yema, utilice el borde de una de las mitades de la cáscara para separarla. Si la yema se «revienta» y cae un poco en el cuenco que contiene la clara, utilice una mitad de la cáscara para recogerla (cuando las claras deban batirse será imprescindible que no haya nada de yema, ya que su grasa evitará que las claras suban). Si separa dos o más huevos, trabaje sobre un cuenco distinto de los que utiliza para recoger las claras y las yemas. De esta manera sólo corre el riesgo de estropear un huevo si algo de la yema cae en la clara o, poco frecuente, tiene la mala suerte de encontrarse con un huevo en mal estado.

BATIR CLARAS DE HUEVO

La clara de huevo puede batirse en diferentes grados, según para qué vaya a utilizarse. La batidora de varillas manual consigue algo más de volumen que la batidora eléctrica. Utilice siempre un cuenco limpio, de vidrio o metal, ya que cualquier resto de grasa evitará el proceso de aireación. Tradicionalmente se utilizan cuencos de cobre, ya que éste reacciona de manera positiva con las claras de huevo. Antes de empezar a batir puede añadirse una pizca de crémor tártaro para estabilizar las claras. Utilice las claras lo más pronto posible una vez batidas.

ESPUMOSAS

PICOS BLANDOS

A PUNTO DE NIEVE

ESPUMOSAS

Utilice un tenedor o la batidora de varillas y bata sólo hasta que las claras espumen en lugar de tornarse esponjosas y blancas. Las claras espumosas se utilizan sólo para glasear.

PICOS BLANDOS

Muchas recetas como las de sorbetes, *mousses*, pasteles, rebozados y suflés requieren que las claras estén en forma de picos blandos. En este punto, las claras deben forman picos, que caen ligeramente cuando se levantan las varillas del cuenco.

PUNTO DE NIEVE

En este punto, las claras deben formar picos, que mantienen su forma cuando se levantan las varillas del cuenco. Utilícelas para merengues (*véanse* págs. 158-159). No continúe batiendo las claras una vez alcanzado este punto. Las claras se secarán y será difícil incorporarlas a salsas u otros ingredientes sin que pierdan todo el aire que hemos incorporado.

INCORPORAR LAS CLARAS DE HUEVO

Incorpore siempre las claras con cuidado, sin batir ni remover enérgicamente, al resto de los ingredientes para conservar el máximo volumen. Échelas sobre la mezcla más pesada, como una salsa o una masa. Con la ayuda de una cuchara grande metálica o una espátula de goma (no una cuchara de madera) y utilizando un cuenco amplio en el que poder maniobrar, introduzca la cuchara hasta el fondo del cuenco y mezcle, llevándola hacia arriba y por encima de las claras montadas. Repita el proceso en otra parte del cuenco, de manera que los ingredientes se mezclen poco a poco. Use la mano libre para ir girando lentamente el cuenco a medida que trabaje. Deje de mezclar en cuanto no quede ningún resto visible de las claras montadas. En algunas recetas, primero se incorpora una cuarta parte de las claras a la mezcla para aligerarla antes de añadir el resto. Esto es útil cuando la mezcla es muy pesada o densa, como la masa para un suflé o una *mousse*.

INCORPORAR LAS CLARAS DE HUEVO

COCINAR LOS HUEVOS

Aunque estas técnicas parecen de las más simples, pueden ser las más complicadas de realizar correctamente. Unos huevos muy frescos y de calidad suponen el 50% del éxito; el resto consiste en dominar la técnica.

HERVIR

Coloque los huevos en un cazo en el que quepan bien en una sola capa y cúbralos simplemente con agua fría. Llévelos a ebullición y baje el fuego para que hierva suavemente. El tiempo de cocción depende del tamaño y de la temperatura inicial de los huevos. Como guía, para un huevo grande, calcule 4 minutos de cocción suave si lo desea pasado por agua, y 9 minutos si lo desea duro (reduzca ligeramente el tiempo de cocción para huevos más pequeños). Escurra inmediatamente el agua caliente y añada agua fría al recipiente para interrumpir la cocción. Golpee la cáscara y pele los huevos cuando estén lo bastante fríos como para poder manipularlos. Un huevo demasiado cocido mostrará una capa verde grisácea alrededor de la yema, que será más evidente cuanto más tiempo cueza el huevo.

ESCALFAR

Para escalfar, utilice huevos frescos, para que se mantengan recogidos y compactos en lugar de esparcidos y deshilachados. Deje que el agua hierva suavemente en una cacerola baja o una sartén con una cucharada de vinagre, el cual evitará que la clara de huevo se disperse en el agua. Rompa el huevo en una taza y échelo con cuidado al agua. Mantenga el hervor del agua para ayudar a que el huevo se coagule con rapidez. Una vez cuajado, baje el fuego y cuézalo 1 minuto. Sáquelo con una espumadera y recorte las puntas. Si desea escalfar varios huevos, por ejemplo, para un entrante o un aperitivo, puede prepararlos con antelación y ponerlos en un cuenco con agua fría. Cuando vaya a servirlos, sumérjalos en agua salada hirviendo durante 30 segundos y escúrralos bien.

HUEVOS REVUELTOS

Bata los huevos en un cuenco con la ayuda de un tenedor o de una batidora de varillas hasta que estén bien mezclados. Añada un poco de sal y de pimienta. Caliente una sartén pequeña, preferiblemente antiadherente. Incorpore un poco de mantequilla y deje que se derrita. Eche los huevos y remuévalos con una cuchara de madera hasta que hayan espesado ligeramente. Cuanto más rápidamente los remueva, tanto más suave será el resultado. En este punto, añada un chorrito de crema, cebollino picado o trozos de salmón ahumado y apague el fuego. Cuanto más tiempo deje los huevos en la sartén caliente, tanto más se cocerán, de manera que deberá sacarlos de la sartén cuando tengan la densidad deseada. Los huevos revueltos demasiado hechos se endurecen y quedan secos.

COCER A FUEGO LENTO

Existen dos maneras de cocer los huevos a fuego lento. La primera consiste en sumergir muy brevemente el huevo entero en agua hirviendo y retirarlo del fuego. De esta manera, pasados unos 30 minutos, el huevo queda cocido pero sin que cuaje la yema. El segundo método consiste en utilizar un cocedero de huevos. Se trata de un pequeño cazo untado con mantequilla que se llena con el huevo crudo sobre el que se añaden otros ingredientes como crema, hierbas, jamón o pescado ahumado. Seguidamente, el cocedero se cierra con su tapa y se introduce en agua hirviendo que lo cubra prácticamente todo hasta que la clara cuaje pero la yema siga blanda. Los huevos pueden cocerse con este mismo método en moldes de ramequín. Llénelos de la misma manera y eche por encima una cucharada de crema y/o mantequilla. Colóquelos en una fuente de horno, añada agua hirviendo hasta una altura de 1,5 cm de los moldes e introdúzcalo en el horno precalentado a 200 °C, durante 20 minutos.

FREÍR

Fría los huevos con un poco de beicon, grasa de ganso o de pato, aceite vegetal o aceite de oliva suave. Caliente la grasa en una sartén y rompa los huevos directamente en ella. Cuézalos suavemente; vaya vertiendo por encima cucharadas de la grasa de la sartén para que se cocinen por la parte superior. Retírelos con una espumadera para escurrir el exceso de grasa.

COCINAR OTROS TIPOS DE HUEVOS

La mayoría de los otros huevos, como los de pato, ganso o codorniz, pueden cocinarse de la misma manera que los de gallina. Los huevos de pato tienen un sabor intenso y son ligeramente más grandes que los de gallina. Los huevos de ganso, también de sabor intenso, son unas 3 veces mayores que los de gallina. Los huevos de codorniz, suaves y cremosos, son deliciosos cocidos (calcule 1 ½ minutos de cocción) y untados en sal de hierbas, así como escalfados o fritos. En repostería y bollería, calcule 5 huevos de codorniz por cada huevo de gallina de tamaño mediano.

ESCALFADOS

REVUELTOS

FRITOS

TORTILLA CLÁSICA

Debe ser gruesa, cuajada en el exterior y jugosa, casi líquida por dentro. Si se prepara con otros ingredientes (*véase* inferior), téngalos a mano antes de empezar a cocinar. La tortilla individual de 3 huevos es la más fácil de manejar, pero se hace con tanta rapidez que puede realizar varias en pocos minutos. Utilice una sartén pequeña o una sartén para tortillas de unos 18-20 cm de diámetro.

Para 1 ración
3 huevos orgánicos
15 g de mantequilla
sal y pimienta

1 Casque los huevos en un cuenco y bátalos bien con un poco de sal y de pimienta.

2 Caliente la mantequilla en la sartén hasta que se derrita y empiece a adquirir un poco de color. Eche los huevos y separe la mezcla de las paredes hacia el centro, de manera que la parte no cocinada resbale para rellenar el hueco. Siga utilizando el tenedor para empujar el huevo hasta que todo quede ligeramente cuajado.

3 Doble una mitad sobre el centro de la tortilla con el tenedor y después deslícela en un plato precalentado, inclinando la sartén por encima del plato, de manera que los dos bordes queden debajo de la tortilla. Sírvala inmediatamente.

VARIANTES

Para preparar una tortilla de queso, incorpore queso parmesano, cheddar o gruyère rallados al final del paso 1.
Para otros sabores, añada espárragos ligeramente cocidos o setas fritas, espinacas blanqueadas o dados de beicon o jamón frito al final del paso 2.
Para preparar una tortilla de hierbas, añada un puñado de hierbas picadas a los huevos batidos.

1 2 3

TORTILLA ESPAÑOLA

La tortilla española admite muchas variantes, como chorizo, espinacas, pimientos asados, habas, queso manchego o jamón serrano, aunque la sencilla tortilla de patatas y cebolla es igualmente deliciosa.

Para 4 raciones

150 ml de aceite de oliva suave
1 cebolla picada
750 g de patatas cerosas cortadas en rodajas
6 huevos biológicos batidos
sal y pimienta

1 Caliente el aceite de oliva en una sartén de 24-25 cm. Añada la cebolla, las rodajas de patata y abundante sal y pimienta. Baje el fuego y cocine las hortalizas suavemente; vaya dándoles la vuelta con frecuencia hasta que estén tiernas y doradas. No tenga el fuego demasiado alto, ya que la patata se dorará demasiado antes de que esté completamente hecha. Retírelas a un plato pero reserve el aceite.

2 Vierta un poco del aceite (aproximadamente 3 cucharadas) de nuevo a la sartén y añada las patatas y la cebolla, extendiéndolas en una sola capa. El exceso de aceite puede reservarse para preparar otra tortilla u otros platos. Vierta los huevos por encima y cueza muy suavemente durante 10 minutos, hasta que la tortilla cuaje ligeramente.

3 Coloque un plato grande sobre la sartén y rápidamente dé la vuelta a la tortilla con su ayuda. Deslice nuevamente con cuidado la tortilla en la sartén y cocínela otros 2-3 minutos hasta que cuaje la base. Deslice la tortilla a una fuente y sírvala caliente o fría.

1

2

3

SUFLÉS

Los suflés suben en el horno porque el aire incorporado a la masa se expande por acción del calor y crea una textura esponjosa y ligera como el aire. Una vez fuera del horno baja rápidamente, de manera que debe servirse inmediatamente. Unte el molde con mantequilla antes de llenarlo, ya que si no la masa se pegará a las zonas no engrasadas, lo que evitará que suba. La salsa puede prepararse con antelación, para ahorrarse tener que prepararla en el último momento, pero caliéntela ligeramente antes de servir.

SUFLÉ DE QUESO CLÁSICO

Para 6 raciones

50 g de mantequilla y un poco más para engrasar
1 cebolla pequeña picada gruesa
4 clavos enteros
2 hojas de laurel
250 ml de leche
40 g de harina
4 huevos grandes biológicos, separadas las claras y las yemas, y 1 clara de huevo
1 cucharadita de mostaza de Dijon
125 g de queso cheddar o gruyère finamente rallado y dos cucharadas más para espolvorear
sal y pimienta

1 Unte con mantequilla la base y las paredes de un molde para suflé de 1,5 litros o 6 moldes de ramequín de 200 ml. Ponga la cebolla, los clavos, las hojas de laurel y la leche en un cazo y llévelo a ebullición. Retírelo del fuego y déjelo infusionar durante 20 minutos. Tamice sobre una jarra.

2 Derrita la mantequilla en un cazo. Añada la harina y cocínela sin dejar de remover durante 2 minutos. Retírela del fuego e incorpore poco a poco la leche hasta que la mezcla esté homogénea. Ponga de nuevo el cazo al fuego y cueza lentamente sin dejar de remover, para obtener una salsa homogénea y espesa. Sazónela generosamente. Viértala en un cuenco, rascando toda la salsa del cazo con una espátula. Déjela enfriar 2 minutos.

3 Añada, sin dejar de batir, las yemas de huevo, la mostaza y el queso. Bata las claras de huevo en un cuenco limpio hasta que formen picos blandos (*véase* pág. 149). Incorpore una cuarta parte a la salsa para aligerarla y después añada el resto mezclándolo someramente. Vierta la mezcla en el molde o moldes previamente preparados y eche por encima el resto del queso.

4 Deslice un dedo alrededor del borde de la mezcla del suflé. Con ello conseguiremos que el suflé suba de manera uniforme hasta conseguir una forma de sombrero. Cocínelo en el horno precalentado a 180 °C durante unos 25 minutos en caso de utilizar un molde grande, o 15-20 minutos si se opta por los moldes individuales. La superficie debe quedar dorada y sólo ligeramente firme. Sírvalo inmediatamente.

El suflé perfecto
Compruebe la sazón de la masa antes de incorporar las claras; debe estar ligeramente más sazonado de lo que queremos, ya que las claras diluirán el sabor. Precaliente el horno con una placa de horno preparada colocada a altura media para conseguir un golpe de calor cuando introduzca el o los moldes en el horno. Tenga una fuente de servicio o los platos individuales preparados, de manera que pueda llevar el suflé rápidamente a la mesa.

1

3

4

SUFLÉS DE POSTRE

Los suflés dulces se preparan exactamente igual que los salados, pero utilice crema pastelera, puré de frutas u otra salsa dulce como base. Los suflés dulces individuales son más bonitos y prácticos en el momento de servir, ya que se pueden acompañar de una salsa de fruta o un poco de crema.

1

2

3

SUFLÉS DE FRAMBUESA Y MASCARPONE

Para 8 raciones

mantequilla sin sal, ablandada, para engrasar
300 g de frambuesas frescas
5 cucharaditas de maicena
250 g de queso mascarpone
150 g de azúcar blanquilla
1 cucharadita de extracto de vainilla
4 huevos biológicos de tamaño mediano, separadas las claras de las yemas
azúcar lustre para espolvorear

1 Unte 8 moldes de ramequín de 150 ml con la mantequilla ablandada. Triture las frambuesas para obtener un puré con el robot o la batidora. Mezcle la maicena con 2 cucharadas de agua en un cazo. Añada la mitad del puré de frambuesas y caliéntelo hasta que espese. Incorpore el resto del puré y déjelo enfriar. Con la ayuda de una batidora manual eléctrica, o de una batidora de varillas, bata el mascarpone en un cuenco para que se ablande ligeramente. Incorpórele el azúcar, el extracto de vainilla y el puré de frambuesa hasta que la mezcla esté homogénea. Añada las yemas de huevo.

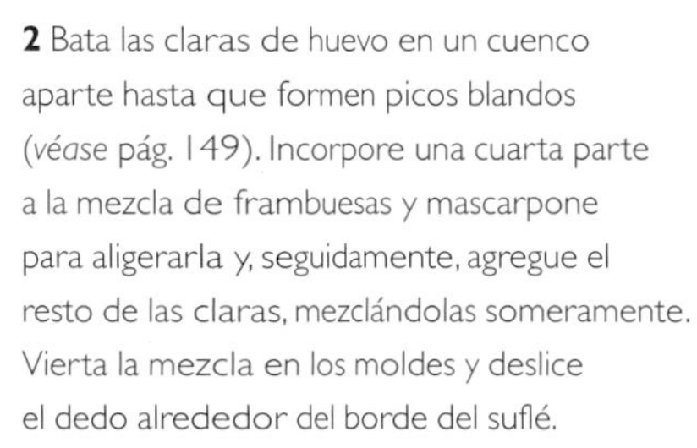

2 Bata las claras de huevo en un cuenco aparte hasta que formen picos blandos (*véase* pág. 149). Incorpore una cuarta parte a la mezcla de frambuesas y mascarpone para aligerarla y, seguidamente, agregue el resto de las claras, mezclándolas someramente. Vierta la mezcla en los moldes y deslice el dedo alrededor del borde del suflé.

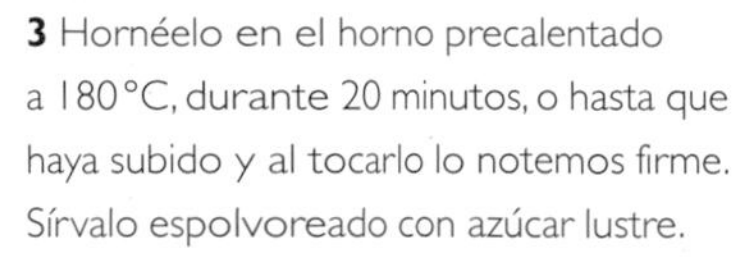

3 Hornéelo en el horno precalentado a 180 °C, durante 20 minutos, o hasta que haya subido y al tocarlo lo notemos firme. Sírvalo espolvoreado con azúcar lustre.

Subir y bajar

Para favorecer que un suflé grande suba de manera uniforme en lugar de inclinarse hacia un lado, puede sujetar un anillo de papel alrededor de las paredes del molde antes de introducirlo en el horno. Corte una tira doble de papel de horno que sobresalga por lo menos 5 cm del borde del molde y sujételo con un cordel. Unte con mantequilla la parte interior del papel para que el suflé no se pegue.

La única manera de evitar que un suflé baje una vez horneado y soporte bien el estrés de llevarlo a la mesa, es servirlo «doblemente horneado». Esto significa hornear el suflé, desmoldarlo, cubrirlo con una salsa o crema y volver a introducirlo en el horno precalentado a 180 °C durante 10 minutos para que se caliente y adquiera color. Utilice moldes de ramequín individuales en lugar de un molde grande. El suflé ya horneado puede conservarse un día antes de volver a hornearlo.

1

2

HORNEAR MERENGUE

MERENGUES

Existen diferentes tipos de merengue, todos ellos preparados con clara de huevo y azúcar pero con distintos métodos y resultados muy particulares, tanto en lo referente a la textura como al aspecto. El merengue francés es un buen merengue para todos los usos y puede modelarse con la manga pastelera o con la cuchara. También es ideal para extenderlo horneado sobre un pastel de limón y merengue o un *Alaska*. Utilice siempre un cuenco y una batidora bien limpios para preparar el merengue.

MERENGUE FRANCÉS

Es el merengue más fácil de preparar. Es sabroso y puede cocinarse a una temperatura ligeramente superior (*véase* inferior), lo que le confiere una deliciosa costra crujiente y un centro ligeramente cremoso. El merengue francés debe utilizarse recién hecho, ya que no es tan estable como otros merengues.

Para 6 raciones

75 g de azúcar blanquilla
75 g de azúcar lustre
3 claras de huevo

1 Ponga el azúcar blanquilla y el azúcar lustre en 2 cuencos pequeños. Bata las claras de huevo en otro cuenco bien limpio hasta alcanzar el punto de nieve (*véase* pág. 149). Poco a poco, incorpore una cucharadita de azúcar blanquilla y vuelva a batir unos 10 segundos antes de añadir otra cucharadita de azúcar. Continúe batiendo y añadiendo el azúcar blanquilla hasta acabar el azúcar. La mezcla debe quedar espesa y brillante.

2 Tamice por encima la mitad del azúcar lustre y mézclelo con la ayuda de una cuchara metálica o una espátula. Tamice el resto del azúcar lustre y continúe mezclándolo.

VARIANTES

Para elaborar un merengue más pegajoso y caramelizado, sustituya el azúcar blanquilla por azúcar mascabado ligero, y el azúcar lustre blanco, por azúcar lustre no refinado.

Para preparar un merengue con sabores, añada las semillas raspadas de una vaina de vainilla a las claras de huevo al empezar a batir, de manera que puedan repartirse uniformemente. Puede utilizar extracto o pasta de vainilla o añadir frutos secos tostados y picados, agua de rosas o café.

Para obtener un merengue italiano, elabore un almíbar (*véase* pág. 242) con 175 g de azúcar blanquilla y 50 ml de agua fría y caliéntelo sin sobrepasar el punto de bola blanda (*véase* pág. 243). Bata las claras de huevo a punto de nieve. Batiendo a velocidad media, eche poco a poco el almíbar en un chorro fino y constante. Tenga cuidado en que caiga sobre las claras y no sobre las varillas, ya que el calor del almíbar tiene que iniciar la cocción de las claras. Bata hasta que el merengue esté brillante y espeso. De elaboración algo más laboriosa que otros merengues, el italiano es un merengue muy estable que se conserva bien en un envase hermético dentro del frigorífico durante un par de días. Tiene una textura más seca y polvorienta que otros merengues, así que aguanta bien la forma y no se extiende demasiado durante la cocción. Es ideal para realizar patrones intricados con la manga pastelera como, por ejemplo, nidos de merengue. También puede extenderse con la manga sobre postres como el pastel de limón merengado.

Para preparar un merengue suizo, utilice un baño María, es decir, un cuenco refractario que se adapte a una cacerola llena hasta una tercera parte con agua hirviendo. Asegúrese de que la base del cuenco no esté en contacto con el agua. Fuera del fuego, ponga 3 claras de huevo y 175 g de azúcar lustre en el cuenco. Coloque el cuenco sobre el calor y bata hasta que la mezcla esté espesa, dura y brillante. Retire el cuenco del calor y continúe batiendo hasta que el merengue se enfríe. Si tiene una batidora eléctrica potente, puede preparar el merengue sin necesidad de utilizar el baño María. El azúcar lustre produce un merengue de textura cremosa muy fina, la cual puede disponerse con la manga pastelera o la cuchara, con distintas formas. Si duplica la cantidad de azúcar también constituye un buen glaseado para pasteles como el de café y nueces o el de zanahoria.

COCCIÓN DEL MERENGUE

Para conseguir un merengue crujiente es mejor cocerlo lentamente, sobre todo si desea conservar su tono blanco brillante. Cueza el merengue en el horno precalentado a 120 °C, alternando las placas de horno si cocina varios a la vez. El tiempo de cocción varía según el tamaño. Las formas más pequeñas tardarán unas 2 horas, mientras que las más grandes necesitarán más de 3 horas. Una vez cocidos, apague el horno, abra parcialmente la puerta y deje que se sequen durante varias horas o durante toda la noche. Para conseguir un merengue con un poco de color, crujiente por fuera y ligeramente cremoso por dentro, aumente la temperatura hasta 150 °C. Esto también es adecuado para los merengues elaborados con azúcar moreno.

UTILIZAR EL MERENGUE

Elija un merengue perfecto, uniforme, moldeado cuidadosamente con la manga pastelera, o bien opte por otro servido con cuchara de forma casual y con puntas. Se trata de una cuestión de gusto personal. Para el merengue extendido con manga pastelera, elija boquillas metálicas, las cuales se pueden encontrar en diversos tamaños, lisas o rizadas, y una manga pastelera de nailon lavable (*véase* pág. 13). Forre una placa de horno con papel sulfurizado. Para evitar que el papel resbale, asegúrelo en las esquinas con un poco de merengue.

MERENGUE ESCALFADO

Las islas flotantes son un postre delicioso en el que pequeños montoncitos de merengue escalfado se sirven sobre un lago de crema inglesa (*véase* pág. 38), con caramelo por encima (*véase* pág. 39) y adornado con láminas tostadas de almendra, en una fuente grande de cristal o en platos individuales. Para elaborar el merengue escalfado, utilice la receta del merengue francés de la pág. 159. Lleve a ebullición suave una sartén grande llena de agua. Forme óvalos de merengue con la ayuda de 2 cucharas (*véase quenelles* de merengue en la pág. siguiente) y échelos al agua. Escálfelos suavemente unos 30 segundos, sin llenar demasiado la sartén. Deles la vuelta y cuézalos otros 30 segundos. Escúrralos con una cuchara perforada y póngalos sobre papel de cocina hasta que se escalfe el resto.

EXTENDER MERENGUE CON LA MANGA PASTELERA

Para preparar capas de merengue para un pastel o un postre, dibuje con un lápiz círculos

MERENGUE ESCALFADO

PREPARAR CAPAS

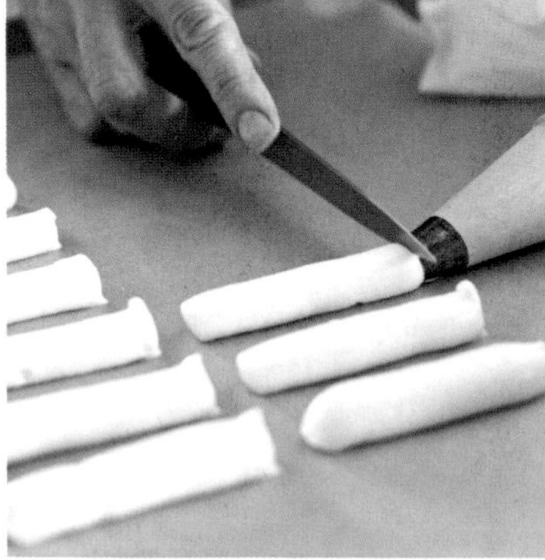

ELABORAR FORMAS

de 20-25 cm sobre el papel sulfurizado, utilizando un plato o un cuenco como guía. Dele la vuelta al papel sobre la placa de horno. Serán necesarias 3-4 capas de merengue para apilarlas. Utilice una boquilla lisa de 1 cm para extender el merengue, empezando por el borde externo y avanzando hacia el centro.

Las formas más frecuentes son los palos y las estrellas, aunque cualquier forma sirve, ya que el merengue no se deshace cuando se hornea. Para los palos, utilice una boquilla lisa o en forma de estrella de aproximadamente 1 cm de diámetro y dibuje cilindros de merengue de unos 7 cm de largo. Para rizos o estrellas, utilice una boquilla estrellada de tamaño similar y dibuje montones o rizos, cesando la presión sobre la manga al acabar cada uno de ellos. Para formas más complicadas, como números, letras o corazones, utilice una boquilla algo más pequeña.

QUENELLES DE MERENGUE

Éste es el modo más sencillo de hacer formas limpias sin utilizar la manga pastelera y es útil si desea unir dos merengues con crema. Tome un poco de merengue con una cucharilla de postre. Ponga la parte cóncava de una segunda cucharilla de postre dentro de la primera para recoger el merengue y darle forma. Siga pasando el merengue de una cucharilla a la otra hasta conseguir una forma bonita. Póngalo sobre la placa de horno forrada con el papel.

MERENGUES Y NIDOS DE FORMAS LIBRES

Dé forma al merengue de manera rápida y fácil poniendo un poco sobre una placa de horno forrada. Presiónelo con el dorso de una cuchara para crear picos marcados. Para preparar nidos, haga los montones de merengue un poco más grandes y presione el centro con la parte cóncava de la cuchara.

DECORACIÓN DE PASTELES Y TARTAS

Ponga el merengue sobre la superficie del pastel o la tarta y extiéndalo formando una capa gruesa, encrespándolo con el dorso de una cuchara, o bien utilice una manga pastelera dotada de una boquilla grande en forma de estrella y dibuje rizos, líneas o un diseño de rejilla. Encienda el horno o el gratinador a máxima potencia y cueza brevemente el merengue hasta que los picos estén ligeramente dorados y caramelizados, mientras que el resto del merengue conserva su color blanco. Vigílelo de cerca, ya que su alto contenido en azúcar hace que se queme con mucha facilidad.

QUENELLES

DECORAR TARTAS

NIDOS DE FORMAS LIBRES

PAVLOVA

Es un postre perfecto para aquellos que adoran el merengue crujiente y escarpado por fuera y blando y esponjoso por dentro. Para mantener la textura blanda en el centro se añade un poco de vinagre o zumo de limón.

Para 6 raciones

275 g de azúcar blanquilla
5 claras de huevo grandes
1 cucharada de vinagre de vino blanco
1 cucharada de maicena
450 ml de crema de leche ligera o espesa ligeramente batida
500-750 g de frutas blandas, tropicales o cerezas

1 Ponga el azúcar en un cuenco. Bata las claras de huevo en otro cuenco bien limpio hasta que estén a punto de nieve (*véase* pág. 149). Incorpore el azúcar poco a poco, a cucharaditas y batiendo bien entre una cucharadita y la siguiente, hasta que la mezcla esté firme y brillante.

2 Añada el vinagre y remueva ligeramente de manera que quede mezclado casi por completo. Incorpore la maicena y mezcle suavemente.

3 Para preparar una pavlova grande, dibuje un círculo de 20 cm sobre una lámina de papel sulfurizado. Dele la vuelta y colóquelo sobre una placa de horno, asegurando el papel a la placa con un poco de merengue en las esquinas para evitar que resbale. Forme un círculo con el merengue y extiéndalo hasta el borde. Realice una depresión en el centro para crear un nido y forme picos alrededor con el dorso de una cuchara. Para preparar pavlovas individuales, dibuje círculos de 9 cm sobre papel sulfurizado y estienda el merengue. Deles forma de nido como se explica en la pág. 161. Hornee la pavlova grande en el horno precalentado a 150 °C, durante unas $1\frac{1}{4}$-$1\frac{1}{2}$ horas (alrededor de 1 hora en el caso de las pavlovas individuales) hasta que la superficie tenga un aspecto crujiente. Apague el horno y deje que la pavlova se enfríe con la puerta del horno entreabierta.

4 Una vez que la pavlova esté fría, pásela a una fuente de servicio plana y retire con cuidado el papel sulfurizado doblando una de las esquinas bajo sí misma y tirando de ella bajo el merengue. Cubra con la crema y reparta por encima las frutas en el momento de servir.

Toques finales

Una vez que se han añadido la crema y la fruta, la pavlova puede conservarse en el frigorífico (o mejor en un lugar fresco) durante 2-3 horas. Para decorarla un poco más, vierta por encima gelatina de grosella (queda bien con frutas blandas) o caramelo (*véase* pág. 244), directamente del cazo, con la ayuda de una cucharilla. Como alternativa, utilice azúcar hilado (*véase* pág. 244). Aplíquelo directamente sobre la pavlova con dos tenedores o forme un nido con el azúcar hilado y póngalo en la parte superior de la tarta.

1

2

3

MASA BÁSICA

Las tortitas, las *crêpes*, los *scones* y los púdines de Yorkshire se preparan con una masa base de huevos, harina y leche. La única diferencia entre una *crêpe* y una tortita es que, habitualmente, la *crêpe* es muy fina y puede enriquecerse con mantequilla. No obstante, en la mayor parte de las recetas, ambos términos son intercambiables. Para manejar las altas temperaturas de cocción es indispensable tener una sartén normal o específica para *crêpes* de calidad (*véase* pág. 10). Una parrilla plana (*véase* pág. 10) también es adecuada para la elaboración de los *scones*.

1

2

MASA BÁSICA

Para 8-10 raciones
125 g de harina
1 huevo grande
300 ml de leche
aceite vegetal para freír

1 Ponga la harina en un cuenco y haga un hueco en el centro. Casque el huevo en el hueco y añada un poco de leche. Con la batidora de varillas, empiece a batir el huevo con la leche. Al hacerlo, la harina se incorporará gradualmente al líquido y lo espesará ligeramente.

2 Continúe batiendo e incorpore poco a poco la harina. A medida que la masa se espese, vierta más leche. Una vez que todos los ingredientes estén mezclados, la masa deberá quedar homogénea y con la consistencia de unas natillas. Viértala en una jarra.

VARIANTES

Para preparar una masa enriquecida, añada a la masa una yema de huevo y 40 g de mantequilla derretida al empezar a batir. Cocínela como las tortitas básicas.

Para preparar unas tortitas enriquecidas para postre, añada también 1 cucharada de azúcar blanquilla o avainillada.

Para un mejor resultado

Si permitimos que la masa repose unos 30 minutos antes de usarla, daremos tiempo a que la fécula se hinche y obtendremos un resultado menos harinoso. Si durante este tiempo se espesa un poco, añada un chorrito más de leche. La masa puede reservarse durante varias horas (simplemente bátala si empieza a separarse). No la deje más de 6 horas, ya que es posible que fermente. Para evitar que se pegue, asegúrese de que la sartén está caliente antes de echar la masa.

TORTITAS

Las tortitas se preparan con la masa básica de la pág. anterior. Existen incontables maneras de servirlas. Para los platos salados pueden enrollarse con un relleno de carne, pescado o verduras y bañarse con salsa de queso o de tomate. La manera más sencilla de servirlas como plato dulce es rociadas con zumo de limón y espolvoreadas con azúcar. La compota de frutas, el helado, el glaseado de queso crema y las salsas de *toffee* o chocolate también son ideales para las tortitas.

1 Caliente un poco de aceite vegetal en una sartén pequeña o una sartén para *crêpes* hasta que empiece a humear. Vierta en una jarra pequeña el exceso de aceite. Vierta un poco de masa básica (*véase* pág. anterior) en la sartén; como guía, debería cubrir rápidamente unos 10 cm de la sartén. Sacuda y gire la sartén inmediatamente, para que la masa se extienda formando una capa muy fina. Con la práctica, las tortitas quedarán finas.

2 Cueza las tortitas durante 1 minuto, hasta que la cara inferior esté dorada. Compruébelo levantando el borde con un cuchillo paleta.

3 Dele la vuelta con la ayuda de un cuchillo paleta y cuézala hasta que se dore del otro lado. Deslícela a un plato. Caliente un poco más de aceite, retire el exceso y continúe preparando el resto de la masa. La receta de masa básica sirve para 8-10 tortitas.

Almacenaje

Para guardar durante varias horas o desde la víspera, intercale una lámina de papel sulfurizado entre tortita y tortita y envuélvalas en papel de aluminio, con el que pueden recalentarse. Las tortitas se congelan bien, envueltas como se explica arriba. Descongélelas durante toda la noche o varias horas en el frigorífico.

1

2

3

SCONES LIBRES

Los *scones* libres más sencillos se preparan con la masa básica de la pág. 164, pero utilice harina con levadura incorporada y reduzca la cantidad de leche a 150 ml para que la masa quede más espesa. Los *scones* libres pueden elaborarse de cualquier tamaño, desde los delicados discos de tamaño reducido hasta las grandes tortitas de estilo americano que se apilan y se rocían con miel o jarabe de arce.

COCCIÓN

Caliente una sartén grande o una plancha plana (*véase* pág. 10) y rocíela con un poco de aceite vegetal. Con ayuda de una cuchara o un cucharón, dependiendo del tamaño que desee, eche un poco de masa en la plancha; añada más cucharadas, espaciándolas ligeramente, de manera que no se toquen. Cuézalas alrededor de 1 minuto, hasta que la cara inferior esté dorada, y deles la vuelta con una paleta para que se hagan por el otro lado. Páselas a un plato y manténgalas calientes mientras prepara el resto, poniendo un poco más de aceite en la sartén si ésta se seca demasiado.

COCINAR *SCONES* LIBRES

VARIANTES

Para preparar *scones* de queso, añada a la masa un poco de queso cheddar o parmesano rallado.

Para elaborar otros *scones* salados, añada hierbas picadas, alcaparras, tomate picado o dados de jamón o beicon fritos.

Para conseguir *scones* dulces, añada una cucharada de azúcar avainillado o azúcar blanquilla a la masa.

Para elaborar *scones* dulces aromatizados, añada fruta fresca o seca picada, chocolate picado o frutos secos. Cada vez que ponga en la sartén un poco de masa, asegúrese de que lleva parte de los ingredientes adicionales, ya que tienden a hundirse en el fondo del cuenco.

Para preparar unos *scones suflés*, añada 2 huevos, separadas las claras de las yemas. Utilice las yemas para preparar la masa básica y bata las claras en forma de picos blandos (*véase* pág. 149) e incorporándolas a la masa. Estos *scones* quedan bien con hierbas picadas.

SCONES SUFLÉS CON HIERBAS

PÚDINES DE YORKSHIRE

El secreto para conseguir que los púdines de Yorkshire suban bien consiste en añadir un huevo de más a la masa básica de la pág. 164. Los otros puntos imprescindibles son que el horno y la grasa estén calientes antes de añadir la masa. Utilice una fuente para asar pequeña para un pudin grande y sírvalo cortado en raciones, o una placa para pudin de Yorkshire con cavidades. Ponga un poco de grasa, que puede ser manteca de cerdo, grasa de la carne asada o grasa de ganso o pato en cada cavidad del molde.

PÚDINES DE YORKSHIRE INDIVIDUALES

HORNEADO

HORNEADO

En el caso de un pudin grande ponga unos 25 g de grasa en el molde. Introdúzcalo en el horno precalentado a 220 °C y déjelo 5 minutos o hasta que la grasa esté derretida y muy caliente. Saque el molde y vierta inmediatamente la masa. Vuelva a introducirlo en el horno y hornéelo durante 30-35 minutos. Si prepara púdines individuales, hornéelos 20-25 minutos.

Canapés de rosbif

Los púdines pequeños de Yorkshire, preparados en placas con cavidades pequeñas o flaneras, constituyen un aperitivo excelente para una fiesta, especialmente durante el invierno. Siga la receta de superior, pero reduzca el tiempo de cocción a unos 15 minutos. Páselos a una fuente y sírvalos calientes con una loncha de rosbif encima y crema acidificada aromatizada con raiforte.

CREMAS HORNEADAS

Las cremas de huevo horneadas pueden prepararse en un molde refractario bajo o en un fondo de tarta, el cual no sólo constituye un recipiente perfecto, sino que también aporta un delicioso contraste de sabores y texturas. Es preferible servir cualquiera de las dos ligeramente templadas o frías en lugar de calientes o heladas. Para conseguir una textura suave y ligeramente cuajada es imprescindible una cocción suave. Una crema horneada a temperatura demasiado elevada queda dura y gomosa.

CREMA DE HUEVO HORNEADA

Para 4-6 raciones

3 huevos biológicos
2 yemas de huevo biológico
75 g de azúcar blanquilla
1 cucharadita de extracto o pasta de vainilla
300 ml de crema de leche ligera
150 ml de leche
nuez moscada recién rallada para espolvorear

1 Ponga los huevos, las yemas, el azúcar y el extracto o la pasta de vainilla en un cuenco y bátalos hasta que queden bien mezclados. Caliente la crema y la leche en un cazo hasta que esté caliente, pero sin llegar a hervir. Vierta la mezcla sobre los huevos y bata bien. Filtre sobre una jarra.

2 Vierta la mezcla en un molde bajo refractario de 750 ml o en 6 moldes de ramequín de 150 ml y espolvoree con un poco de nuez moscada recién rallada.

3 Coloque los moldes en una fuente para asar y vierta agua muy caliente hasta una altura de 1,5 cm. Introduzca con cuidado en el horno precalentado a 150 °C y hornee hasta que la crema empiece a cuajar alrededor de los bordes pero se note líquida en el centro al agitar ligeramente el molde. Esto llevará unos 40 minutos en el caso del molde grande y 25 para los moldes de ramequín. Sáquelos de la fuente y déjelos enfriar.

1

2

3

TARTA DE CREMA HORNEADA

1 Prepare una base de 20 cm de pasta quebrada enriquecida (*véanse* págs. 186-187). Hornéela a ciegas y píntela con clara de huevo para sellarla (*véase* pág. 188). Colóquela sobre una placa de horno. Vierta la crema de huevo (*véase* pág. anterior) en la base, dejando un margen de 5 mm de pasta por encima del relleno. Espolvoree con un poco de nuez moscada recién rallada.

2 Introdúzcala con cuidado en el horno precalentado a 150 °C, y hornéela durante 30 minutos, hasta que cuaje por el borde pero siga líquida en el centro.

FLAN

El flan perfecto tiene la suavidad de la seda y puede cortarse como si fuera mantequilla. Prepárelo el día anterior para que pueda enfriarse.

1

2

3

Para 6 raciones

250 g de azúcar blanquilla
4 cucharadas de agua
1 vaina de vainilla
300 ml de crema de leche ligera
300 ml de leche
4 huevos biológicos
4 yemas de huevo biológico

4

1 Ponga 200 g de azúcar en un cazo pequeño con el agua y caliéntelo muy suavemente, sin dejar de remover, hasta que el azúcar se disuelva. Suba el fuego y cocine el almíbar durante 5-8 minutos, hasta que adquiera un color dorado oscuro. Sumerja la base del cazo brevemente en agua fría para interrumpir la cocción y vierta inmediatamente el caramelo en 6 moldes de ramequín o flaneros de 150 ml. Mientras todavía esté caliente, gire con cuidado los moldes para que el caramelo cubra ligeramente las paredes.

2 Con ayuda de un cuchillo pequeño y afilado, abra la vaina de vainilla en sentido longitudinal y póngala en una cacerola con la crema y la leche. Lleve a ebullición y deje que infusione durante 20 minutos fuera del fuego. Bata los huevos, las yemas y el resto del azúcar en un cuenco. Saque la vaina de vainilla de la leche, raspe las semillas con la punta del cuchillo e introdúzcalas en la mezcla de la leche. Vierta la leche sobre la mezcla de los huevos.

3 Filtre la mezcla y viértala en los moldes. Ponga los moldes en una fuente para asar y vierta en ella suficiente agua para que cubra los moldes hasta la mitad. Horneélos en el horno precalentado a 150 °C, durante 35 minutos o hasta que los flanes hayan cuajado pero todavía tiemblen ligeramente al tocarlos.

4 Sáquelos de la fuente y déjelos enfriar. Refrigérelos varias horas. Para servir, despegue los bordes de los flanes con un cuchillo afilado y desmóldelos.

CREMA PASTELERA

Para preparar un delicioso postre veraniego, utilice esta preparación espesa y cremosa aromatizada con vainilla para rellenar un fondo de tarta y adórnelo con frutas blandas. Como alternativa, rellene con ella lionesas o profiteroles en lugar de la crema batida o utilícela para unir dos bizcochos. Las cantidades pueden duplicarse fácilmente.

Para preparar 350 ml

150 ml de leche
150 ml de crema de leche espesa
1 vaina de vainilla
4 yemas de huevo biológico
40 g de azúcar blanquilla
15 g de harina

1 Vierta la leche y la crema en un cazo. Con la punta de un cuchillo afilado, abra la vaina de vainilla en sentido longitudinal y añádala al recipiente. Lleve a ebullición, retírelo del fuego y deje que infusione durante 15-20 minutos.

2 Bata las yemas con el azúcar y la harina en un cuenco hasta que la mezcla esté homogénea. Retire la vaina de vainilla de la leche, raspe las semillas con la punta del cuchillo e introdúzcalas en la leche. Viértala sobre la mezcla de las yemas, batiendo bien.

3 Póngalo todo en el cazo y cueza a fuego suave, sin dejar de remover con una cuchara de madera, durante 4-5 minutos, hasta que la crema espese y esté homogénea. Vierta la crema en un cuenco pequeño, cúbralo con papel sulfurizado para evitar que se forme una película y déjela enfriar antes de usarla.

1

2

3

PASTA

La pasta se clasifica en dos grupos principales, la pasta seca y la pasta fresca. Ninguno de los dos es superior al otro en sabor, pero sirven a propósitos ligeramente distintos. El sur de Italia es famoso por su pasta seca de textura firme que se prepara con trigo duro (de la variedad *durum*) y las salsas con frecuencia a base de dulces tomates mediterráneos. Las variedades regionales comprenden una enorme variedad de formas y sabores, algunas elaboradas con harina y agua, otras con huevo, en ocasiones etiquetadas como *all'uovo*. La pasta fresca es típica del norte de Italia, donde las pastas simples o rellenas se acompañan habitualmente con salsas de carne, mantequilla, crema o queso.

Aunque en el mercado puede encontrarse pasta fresca, vale la pena dominar el arte de prepararla en casa, ya que tiene una textura sedosa y un sabor inmejorable. Además, de esta manera puede elegir la forma y el sabor. Se elabora con harina de trigo italiana del tipo «00», la cual tiene un alto contenido en gluten y confiere a la masa su textura elástica y suave. Si no puede conseguirla, puede sustituirla por cualquier harina de fuerza. El ingrediente líquido es el huevo; vale la pena utilizar huevos biológicos de calidad para conseguir un color crema más intenso. Si no conoce con certeza la consistencia adecuada de la masa para pasta, es mejor que primero quede un poco húmeda en lugar de seca, ya que es mucho más fácil añadir más harina que más líquido.

1

MASA BÁSICA PARA PASTA

La siguiente receta es para 4 raciones si prepara pasta simple para servir con una salsa. Para la pasta rellena, con la que se desperdiciará un poco de masa, aumente las cantidades a 300 g de harina y 3 huevos grandes. No es necesario añadir sal a la masa, dado que ya se pone sal al cocer la pasta.

2

3

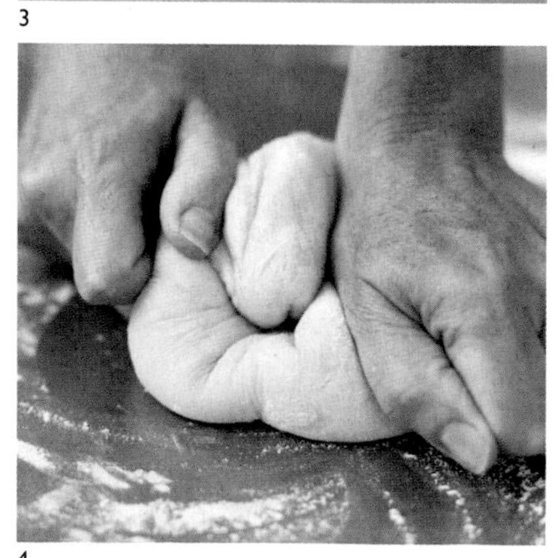

4

Para 4 raciones de pasta

200 g de harina tipo «00» y un poco más para amasar si es necesario
2 huevos grandes

1 Ponga la harina sobre la superficie de trabajo y haga un hueco en el centro. La forma tradicional de elaborar la pasta es hacerlo directamente sobre la superficie de trabajo, pero si lo prefiere use un cuenco grande.

2 Casque los huevos en el hueco. Bátalos ligeramente con un tenedor y al hacerlo empiece a incorporar gradualmente la harina. Cuando los huevos se hayan espesado con la harina, incorpore el resto de la harina y mézclelo bien para formar una pasta grumosa.

3 Amase la pasta hasta conseguir una masa; añada un poco más de harina si se nota demasiado pegajosa. La masa debe notarse firme y compacta, pero no tan seca como para que se note correosa y sin elasticidad.

4 Amase durante 8-10 minutos, hasta que esté homogénea y elástica. Envuélvala con *film* de plástico y déjela reposar durante unos 20 minutos para que sea más fácil extenderla con el rodillo. La masa también puede refrigerarse varias horas, pasadas las cuales se estropeará. Envuélvala y congélela para conservarla más tiempo.

UTILIZACIÓN DE UN ROBOT DE COCINA

Para elaborar la pasta en el robot, ponga la harina en el cuenco del procesador. Con la máquina en marcha, añada gradualmente los huevos hasta que la masa forme una bola; vaya añadiendo un chorrito de agua fría si la masa parece seca. Amásela como se ha indicado antes.

TÉCNICAS PARA PASTA CASERA

Existen muchos tipos distintos de pasta que pueden prepararse utilizando la masa básica para pasta. Los tipos más simples consisten en formar láminas, cintas, espirales y lazos. Todas las formas pueden hacerse con pasta simple o aromatizada.

EXTENDER LA MASA

Antes de extender la masa, forre 2-3 bandejas o placas de horno con paños limpios o papel de cocina y espolvoree por encima un poco de harina «00». Divida la masa en 6 triángulos del mismo tamaño (8-10 si se prepara una cantidad de 300 g).

Utilizar una máquina para pasta

Aplane un trozo de masa formando un óvalo, de manera que sea más estrecho que el espacio entre los rodillos. Espolvoree la masa generosamente con harina. Ponga la máquina en la posición más ancha y pase la pasta por la máquina (*véase* pág. 12). Modifique la máquina a una posición más estrecha. Doble la pasta por la mitad, espolvoréela con más harina y vuelva a pasarla por la máquina. Pase la pasta una o dos veces más y reduzca cada vez el ancho entre los rodillos hasta que quede una lámina de 1-2 mm de grosor. Ponga la pasta sobre las placas forradas mientras estira el resto.

Extender la pasta a mano

Espolvoree la superficie de trabajo, la masa y el rodillo de bordes finos o estándar (*véase* pág. 13) con harina y extienda el trozo de masa hasta que sea lo más fino posible. Si lo prefiere, divida por la mitad la masa y extienda los trozos por separado. Tenga en cuenta la forma que desea dar a la pasta (*véase* inferior). Es mejor extender en una tira larga de unos 15 cm de ancho la que debe cortarse en cintas o rellenarse.

DAR FORMA A LA PASTA

La pasta extendida debe moldearse mientras sigue blanda y manejable. Una vez dada la forma, ponga la pasta en las placas forradas mientras prepara el resto, abriendo las capas y enharinándolas de manera que no se peguen. Para preparar pasta en forma de cintas, existen cortadores especiales que permiten cortar un gran número de cintas al mismo tiempo (*véase* pág. 9).

Pappardelle

Son las cintas de pasta más anchas, habitualmente de 1,5 cm de ancho. Se cortan con la rueda para pasta lisa u ondulada, un cortador tipo rueda perforado (*véase* pág. 9) o un cuchillo afilado.

Tagliatelle y *fettuccine*

Espolvoree con harina cada tira de pasta y dóblela varias veces. Con la rueda de pasta, corte en sentido horizontal tiras de unos 5 mm de ancho en el caso de los *tagliatelle* y de 3-4 mm de ancho para los *fettuccine*. Desenrolle las cintas para separar las capas. Puede cortar la pasta pasándola por el cortador de *tagliatelle* de la máquina de pasta.

Linguine

Espolvoree con harina las tiras de pasta y dóblelas varias veces. Corte la pasta lo más fina posible para obtener cintas muy finas. La máquina de pasta facilita mucho la elaboración de este tipo de pasta fina.

Lasaña y canelones

Para la lasaña, corte la pasta en rectángulos de 14 x 10 cm o un poco más grandes o más pequeños para adaptarlos a una determinada placa de hornear. Para los canelones, corte la pasta como para la lasaña y rellénela de carne, pescado o verduras. Un cuadrado de unos 10 cm es una buena medida para la mayor parte de los rellenos, pero también puede cortar la pasta para que se amolde a una determinada placa.

DIVIDIR LA MASA

UTILIZAR LA MÁQUINA PARA PASTA

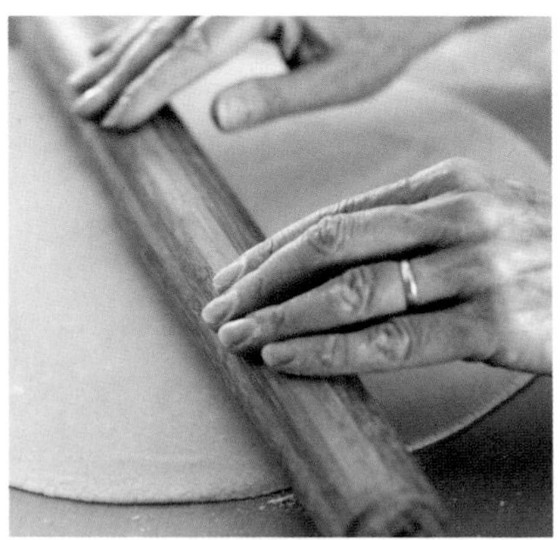

EXTENDERLA MANUALMENTE

TAGLIATELLE

PAPPARDELLE

LINGUINE

LASAÑA Y CANELONES

FARFALLE

GARGANELLI

MALTAGLIATI (PASTA DE SOPA)

Farfalle

Con la ayuda de un cuchillo, corte la pasta en rectángulos de 5 x 3 cm. Pince firmemente los dos lados largos de cada rectángulo para formar un lazo.

Garganelli

Corte la pasta en cuadrados de 5 cm. Coloque un cuadrado sobre un estampador de mantequilla (*véase* pág. 9) o utilice un peine nuevo y bien limpio, coloque un lápiz o una pieza cilíndrica enharinados y enrolle una de las esquinas sobre él. Enrolle la pasta presionando con firmeza, de manera que quede impresa. Retire el tubo de pasta del pincel o el cilindro y prepare el resto.

Maltagliati (pasta de sopa)

Enharine una tira de pasta con harina y enróllela de manera suelta para formar un cilindro. Aplane el cilindro y corte las esquinas triangulares de uno de los extremos. Corte la pasta en horizontal para formar un tercer triángulo. Repita el proceso a lo largo de toda la tira de pasta.

CONSERVAR LA PASTA FRESCA

Una vez extendida y dada la forma, la pasta fresca puede refrigerarse hasta 6 horas (transcurridas, empieza a cambiar de color), en las mismas placas forradas, enharinadas y cubiertas de manera suelta con film de plástico, antes de cocinarla. La pasta rellena también puede refrigerarse durante varias horas, pero no demasiado tiempo, ya que el relleno puede ablandar la masa y hacerla pegajosa. Para conservarla hasta 1 mes, congele la pasta rellena en un envase rígido, poniendo *film* de plástico entre una capa y otra. Las formas no rellenas también pueden congelarse de la misma manera.

SECAR LA PASTA FRESCA PREPARADA

Toda la pasta fresca preparada, ya sea plana, en cintas, con forma o rellena, puede dejarse secar unos 30 minutos antes de cocinarla. La pasta no rellena puede secarse para conservarla hasta 2 meses.

Cintas de pasta

Cuelgue las cintas de pasta de los brazos de un secadero especial para pasta (*véase* pág. 13) o en varas cilíndricas de madera colocadas entre dos sillas. En cuanto la pasta esté seca y quebradiza, habitualmente tras unas 24 horas, consérvela en bolsas de plástico en un lugar fresco y seco.

Pasta con formas

Disponga la pasta en una capa sobre un paño ligeramente enharinado y déjela en un lugar seco durante 24 horas. Pásela a otro paño limpio y déjela secar otras 24 horas, hasta que esté completamente seca. Póngala en bolsas de plástico y consérvela en un lugar fresco y seco.

ELABORACIÓN DE PASTA AROMATIZADA

La pasta aromatizada tiene un gusto bastante sutil, pero puede transformar el aspecto y el sabor de muchos platos de pasta. Por ejemplo, las cintas de pasta con sabor a azafrán tienen un aspecto sorprendente y un excelente sabor acompañadas de una salsa cremosa de pescado o de tomate. Utilice las siguientes cantidades para cada tanda de pasta elaborada con 200 g de harina (*véanse* págs. 174-175). Una vez preparada, extienda, dé forma, guarde y seque la pasta como se ha descrito para la pasta simple (*véanse* págs. 176-177).

Espinacas

Cueza 100 g de hojas de espinacas en un cazo con 1 cucharada de agua hasta que estén tiernas. Escurra bien todo el agua posible con las manos. Para secar completamente las espinacas, póngalas entre hojas de papel de cocina. Tritúrelas en el robot con uno de los huevos y después mézclelas con los huevos restantes y proceda como para la pasta simple (*véase* págs. 174-175). Posiblemente, la masa sea más pegajosa que la de la pasta simple, de manera que si es necesario añada un poco más de harina.

Setas

Ponga 15 g de *porcini* secos (setas calabaza) en un cuenco refractario, cúbralos con agua hirviendo y déjelos en remojo 15 minutos. Escúrralos y reserve 2 cucharadas de líquido.

Triture las setas y el líquido reservado en el robot hasta conseguir una pasta y mézclela con los huevos antes de incorporar la harina. Añada un poco más de harina si la masa queda muy pegajosa.

Remolacha
Cueza 100 g de remolacha fresca en agua hasta que esté tierna. Pele y pique gruesa la remolacha y tritúrela en el robot con uno de los huevos. Tamícela y añádala al resto de los huevos. La masa quedará más pegajosa que la masa de pasta simple, por lo que tendrá que añadir un poco más de harina.

Pasta de tomate
Añada 3 cucharadas de pasta de tomates secos a los huevos antes de incorporar la harina. Añada un poco más de harina si la masa queda pegajosa.

Pasta de hierbas
Pique muy finos 25 g de una sola hierba o de una mezcla de ellas. El perejil de hoja lisa, el eneldo, el hinojo, el cilantro, la albahaca y el estragón son adecuados. Si utiliza hojas de tomillo, combínelas con perejil u otra hierba de sabor suave. Mézclelas con los huevos antes de incorporar la harina.

Pasta de pimienta molida
Mezcle 4 cucharaditas de pimienta negra recién molida con los huevos antes de añadir la harina.

Pasta de guindilla
Mezcle 3/4 de cucharadita de guindilla picante en polvo con los huevos antes de añadir la harina.

Pasta de azafrán
Desmenuce finamente 1 cucharadita de hebras de azafrán y mézclelas con los huevos antes de incorporar la harina.

Pasta de tinta de calamar
Mezcle 5 g de tinta de calamar con los huevos antes de incorporar la harina. Añada un poco más de harina si nota la masa demasiado pegajosa.

ESPINACAS

SETAS

REMOLACHA

PASTA RELLENA

Además de los raviolis, existen otras pastas rellenas fáciles de elaborar sin necesidad de contar con utensilios especiales. Una vez preparada, dispóngala en una sola capa sobre un paño enharinado. Antes de empezar, tenga el relleno preparado y frío, si utiliza uno cocinado. Extienda la pasta a mano o con la máquina (*véase* pág. 176). Sirva la pasta rellena simplemente rociada con un poco de mantequilla derretida o con una salsa que combine con el relleno (*véase* pág. siguiente).

1

2

RAVIOLIS

Habitualmente, los raviolis redondos tienen unos 5 cm de diámetro, pero puede experimentar con círculos o cuadrados más grandes o más pequeños. Los cortadores para raviolis pueden utilizarse para hacer formas redondas (*véase* pág. 9), o directamente utilice un cortador de pasta redondo. También pueden adquirirse placas para raviolis de varios tamaños, las cuales son fáciles de usar y agilizan el trabajo (*véase* pág. 11).

1 Disponga cucharadas colmadas de relleno alineadas sobre la pasta extendida, dejando unos 2,5 cm entre la una y la otra. Con la ayuda de una brocha de cocina mojada en agua, pincele ligeramente la pasta alrededor del relleno para humedecerla. Coloque suelta otra lámina de pasta sobre el relleno. Trabajando desde el extremo, presione la masa entre los montoncitos de relleno para sacar el aire y sellar el relleno dentro de la pasta.

2 Utilice el cortador para cortar los círculos. Puede emplear un cuchillo o una rueda de pasta para hacer rectángulos (*véase* pág. 9).

Pasta de sopa

Si le han quedado muchos recortes después de extender y dar forma a la pasta, no los tire. Córtelos en trozos pequeños y utilícelos como pasta de sopa. Si no puede utilizarlos inmediatamente, consérvelos como se indica en la pág. 178.

AGNOLOTTI

Corte una tira extendida de pasta de 5 cm de ancho. Coloque ½ cucharadita de relleno a lo largo del centro de la tira, dejando 3 cm entre cada montoncito. Con un pincel de pastelería mojado en agua, pincele ligeramente la pasta alrededor del relleno para humedecerla. Doble la pasta sobre sí misma de manera que el relleno quede pegado al pliegue. Presione la pasta con firmeza entre los montoncitos de relleno, para sellar el aire y extraer el relleno dentro de la pasta. Utilice un cortador de raviolis de 5 cm o un cortador de pasta (*véase* pág. 9) para cortar la pasta en forma de media luna.

AGNOLOTTI

TORTELLINI

TORTELLINI

Con un cortador de raviolis o de pasta, liso o rizado, de 7-8 cm (*véase* pág. 9), corte círculos de masa. Ponga una cucharadita colmada de relleno en el centro de cada uno. Con un pincel de pastelería mojado en agua, pincele ligeramente la pasta alrededor del relleno para humedecerla. Dóblela sobre sí misma y presione los dos bordes firmemente para eliminar el aire. Junte los extremos alrededor del relleno y píncelos bien para unirlos.

CAPPELLETTI

Proceda como con los *tortellini*, pero corte cuadrados de masa de 7-8 cm y dóblelos en diagonal. Pince las dos esquinas para conseguir una forma de sombrero.

CAPPELLETTI

SALSAS PARA PASTA RELLENA

- Salsa de tomate y albahaca
- Salsa de queso mascarpone y albahaca
- Queso gorgonzola desmenuzado y crema de leche
- Mantequilla derretida, limón, perejil y pimienta

RELLENOS PARA PASTA

- Espinacas (escaldadas, escurridas y picadas finas), queso parmesano, queso ricotta y nuez moscada recién rallada
- Puré de calabaza, salvia picada fina y unos almendrados machacados
- Setas silvestres salteadas con mantequilla, cebolla, ajo y hojas de tomillo picadas finas
- Buey picado cocido, ternera o cerdo con ajo, romero picado fino y queso parmesano
- Salsa boloñesa espesa

COCCIÓN DE LA PASTA

Los italianos cuecen la pasta hasta que está *al dente*, es decir, su consistencia es firme al morderla. Esto se aplica especialmente a la pasta seca, la cual debe cocerse hasta que su textura sea tierna pero que, al cortarla por la mitad, revele una pequeña mancha blanca en el centro. Asimismo, la pasta fresca también debe conservar un poco de textura al cocerla. Algunos tipos de pasta fresca ya están prácticamente cocidos cuando el agua recupera el punto de ebullición, mientras que otros tipos de la seca pueden tardar hasta 15 minutos en cocer. Guíese por los tiempos de cocción que se indican en el paquete y pruébela entonces. Como se cuece con gran rapidez, tenga la salsa y los acompañamientos preparados, para no dejar la pasta esperando una vez cocida.

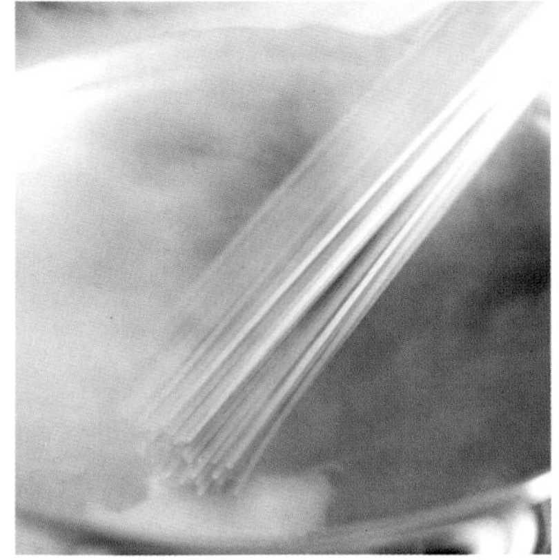

COCER PASTA SECA

PASTA SECA

1 Lleve a ebullición una cacerola grande o una olla para pasta (*véase* pág. 10) llena de agua. Como guía, calcule unos 4 litros de agua por cada 400-500 g de pasta seca. Esta cantidad es imprescindible para cocer la pasta rápidamente y mantener los trozos separados. Añada 1 ½ cucharadas de sal y deje que el agua vuelva a hervir. Incorpore la pasta de una sola vez y recupere el punto de ebullición; remueva a veces. Si está preparando pasta larga, como los espaguetis, sujételos por un extremo y presiónelos hacia abajo dentro del agua hirviendo hasta que se ablanden. Una vez sumergidos, remueva con una cuchara de madera para separarlos.

2 Tape el recipiente para que el agua recupere rápidamente el punto de ebullición y destápela para acabar la cocción. Compruebe el punto de cocción sacando un trozo de pasta de la cacerola con una cuchara. Escurra la pasta y póngala en el recipiente para servirla en platos o mezclarla con la salsa. No la escurra completamente; un poco de agua mantiene la pasta jugosa y evita que el jugo de la salsa lo absorba la pasta caliente, lo que ocurre en una pasta seca.

COCER PASTA FRESCA

PASTA FRESCA

La pasta fresca se cuece con rapidez y se pasa con más facilidad. Lleve el agua a ebullición como se indica en la parte superior, seguidamente añada la pasta y recupere el punto de ebullición. La pasta fresca puede cocerse en cuestión de segundos, de manera que deberá comprobar su punto de cocción con frecuencia. Una vez cocida debe conservar su textura. Habitualmente, la pasta fresca casera se cuece con mayor rapidez que la comprada.

Cena rápida

Para un almuerzo sencillo o una cena, la pasta rellena puede cocerse en caldo de carne o verduras de calidad (*véanse* págs. 16-17 y pág. 19), bien sea sola o con más verduras salteadas, como la cebolla, el calabacín, el brécol, las espinacas o las habas. Sírvala en cuencos con un poco de queso parmesano o pecorino rallados.

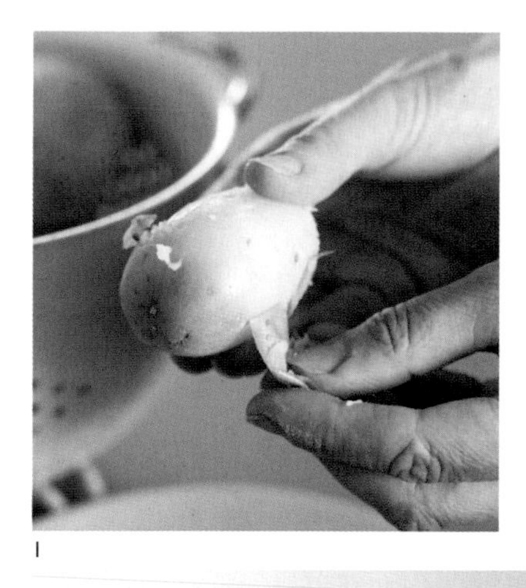

1

2

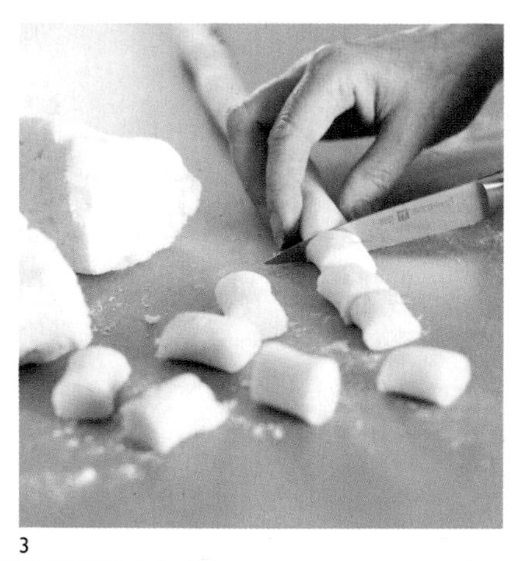

3

4

ÑOQUIS

Al igual que la pasta, los ñoquis de patata se sirven con diversas salsas o como acompañamiento (*véase* inferior). Una vez coidos, pueden refrigerarse tapados de manera holgada sobre una placa ligeramente enharinada, durante unas 6 horas. Puede congelarlos en un envase rígido hasta 2 meses, intercalando *film* de plástico entre las capas.

Para 4 raciones

750 g de patatas harinosas
40 g de queso parmesano rallado fino
125-150 g de harina
sal

1 Hierva las patatas enteras y con piel en una cacerola grande con agua. Cuézalas unos 40 minutos, o hasta que estén tiernas. Escúrralas y, cuando se hayan enfriado lo suficiente para manipularlas, pélelas.

2 Ponga de nuevo las patatas en la cacerola limpia y cháfelas hasta obtener un puré homogéneo. Incorpore el parmesano y un poco de sal. Añada 100 g de harina y mézclelo bien con una cuchara de madera. Vuelque la mezcla sobre la superficie de trabajo y amásela con las manos; añada más harina. Deje de incorporar harina cuando la mezcla forme una masa blanda sólo ligeramente pegajosa.

3 Divida la masa en cuatro trozos iguales y extienda cada uno de ellos con la palma de las manos hasta conseguir un cilindro largo de 1,5 cm de grosor. Corte el cilindro en trozos de 2,5 cm de largo.

4 Tome un trozo de masa y presiónelo con las púas de un tenedor enharinado, creando una indentación; presione el otro lado con el dedo y hágalo rodar para obtener una forma curva. Repita con el resto.

5 Lleve a ebullición una cacerola grande con agua con sal y cueza los ñoquis en cantidades pequeñas durante 2 minutos, hasta que suban a la superficie. Sáquelos con una cuchara perforada y escúrralos bien.

5

FORMAS DE SERVIR LOS ÑOQUIS

La forma más sencilla de servirlos es con mantequilla derretida y un poco de queso parmesano rallado y añadir otros ingredientes, como guisantes o habas cocidas, pesto, dados de panceta salteada, nuez moscada recién molida, ajo, hierbas o alcaparras. Puede distribuir los ñoquis sobre un lecho de espinacas a la crema, salsa de setas salteadas y tomate o salsa de carne. Espolvoree por encima parmesano, pecorino rallado o un cheddar curado y gratínelo ligeramente.

PASTAS REPOSTERAS

Las pastas reposteras se preparan con unos pocos ingredientes básicos. La harina y la grasa son imprescindibles, mientras que, en ocasiones, se añaden huevos y azúcar para enriquecer o endulzar la masa. Las distintas maneras en que estos sencillos ingredientes se utilizan dan lugar a un festín de texturas y sabores, desde la fiable y casera pasta quebrada hasta el trabajoso y mantecoso hojaldre. Todos los tipos de pasta pueden prepararse en casa, pero su elaboración y moldeado no entienden de prisas.

Las pastas se dividen en dos grupos principales. El primero es el de las pastas refrigeradas, entre las que se encuentran la masa quebrada y el hojaldre. Ambos, así como sus variantes, requieren ingredientes fríos y un ambiente de trabajo fresco. Si la mantequilla se calienta, dificultará trabajar la pasta y, al hornearla, el resultado será más pesado. Si al extender la pasta empieza a pegarse a la superficie de trabajo, refrigérela 30 minutos y vuelva a intentarlo. Asimismo, estas pastas necesitan reposar entre el momento de su elaboración y su utilización. El reposo permite la relajación del gluten de la harina y hace que sea más fácil extenderla. La pasta que no haya reposado se retraerá cuando intente extenderla. Si ocurre esto, dóblela y déjela reposar en el frigorífico un poco más. El segundo grupo de masas incluye la pasta *choux* y la pasta de agua caliente. Ambas se elaboran calentando la grasa y el agua para obtener una pasta flexible y a punto para su uso inmediato.

1

2

3

PASTA QUEBRADA

Esta pasta se elabora mezclando grasa con harina, bien sea de forma manual o con un robot, antes de añadir el resto de los ingredientes. Se utiliza para tartas, pasteles y empanadas y puede enriquecerse con huevos o endulzarse para preparar postres. Si desea modificar las cantidades, la relación para la pasta quebrada básica es siempre de la mitad de grasa que de harina. Hornee los fondos de tarta de pasta quebrada en el horno precalentado a 200 °C, y después recurra a la receta elegida para la temperatura del horno una vez que el fondo de tarta esté relleno.

Para preparar 250 g

175 g de harina

40 g de mantequilla fría cortada en trozos pequeños

40 g de manteca de cerdo fría cortada en trozos pequeños

1-2 cucharadas de agua helada

1 Ponga la harina en un cuenco con las grasas. Con las yemas de los dedos, mezcle las grasas con la harina, levantando los trozos de grasa y chafándolos ligeramente. Vuelva a ponerlos en el cuenco y levante y chafe otros trozos de grasa hasta que ésta esté completamente mezclada con la harina y la masa empiece a tener el aspecto de unas migas de pan. Al levantar la grasa y la harina por encima del cuenco mientras trabajamos, los ingredientes se airean, lo que contribuye a que la textura de la masa sea ligera.

2 Eche el agua medida en el cuenco y mezcle con las manos. (En este punto puede usarse un cuchillo de hoja redonda, pero la utilización de las manos nos dará una mejor percepción del estado de la masa.) Amase la mezcla hasta obtener una masa firme. Si la nota seca, como desmigada, añada con cuidado un poco más de agua (un exceso hará que la pasta quede dura).

3 Pase la pasta a la superficie de trabajo y amásela. Envuélvala con film de plástico y refrigérela como mínimo 30 minutos para que se relaje antes de extenderla y hornearla.

UTILIZAR UN ROBOT

Ponga la harina y las grasas en el recipiente del robot y pulse el aparato hasta que alcance el estado de miga de pan. Añada el agua y siga amasando brevemente hasta que la mezcla se convierta en una masa. No siga amasando, ya que, de lo contrario, la pasta quedará dura.

VARIANTES

Para preparar una pasta quebrada enriquecida, omita la manteca de cerdo y aumente la cantidad de mantequilla a 100 g. Después de la fase de miga de pan, añada 1 yema de huevo y reduzca la cantidad de agua a 1-2 cucharaditas. Esta masa tiene los mismos usos que la pasta quebrada básica, pero posiblemente sea más fácil de manejar.

Para elaborar una pasta quebrada con sabor a frutos secos, sustituya la mitad de la harina blanca por harina integral. Es probable que tenga que añadir un poco más de agua, ya que la harina integral es más absorbente que la blanca.

Para preparar una pasta quebrada de queso, incorpore hasta 50 g de queso parmesano, cheddar u otro queso duro rallado fino antes de añadir el agua.

Para una pasta quebrada de hierbas, incorpore 2-3 cucharadas de hierbas picadas, como perejil, estragón, cebollino, eneldo o cilantro antes de añadir el agua.

Para conseguir una pasta quebrada especiada, incorpore 1-2 cucharaditas de especias majadas o molidas, como comino, cilantro o hinojo antes de añadir el agua.

ELABORACIÓN DE LA PASTA AZUCARADA

Esta pasta dulce enriquecida tiene una textura crujiente, como de galleta, ideal para preparar fondos de tarta que se hornean a ciegas y se rellenan con crema o fruta. De forma tradicional se elabora directamente sobre la superficie de trabajo, pero si lo prefiere puede usar un cuenco grande. Para 450 g de pasta, ponga 200 g de harina sobre la superficie de trabajo y haga un hueco en el centro. Corte 125 g de mantequilla (a temperatura ambiente) en trozos pequeños y échelos en el hueco. Con las yemas de los dedos, mezcle la mantequilla con la harina, presionando rápido y suave la harina situada alrededor de los bordes del hueco hasta que la mezcla tenga el aspecto de unas migas de pan. Añada 100 g de azúcar lustre y ponga 2 yemas de huevo en el centro de los ingredientes secos junto con 1 cucharada de agua helada. Mézclelo todo hasta que la masa quede ligada y trabájela con las manos hasta que esté homogénea. Envuélvala y refrigérela 1 hora antes de extenderla y hornearla.

PASTA AZUCARADA

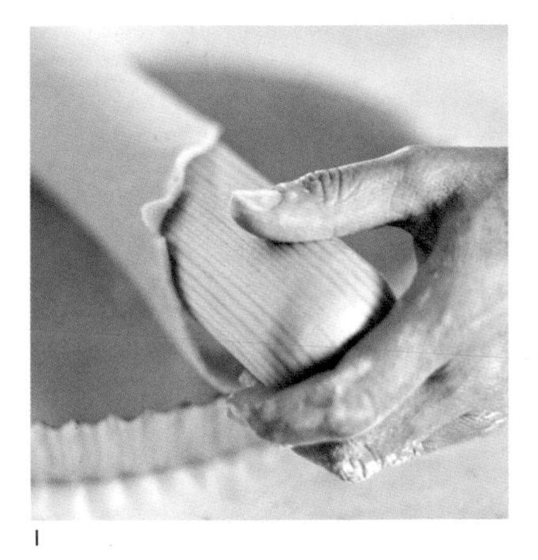

1

2

3

ENFONDAR MOLDES DE TARTA

Utilice preferentemente moldes de tarta metálicos en lugar de cerámica, ya que no conducen el calor con la misma eficacia, lo que puede traducirse en un fondo de tarta de pasta cruda. Los moldes de fondo desmontable son más fáciles de usar, ya que la tarta o el fondo de tarta ya horneados pueden desmoldarse fácilmente sin dañar la base y sin riesgo de que se rompa. Los aros metálicos para tartaleta colocados sobre una placa de horno también son adecuados, ya que el anillo puede retirarse una vez que la pasta está horneada. No es necesario engrasar primero el molde.

1 Extienda la pasta fría sobre la superficie de trabajo ligeramente enharinada hasta conseguir un grosor de 3 mm. Debe tener, como mínimo, 6 cm más de diámetro que el molde estándar de 3 cm de alto. Si utiliza un molde de más de 3 cm de alto, prepare un disco de pasta ligeramente mayor. No empuje y estire la masa, ya que, de lo contrario, se retraerá en el horno y producirá un borde irregular. Enrolle la pasta holgadamente en el rodillo y colóquelo encima del molde. Desenrolle la pasta en su posición, asegurándose de dejar un sobrante uniforme alrededor.

2 Presione la pasta sobre el fondo y los bordes del fondo del molde. Después, suéltela alrededor de las paredes y empuje la pasta contra las ondas de las paredes del molde a medida que avanza.

4

3 Utilice un cuchillo para recortar el sobrante de pasta alrededor del borde del molde. Como alternativa, para un acabado más pulido, empuje la pasta ligeramente por encima del borde del molde y presione con el rodillo para cortar los bordes, que así quedarán uniformes.

4 Un método alternativo, cuando el relleno también tiene que hornearse, consiste en dejar los bordes de la pasta desiguales y hornear el relleno como siempre. Después de horneados, los bordes quebradizos de la masa pueden romperse, para revelar la textura de galleta de la pasta horneada, lo que le da un aspecto apetitoso, aunque no tan pulido.

HORNEAR A CIEGAS

HORNEAR A CIEGAS

La mayoría de las tartas se hornean a ciegas antes de rellenar, tanto completa como parcialmente y antes de añadir el relleno e introducirlas en el horno. El horneado a ciegas evita que la pasta se colapse en el interior del molde cuando se ablanda en el horno y también ofrece a la base la posibilidad de quedar crujiente antes de añadir el relleno.

1 Pinche la base de la tarta con un tenedor y forre el molde con un círculo de papel sulfurizado unos 10 cm más grande que el tamaño del molde, apoyándolo contra los bordes. Tenga cuidado en no hundir la pasta cruda con el papel.

2 Llénelo con legumbres para hornear, metálicas o cerámicas (*véase* pág. 13) y distribúyalas en una capa uniforme. Si no tiene legumbres para hornear, utilice judías o lentejas secas reservadas específicamente para este fin. Cocínela en el horno precalentado a 200 °C, durante 15 minutos, hasta que los bordes de la pasta estén dorados y el papel se despegue sin problemas. Si el papel se pega a la pasta, hornéela otros 5 minutos. Retire el papel y las legumbres e introduzca el fondo de tarta en el horno otros 5 minutos para que la base quede crujiente.

ENFONDAR MOLDES DE TARTALETA

ENFONDAR MOLDES DE TARTALETA

Existen moldes individuales de diversos tamaños y formas. La mayoría tienen un diámetro de 7-10 cm y su profundidad varía. Los moldes individuales de paredes rectas de una altura de más de 1,5 cm se enfondan de la misma manera que los moldes para tarta. Si son muy bajos pueden forrarse de la siguiente manera. Disponga los moldes uno junto al otro sobre la superficie de trabajo. Extienda la pasta formando una lámina lo suficientemente grande como para cubrir todos los moldes. Colóquela por encima de los moldes de una sola vez. Empuje la pasta contra el interior, apretando con los dedos, especialmente en las esquinas. Seguidamente, pase el rodillo por encima de los moldes para recortar la pasta sobrante. Hornee a ciegas como se ha indicado.

ENFONDAR BARQUITAS

Los moldes pequeños de barquita y otros moldes de tamaño similar pueden forrarse con pasta azucarada o quebrada enriquecida (*véanse* págs. 188-189) para preparar fondos de tartaleta perfectos para comer de bocado, tanto para rellenos salados como dulces. Debido a su reducido tamaño, la pasta debe extenderse muy fina. Enfóndelos como se indica para los moldes de tartaleta (*véase* superior) y refrigérelos por lo menos 30 minutos antes de hornearlos, pero no es necesario cubrirlos con papel sulfurizado.

CUBRIR UNA EMPANADA HONDA

Para preparar una empanada de carne, pescado, verduras o frutas, el relleno (frío si es cocinado) debe estar alrededor de 1 cm por debajo del borde y ser más alto en el centro. Si no hay bastante relleno, la pasta se hundirá al hornearla.

1

2

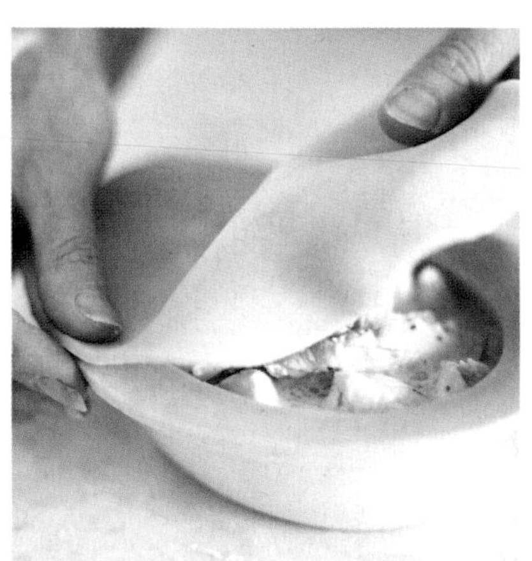

3

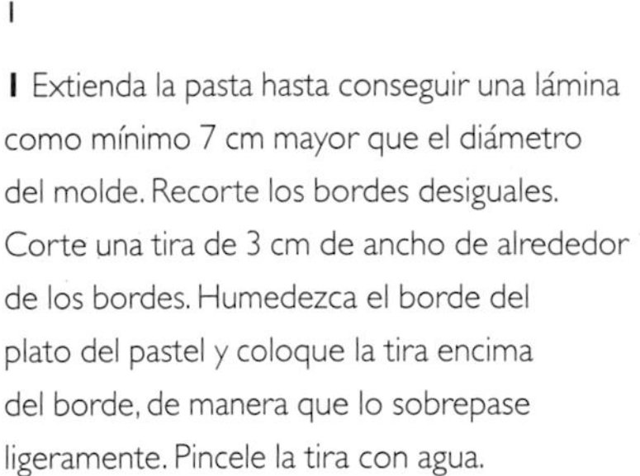

1 Extienda la pasta hasta conseguir una lámina como mínimo 7 cm mayor que el diámetro del molde. Recorte los bordes desiguales. Corte una tira de 3 cm de ancho de alrededor de los bordes. Humedezca el borde del plato del pastel y coloque la tira encima del borde, de manera que lo sobrepase ligeramente. Pincele la tira con agua.

2 Compruebe que el resto de la pasta extendida tiene el tamaño adecuado para servir de tapa; ponga el plato de la empanada por encima. No importa si es un poco más grande, aunque puede ser interesante recortarla un poco si es bastante más grande.

3 Coloque la tapa de pasta sobre la empanada presionando las dos capas para que se peguen. Recorte cualquier sobrante de la tapa si es necesario. Entalle una cruz en la parte superior de la empanada con el cuchillo para permitir que salga el vapor.

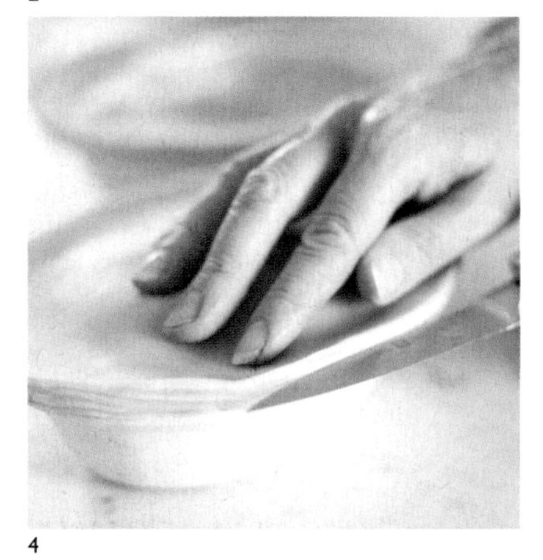

4

5

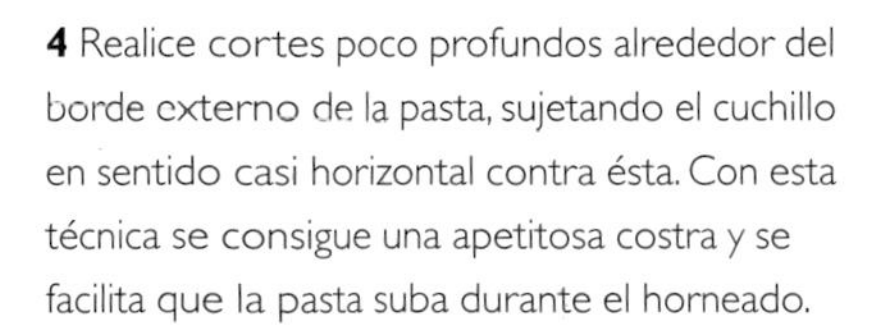

4 Realice cortes poco profundos alrededor del borde externo de la pasta, sujetando el cuchillo en sentido casi horizontal contra ésta. Con esta técnica se consigue una apetitosa costra y se facilita que la pasta suba durante el horneado.

5 Marque el borde realizando indentaciones en la masa a intervalos de 3-4 cm con el dorso del cuchillo sostenido en vertical contra la pasta. Al mismo tiempo, presione suavemente la pasta hacia abajo entre las marcas para acentuarlas.

GLASEADO

TARTAS DE DOBLE COSTRA

GLASEADO

La leche confiere un glaseado pálido; el huevo batido, un glaseado dorado pálido, y la yema de huevo batida, con un poco de leche o agua, un glaseado intensamente dorado. Sea cual sea el que elija, reparta el glaseado sobre la pasta pero no alrededor de los bordes cortados, antes de hornear. Esta acción puede repetirse hacia el final de la cocción para conseguir una costra más oscura. Espolvorear un poco de sal o azúcar por encima de la empanada antes o después de hornearla le dará un aspecto muy apetitoso.

CUBRIR EMPANADAS EN TARTERAS HONDAS

Las tarteras refractarias de vidrio o metálicas se cubren igual que las empanadas hondas, es decir, primero se forra el borde y después se cubre con una tapa. Asegúrese de que el relleno no sea excesivamente jugoso, ya que de lo contrario el líquido puede rebasar el borde. El exceso de líquido siempre puede servirse aparte.

TARTAS DE DOBLE COSTRA

En ocasiones, el fondo de la tartera también se forra con la pasta. Para evitar que la capa de la base se humedezca, asegúrese de que el relleno no es excesivamente jugoso. Caliente una placa de horno antes de empezar la cocción para ayudar a que el calor penetre en la pasta de la base. Como alternativa, forre sólo los lados de la tarta extendiendo una tira de pasta alrededor de las paredes.

UTILIZACIÓN DE UN EMBUDO PARA TARTAS

Los embudos de cerámica para tartas cumplen la función de chimenea para que el vapor salga de ellas. Con frecuencia de diseño figurativo o novedoso, normalmente un pájaro con el pico abierto, deben colocarse en la tartera antes de poner el relleno alrededor. Al colocar la tapa, realice un agujero en la pasta de manera que deje una salida para el embudo.

Empanadas de formas libres

Las empanadas pueden realizarse de cualquier tamaño y forma y no es preciso utilizar un molde. Tienen un aspecto apetitoso porque los bordes quedan crujientes y muestran la textura de la pasta, pero es mejor prepararlas con rellenos que no sean demasiado fluidos. Extienda la pasta quebrada, normal o enriquecida, formando una lámina fina (*véanse* págs. 188-189) y dispóngala sobre una placa de horno. Amontone el relleno (frío si es cocinado) sobre la pasta y extiéndalo formando una capa uniforme hasta llegar a unos 5 cm del borde de la pasta. Arrugue la pasta alrededor del relleno para crear una pared a modo de fondo de tarta. Hornéela de la manera habitual.

1

2

3

4

PASTA DE HOJALDRE

Elaborar esta pasta laminada a base de mantequilla no requiere demasiado tiempo, pero hay que tener en cuenta que es necesario refrigerarla varias veces durante su preparación. Esta pasta se utiliza para cubrir pasteles tanto dulces como salados y para elaborar rollos de salchichas; además, es ideal para hacer tartaletas (*véase* pág. 191). Se conserva en el frigorífico de un día para otro y aguanta un mes en el congelador. Déjela descongelar en el frigorífico durante toda la noche.

Para preparar 1 kg

500 g de harina, más un puñado para espolvorear
una pizca de sal
450 g de mantequilla refrigerada
2 cucharaditas de zumo de limón
300 ml de agua helada

1 Ponga la harina y la sal en un cuenco. Corte 50 g de mantequilla en trocitos y mézclela con la harina con los dedos hasta que la mezcla adquiera la consistencia de migas de pan (*véase* paso 1, pág. 190). Añada el zumo de limón y 275 ml de agua y forme una masa blanda y elástica. Si la masa queda demasiado seca, añádale el resto de agua. Dele forma de bola y aplánela un poco. Hágale una cruz con un cuchillo en la parte superior.

2 Coloque el resto de la mantequilla entre 2 láminas de *film* de plástico y aplánela con un rodillo hasta que tenga un grosor de 1 cm. Envuélvala y déjela reposar en el frigorífico junto con la masa alrededor de 1 hora.

3 Coloque la masa sobre la superficie de trabajo espolvoreada con harina y aplane las 4 esquinas con el rodillo, dejando el centro grueso.

4 Ponga el trozo de mantequilla en el centro y doble las 4 solapas encima de la mantequilla hasta cubrirla por completo.

5 Extienda la pasta hasta obtener un rectángulo de unos 50 x 20 cm. Doble el tercio inferior hacia arriba y el tercio superior hacia abajo, presionando suavemente los bordes con el rodillo. Envuelva la pasta en *film* de plástico y déjela reposar en el frigorífico durante 30 minutos.

6 Gire la pasta 90° y repita el paso 5 dos veces, girando la masa 90° cada vez. Envuelva la pasta en *film* de plástico y déjela reposar en el frigorífico durante 30 minutos. Extienda la pasta con el rodillo, dóblela y gírela tres veces más y consérvela en el frigorífico durante al menos una hora antes de usarla.

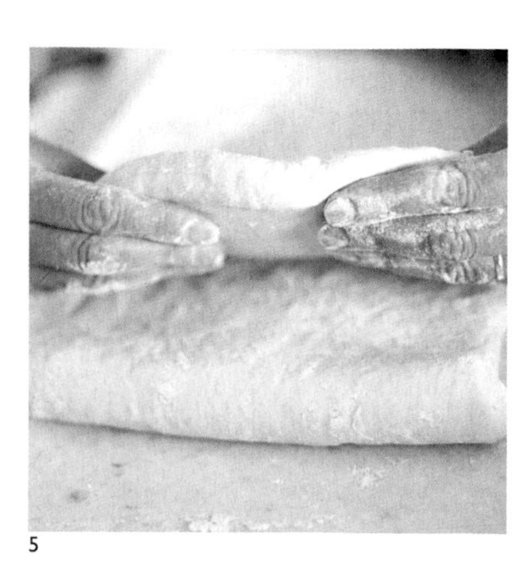

5

6

ELABORACIÓN DE MASA DE HOJALDRE SIMPLE

ELABORACIÓN DE UNA PASTA HOJALDRADA

Se trata de una versión simplificada de la pasta de hojaldre, igualmente jugosa y deliciosa. Es más rápida de preparar pero no sube tanto como el hojaldre convencional. Para preparar 450 g, ponga 225 g de harina en un cuenco y añada 175 g de harina, fría, cortada en trocitos. Añada una cucharadita de zumo de limón y 100 ml de agua helada y mézclelo hasta obtener una masa blanda y compacta, pero con grumos, debido a la mantequilla. Si la masa queda demasiado seca, añádale un poco más de agua.

Extiéndala con el rodillo sobre la superficie de trabajo espolvoreada con harina hasta obtener un rectángulo de 30 x 12 cm y siga los pasos 5 y 6. Envuélvala en *film* de plástico y déjela reposar en el frigorífico durante al menos 30 minutos antes de usarla.

USOS DE LA PASTA DE HOJALDRE

La pasta de hojaldre y su versión simple se pueden usar para cubrir empanadas hondas (*véanse* págs. 194-195), pero también tienen otros usos para los que no se pueden utilizar otras pastas. Emplee una placa de horno fuerte que no se abombe en el horno. Enjuáguela con agua fría bajo el grifo y escurra el agua sobrante. Las tartaletas horneadas se conservan de 2 a 3 días en un recipiente hermético. Si desea guardarlas más tiempo, póngalas en un recipiente rígido intercaladas con papel sulfurizado y consérvelas en el congelador hasta 3 meses. Una vez descongeladas, caliéntelas en el horno durante 5 minutos, tanto si va a servirlas frías como si no. Otra solución es comprar la pasta de hojaldre ya hecha.

FONDO DE HOJALDRE GRANDE

Un fondo de hojaldre redondo grande es un magnífico recipiente para diversos rellenos, como mejillones o setas en salsa de ajo cremosa, pollo o carne de caza en salsa de estragón o verduras asadas. La tapa no es imprescindible, pero causa un gran efecto cuando se retira para descubrir el relleno.

1 Extienda con el rodillo una porción de hojaldre o el doble de pasta hojaldrada sobre la superficie de trabajo espolvoreada con harina (*véanse* págs. 194-195). Corte unos círculos de 2 x 23 cm con la ayuda de un plato o un cuenco. Procure no ejercer demasiada presión con el plato para que la pasta no se aplaste. Coloque un círculo sobre una placa de horno preparada.

2 Ponga un platito o un cuenco de 18 cm en el centro del segundo círculo y recórtelo con un cuchillo. Pincele con una brocha o pincel los bordes superiores de la base de pasta con un poco de huevo batido y coloque el aro de pasta encima, haciendo coincidir los bordes.

1

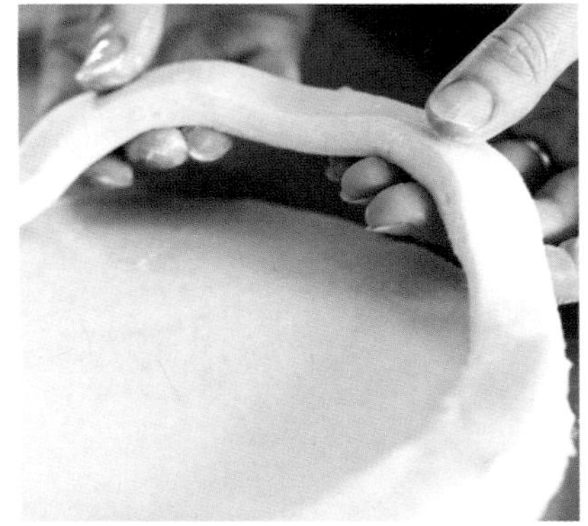

2

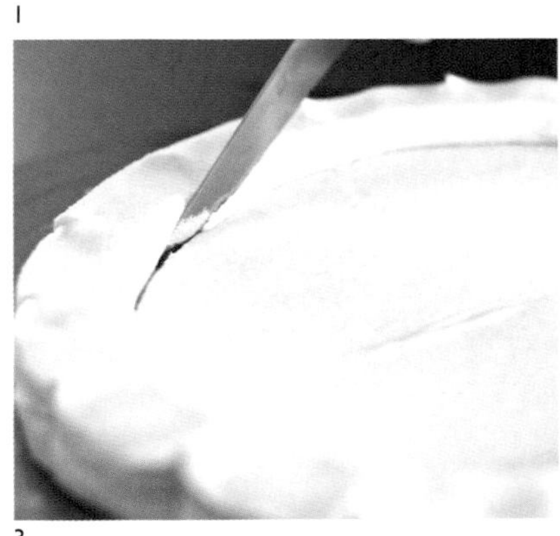

3

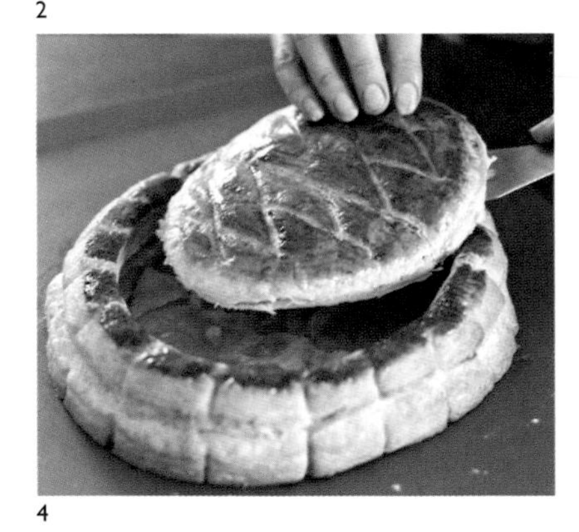

4

3 Haga unas muescas verticales con un cuchillo cada 4 cm alrededor del borde exterior. Realice un surco de 5 mm de profundidad en la base siguiendo el borde interior del aro superior. Pincele el borde superior de la pasta y la base con huevo batido. Procure que el huevo no penetre en los cortes e impida que las capas de pasta puedan subir. Haga unas marcas superficiales en zigzag sobre la base, separadas por unos 2 cm. Déjela reposar en el frigorífico de 30 a 60 minutos.

4 Hornee la pasta en el horno precalentado a 220 °C, durante 25 minutos, hasta que haya subido bien. Pincélela con un poco más de huevo batido, baje la temperatura del horno a 180 °C y horneéla 15 minutos más. Retírela del horno y pase un cuchillo por el surco realizado alrededor de la base. Levante con cuidado la capa del centro y resérvela para usarla como tapa. Retire las partes de pasta de la base que no estén cocidas. Vuelva a introducir el fondo y la tapa (en otra placa de horno) en el horno durante 5 minutos. .

FONDO DE TARTA DE HOJALDRE GRANDE

FONDOS DE HOJALDRE PEQUEÑOS

Para preparar bocaditos de aperitivo, corte unos círculos de unos 5 cm de diámetro, y para tartaletas individuales, de unos 10 cm de diámetro, teniendo en cuenta que siempre encogen un poco al hornearlas. Utilice el mismo método descrito antes, pero dejando una separación de 1-1,5 cm entre las muescas de los bordes. Reduzca el tiempo de horneado a 20 minutos en la temperatura más alta y a 10 minutos en la más baja.

FEUILLETES

Feuilletes

Se trata de una versión simplificada de las tartaletas pequeñas. Extienda la pasta con el rodillo sobre la superficie de trabajo enharinada hasta que tenga un grosor de 5 mm y córtela en la forma que desee. Cada pieza debe tener un diámetro de unos 10 cm. Coloque las piezas sobre una placa de horno humedecida dejando unos 2,5 cm entre cada una. Con la punta de un cuchillo, haga un corte poco profundo alrededor de cada pieza como mínimo a 1 cm del borde. Pincele este borde con huevo batido sin salirse por los lados. Hornee las piezas en el horno precalentado a 220 °C, durante 20 minutos. Sáquelas del horno y retire el centro de cada pieza, eliminando las partes de pasta poco cocidas. Vuelva a pincelar el borde superior e introdúzcalas de nuevo en el horno entre 5 y 10 minutos para que queden crujientes.

Pueden servirse calientes rellenas de pescado ahumado con espinacas y salsa de queso, de tomates cereza asados con pesto o de compota de frutas caliente con helado de vainilla, o también frías, rellenas de ensalada de tomate, mozzarella y albahaca o de fruta con crema pastelera.

PASTA *CHOUX*

La pasta *choux* se emplea en muchas especialidades de repostería clásicas, como las lionesas, los bollitos y los pastelitos rellenos de crema o, a mayor escala, para elaborar el *croquembouche* francés, una montaña de lionesas rellenas de crema pastelera decorada con hilos de caramelo y que se suele servir en los banquetes de boda. La pasta *choux* se cuece dos veces, y para que salga bien es necesario medir los ingredientes correctamente y que la masa tenga la consistencia adecuada.

Para preparar 250 g, unas 20 lionesas

75 g de harina
50 g de mantequilla
75 ml de leche
75 ml de agua
2 huevos grandes ligeramente batidos

1 Tamice la harina sobre una hoja de papel sulfurizado. Corte la mantequilla en trocitos y póngalos en un cazo mediano junto con la leche y el agua. Caliéntelo a fuego lento hasta que la mantequilla se haya derretido, lleve a ebullición y retire del fuego.

2 Acto seguido, agregue la harina de una vez y bata la mezcla rápido y con energía con una cuchara de madera hasta que obtenga una bola sin grumos que se separe de las paredes del cazo. Déjela enfriar durante 2 minutos.

3 Incorpore los huevos poco a poco. Vaya batiendo bien la mezcla cada vez, hasta obtener una masa homogénea y brillante. A estas alturas, la mezcla debe estar lo bastante blanda como para soltarse de la cuchara con un golpe seco. Es probable que no haga falta usar todo el huevo.

1

2

3

TÉCNICAS PARA PASTA *CHOUX*

LIONESAS Y BOLLITOS

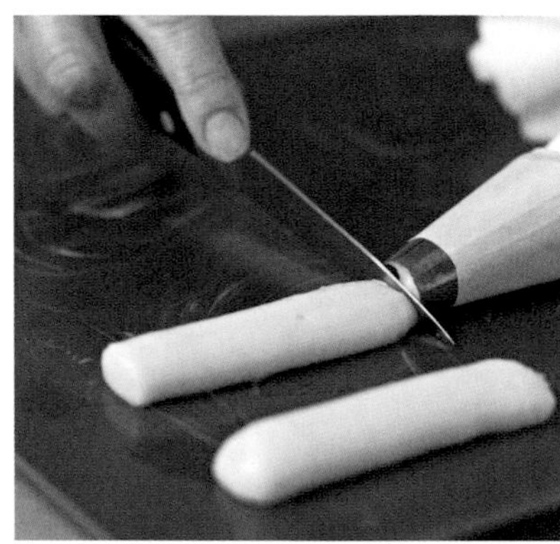
PALOS

BOLLITOS IRREGULARES

LIONESAS Y BOLLITOS

Engrase una placa de horno. Utilice una cuchara para introducir la pasta *choux* en una manga pastelera lavable de nailon grande con una boquilla rizada o lisa de 1,5 cm (*véase* pág. 13). Forme pequeñas porciones de masa sobre la placa de horno, espaciándolas un poco. Las porciones para lionesas pequeñas deben tener un diámetro de unos 3 cm. Si desea obtener unos bollitos más grandes, haga porciones de hasta 5 cm de diámetro y deje una separación de 5 cm entre cada uno.

PALOS

Forme tiras de unos 7 u 8 cm de largo con una boquilla rizada o lisa sobre una placa de horno engrasada. Utilice la punta de un cuchillo humedecido para cortar la masa cuando tenga la longitud deseada.

BOLLITOS IRREGULARES

Para obtener unos bollitos con forma irregular, reparta la masa sobre la placa de horno engrasada con la ayuda de una cuchara, dejando una separación de 5 cm entre cada uno.

PASTA *CHOUX* SALADA

Siga el mismo procedimiento antes descrito pero, después de añadir los huevos, sazone la masa con pimienta negra molida, pimentón, pimienta de Cayena u otras especias molidas o bien agréguele 75 g de queso curado rallado, como cheddar, gruyère o parmesano.

Los buñuelos de queso son bolitas de pasta *choux* aromatizadas con queso que se fríen hasta que están doradas y crujientes. Espolvoreados con queso son un magnífico aperitivo. También se puede dar forma de bollitos más grandes a la masa o utilizarla para cubrir pasteles de carne, pescado o verduras y hornearla para obtener una costra crujiente.

La *gougère* se elabora vertiendo la masa con una cuchara alrededor de los bordes de una fuente refractaria honda y engrasada. En el centro de la fuente se coloca una buena cantidad de salsa de carne, pescado o verduras y se hornea hasta que la pasta está dorada y crujiente.

CÓMO HORNEAR LA PASTA *CHOUX*

Hornee la pasta en el horno precalentado a 200 °C, hasta que haya subido y esté dorada. Las piezas pequeñas necesitan entre 20 y 25 minutos y un poco más las más grandes. Retírela del horno y haga un corte lateral en cada bollito (o palo) y vuelva a introducirla en el horno durante 3 minutos más para que salga el vapor del centro y no queden húmedos. Déjelos enfriar sobre una rejilla.

Conservación de la pasta *choux*

La pasta *choux* cocida se reblandece enseguida, por lo que es mejor servirla recién horneada o darle un golpe de horno si está hecha del día anterior. La pasta *choux* cruda se puede conservar en el congelador hasta 1 mes. Descongélela en el frigorífico un día antes de moldearla.

USOS DE LA PASTA *FILO*

Esta pasta ligera y finísima se utiliza mucho en la cocina de Oriente Próximo para cubrir pasteles salados y es famosa por los *baklava*. También se emplea en la elaboración de *strudel* y para intercalar en pasteles y tartaletas. La pasta *filo* se puede adquirir ya preparada en láminas, a menudo congelada, en muchos supermercados. Si está congelada, hay que dejarla descongelar en el frigorífico durante un día. Para preparar un *strudel*, solape las láminas sobre un paño espolvoreado con harina para tener una superficie de pasta lo bastante grande para enrollar el relleno.

1

2

> **Cómo aromatizar la pasta *filo***
> Cubra la pasta *filo* que no esté utilizando con un paño limpio o con *film* de plástico. La mantequilla derretida o el aceite empleado para pincelar las láminas se puede aromatizar con un poco de ajo picado, especias molidas o cualquier hierba fresca o seca picada, en el caso de los pasteles salados, o con especias dulces como canela molida o clavo para los postres.

TARTAS Y TARTALETAS DE PASTA *FILO*

Derrita 25 g de mantequilla (se puede usar aceite, pero la mantequilla le da mejor sabor). Puede usar moldes de tarta o de tartaleta del tamaño que desee. Para las tartas grandes es mejor usar moldes de fondo extraíble, que son más fáciles de desmoldar. No es necesario engrasar el molde. Corte una lámina de pasta *filo* en forma de cuadrado 1,5 cm más grande que el diámetro del molde. Forre el molde con la pasta ajustándola a las paredes, de modo que las esquinas del cuadrado apunten hacia arriba. Con una brocha, pincele ligeramente la base y las paredes con la mantequilla derretida. Forre el molde con otra lámina de pasta *filo* y gírelo un poco para que las esquinas del cuadrado no se solapen con las primeras. Pincele la pasta con mantequilla y añada otras 2 capas. Compruebe que las esquinas no se superpongan para obtener unos bordes uniformes. Pincele la base y las paredes con un poco más de mantequilla y hornee la tarta en el horno precalentado a 190 °C, de 10 a 15 minutos hasta que se dore.

Una vez horneadas y frías, las tartas de pasta *filo* se suelen rellenar con mezclas de delicado sabor, como purés de frutas y natillas cremosas. Hay que montarlas inmediatamente antes de servir, porque la humedad del relleno reblandece enseguida las capas de pasta *filo*.

COBERTURA DE PASTELES

Cualquier pastel de pescado, carne o verduras se puede cubrir con pasta *filo* si no desea utilizar otra pasta más consistente. Coloque el relleno ya cocinado y frío en una fuente refractaria honda. Corte una lámina de pasta *filo* un poco más grande que el recipiente. Extiéndala sobre el relleno, corte la pasta sobrante y pincélela con mantequilla derretida. Siga extendiendo láminas hasta que tenga unas 6 capas de pasta. Para una mayor textura y profundidad se pueden arrugar un poco las láminas y esconder los bordes entre las capas. Hornee el pastel en el horno precalentado a 190 °C, hasta que la pasta esté bien dorada. Es probable que tenga que cubrirla con papel de aluminio para evitar que se queme si el relleno necesita más tiempo de cocción.

ELABORACIÓN DE OTRAS FORMAS CON PASTA *FILO*

Al hornearla, la pasta *filo* adquiere la forma que se le ha conferido, lo que permite experimentar con muchos moldes. Como recipiente puede utilizar moldes de ramequín, de flan, de cucurucho, etc. Las tartaletas grandes quedan muy bien coronadas con una ensalada variada fresca (*véase* fotografía inferior), mientras que las pequeñas son ideales para albergar alguna salsa picante o mayonesa, o como bases de canapés.

MASA ELABORADA CON AGUA CALIENTE

Con esta pasta compacta y consistente se puede forrar un molde y forma una base sólida para rellenos de carne y caza, de ahí que se utilice principalmente en la elaboración de empanadas hondas. A pesar de que es bastante sosa, absorbe los aromas ricos y sabrosos del relleno, que penetran en la pasta durante la cocción. Tenga el relleno preparado con antelación, ya que la pasta de agua caliente debe utilizarse mientras todavía es elástica y está caliente. Si no va a emplearla de inmediato, envuélvala en un paño limpio o póngala en un cuenco tapado.

1

Para preparar unos 375 g
275 g de harina
1 cucharadita de sal
65 g de manteca de cerdo
100 ml de agua

1 Ponga la harina y la sal en un cuenco y haga un hueco en el centro. Corte la manteca de cerdo en trozos y caliéntela en un cazo pequeño con el agua hasta que la manteca se haya derretido. Viértala inmediatamente en el hueco del cuenco.

2 Vaya incorporando la harina de los bordes al líquido con una cuchara de madera. Cuando se haya enfriado lo suficiente para manipularla con las manos, amásela hasta obtener una pasta homogénea y elástica. Cubra el cuenco con un paño limpio y deje reposar la pasta en un lugar cálido hasta que vaya a estirarla con el rodillo.

2

EMPANADA DE CAZA HONDA

Las clásicas tarteras hondas de paredes cóncavas con extremos pinzados y fondo extraíble son sensacionales pero muy caras, igual que las terrinas metálicas de paredes desmontables. Puede utilizar un molde para *cake* de 18 cm, un molde rectangular de 1 kg o un tarro de mermelada para dar forma a los pasteles pequeños. Las placas para pastelitos también pueden servir para hornear pasteles aún más pequeños. Elaborar la empanada de caza requiere tiempo, ya que hay que dejarla enfriar antes de añadir el caldo y esperar a que la gelatina cuaje.

Para preparar una empanada de 5 kg

300 g de conejo o pollo biológico magros deshuesados
300 g de una mezcla de carne magra de venado, faisán y pichón
1 cebolla pequeña picada fina
2 dientes de ajo prensados
10 bayas de enebro molidas
brotes de tomillo picados
dos porciones de masa elaborada con agua caliente (*véase* pág. 201)
harina para espolvorear
200 g de carne de salchicha de cerdo
huevo batido para glasear
caldo gelatinoso (*véase* pág. 16)
sal y pimienta

1 Corte toda la carne en trozos muy pequeños (puede utilizar el robot para ahorrar tiempo), póngala en un cuenco, añádale la cebolla, el ajo, las bayas de enebro, el tomillo y abundante sal y pimienta y mézclelo todo bien. Tápelo y refrigérelo.

2 Reserve un cuarto de la pasta. Extienda el resto sobre la superficie de trabajo espolvoreada con un poco de harina y dele forma rectangular u ovalada. La pieza debe tener 18 cm más de ancho que el diámetro del molde. Extienda la pasta sobre el molde y fórrelo bien. Procure que la pasta quede adherida a las paredes del molde lo más lisa posible. Dóblela si hace falta, pero procurando que no se agriete. Corte la pasta sobrante alrededor del borde superior del molde. Tómese su tiempo, ya que el éxito de la receta depende de la firmeza de la base.

3 Forre la base de pasta con papel sulfurizado y cúbrala con legumbres para hornear. Hornéela a ciegas en el horno precalentado a 200 °C, durante 20 minutos (*véase* pág. 191). Retire el papel y las legumbres y deje enfriar la masa.

4 Con una cuchara, coloque la mitad de la mezcla de carne en el molde y extiéndala bien. Cúbrala con la carne de salchicha y aplánelo todo bien. Coloque el resto de la mezcla de carne por encima.

5 Extienda el resto de la pasta para usarla de tapa. Pincele el borde de la pasta horneada con huevo batido, coloque la tapa y presione los bordes para que quede bien sellada. Corte la pasta sobrante y pince los bordes. Haga un buen agujero en la parte superior de la empanada. Decórela con retales de pasta.

6 Pincele la empanada con huevo batido y cocínela en el horno precalentado a 200 °C durante 30 minutos. Reduzca la temperatura a 180 °C y hornéela durante 1 ¼ horas más. Si se dora demasiado, cúbrala con papel de aluminio.

7 Separe la empanada del molde con un cuchillo y desmóldela con mucho cuidado. Ponga la empanada sobre una rejilla metálica y glaséela con más huevo batido. Hornéela durante otros 20 minutos. Déjela enfriar del todo e introdúzcala en el frigorífico.

2

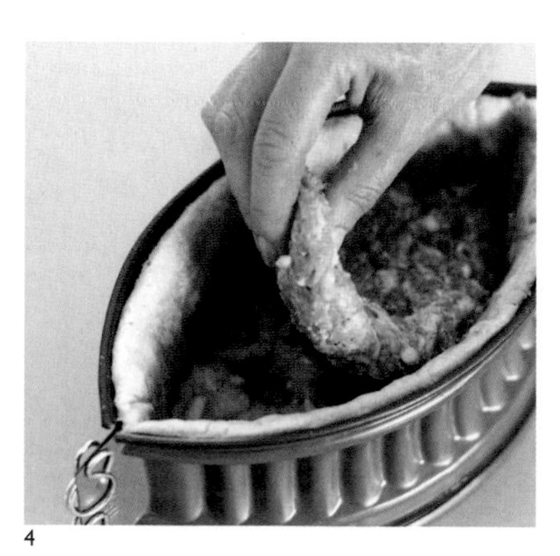
4

5

7

8

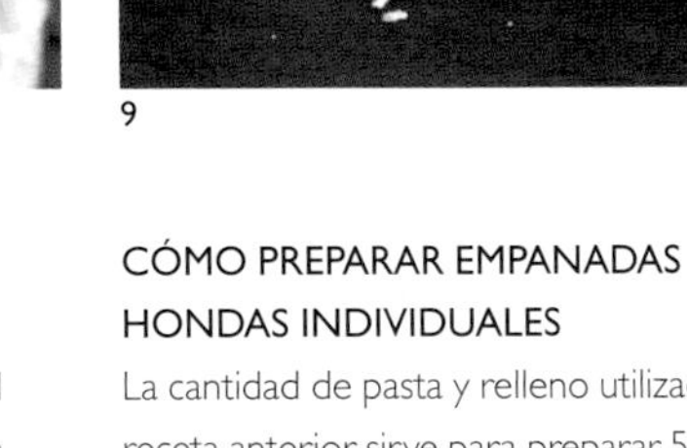

9

8 Ponga el caldo gelatinoso al fuego en un cazo y déjelo hasta que esté líquido, pero no demasiado caliente. Vierta el caldo por el agujero de la parte superior de la empanada (puede ayudarse de un embudo pequeño), pero vaya añadiéndolo poco a poco por si no cabe todo.

9 Refrigere la empanada al menos 2 horas antes de servirla.

CÓMO PREPARAR EMPANADAS HONDAS INDIVIDUALES

La cantidad de pasta y relleno utilizado en la receta anterior sirve para preparar 5 empanadas hondas individuales usando tarros de mermelada como molde. Espolvoree con harina cinco tarros de mermelada, vueltos boca abajo, de 6 a 7 cm de diámetro. Reserve un cuarto de la pasta y divida el resto en cinco. Vaya trabajando las piezas de una en una. Extienda la pasta hasta obtener un círculo de 12 cm y colóquelo sobre el tarro de mermelada. Vaya dando forma a la pasta ajustándola contra las paredes del tarro hasta que tenga una longitud de 6 cm alrededor. Moldee todas las piezas de la misma forma. Cuando la pasta se haya enfriado y asentado sobre el tarro, corte unas tiras de papel sulfurizado, dóblelas sobre sí mismas y átelas con cordel alrededor de los tarros. Pase los tarros a una placa de horno y extráigalos con mucho cuidado. Forre las empanadas con papel sulfurizado, cubra la base con legumbres para hornear y hornéelas a ciegas. Repita los pasos 4 a 8 y reduzca el tiempo de cocción a 180 °C y durante 45 minutos.

Rosas de pasta

Estas rosas se suelen usar en tartas altas (*véanse* págs. 192-193) y empanadas hondas para tapar el agujero de la parte superior. Para hacer una rosa sencilla, tome una bolita de retales de pasta y dele forma de cono. Póngalo vertical sobre la superficie de trabajo. Aplane otra bola de pasta para darle forma de pétalo y fíjelo alrededor del cono. Moldee y fije otro pétalo un poco más grande, solapándolo sobre el primero. Añada 3 o 4 pétalos más, cada uno un poco más grande que el anterior, hasta completar la figura de la rosa. Corte la base, glasee la rosa (*véase* pág. 193) y hornéela por separado. Colóquela encima de la empanada una vez horneada.

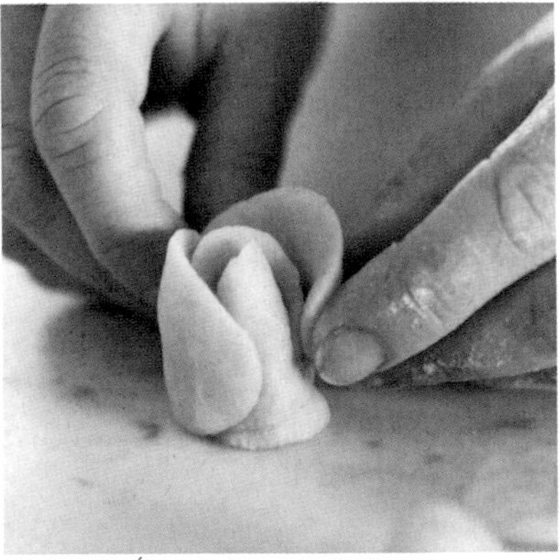

CONFECCIÓN DE UNA ROSA DE PASTA

PAN

La elaboración del pan es una de las técnicas culinarias más gratificantes y satisfactorias, y no hay nada como el aroma y el sabor del pan casero recién horneado. Existen tres métodos básicos para hacer subir el pan: añadiendo levadura a la masa, utilizando una masa ácida fermentada de forma natural o empleando fermentos sin levadura de panadero, como en el pan de soda. Dentro de cada categoría podemos encontrar una gran variedad de tipos, sabores y texturas diferentes. El éxito del resultado depende, en su mayor parte, de la calidad de la harina, por lo que hay que comprar la mejor que se pueda conseguir. La mayoría de los panes se elaboran con harina de trigo de fuerza, a base de trigo duro y una proporción elevada de proteína con relación a la fécula. Las proteínas desarrollan el gluten durante el amasado, el cual atrapa los gases producidos por el agente fermentador y hace que la masa leve.

Existe una amplia gama de harinas disponibles para la elaboración de pan. La harina integral se elabora con el grano de trigo entero, mientras que la harina blanca carece de la mayor parte del salvado y el germen. Algunas harinas están molidas a la piedra, lo cual significa que los granos se muelen lentamente entre piedras para obtener un sabor intenso y que recuerda al de los frutos secos. La harina blanca no blanqueada, que se ha dejado madurar de forma natural, posee un color crema más acentuado y mejor sabor que la harina blanqueada de forma artificial. Para la elaboración de pan también se pueden emplear otros cereales como la espelta, el centeno, la avena y la cebada. De bajo contenido en gluten, estas harinas se suelen mezclar con harina de trigo de fuerza para obtener una textura ligera.

PAN DE MOLDE BÁSICO

Con la siguiente receta se obtiene un pan sabroso y sencillo de sabor fresco y que recuerda a la levadura. La levadura seca de acción rápida es un buen sustituto de la levadura fresca, si no puede conseguirla. Tome un sobre de 7 g (2 cucharaditas) y espolvoree el contenido sobre la harina antes de añadir el líquido. Sustituya la harina blanca por harina integral o de otro tipo para conseguir variaciones de sabor y textura (*véase* inferior).

Para preparar 1 pan de molde de 800 g

500 g de harina de fuerza blanca sin blanquear, y un poco más para espolvorear
1 ½ cucharaditas de sal
325 ml de agua tibia
10 g de levadura de panadero fresca
aceite vegetal para engrasar

1 Mezcle la harina y la sal en un cuenco grande. Si la harina está muy fría, caliéntela en el microondas a media potencia durante 1 minuto y remuévala una vez, o en el horno bajo durante 5 minutos. Vierta la medida de agua en una jarra y añada la levadura desmenuzada. Remueva con un tenedor hasta que la levadura se disuelva.

2 Vierta el líquido sobre los ingredientes secos y mézclelos con las manos o con un cuchillo con punta redonda para formar una masa, que debe quedar un poco pegajosa pero no húmeda. Si queda mucha harina seca en la base del cuenco, añada otra cucharada de agua.

3 Pase la masa a la superficie de trabajo espolvoreada con un poco de harina. Para amasarla, sujétela con una mano y extiéndala empujando hacia fuera con la otra. Doble la masa sobre sí misma, gírela un poco y repita el proceso de estirar, doblar y girar. Diez minutos después, tiene que notarla homogénea y elástica.

4 Unte el cuenco limpio con un poco de aceite e introduzca la masa. Cúbrala con *film* de plástico y déjela reposar en un lugar cálido alrededor de 1-1 ½ horas, o hasta que haya

1 2 3 4 5 6

7

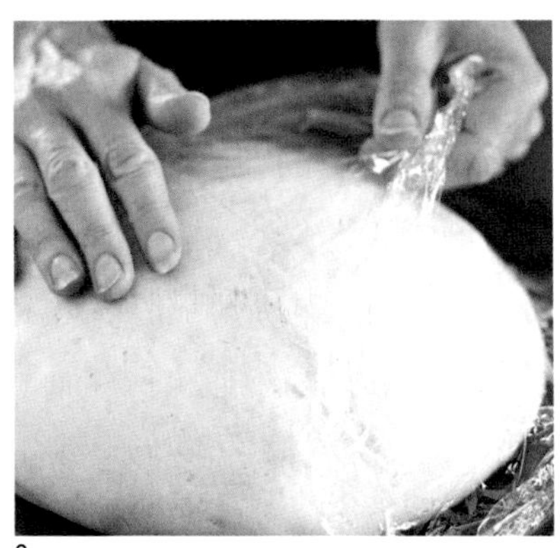
8

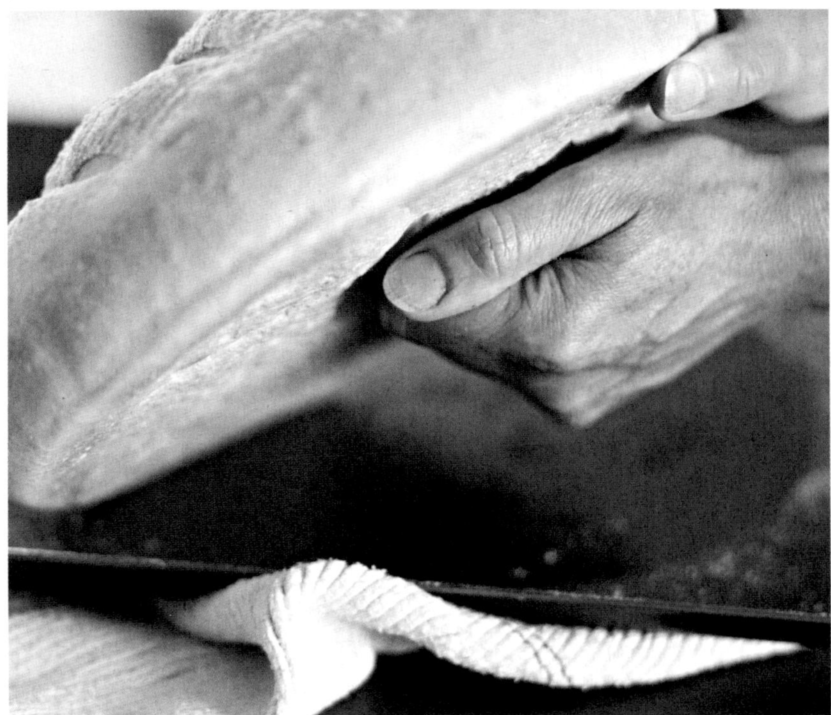
9

duplicado su tamaño. Lo ideal es una cocina cálida, aunque también se puede usar una alacena. Si la masa se ha enfriado demasiado, caliéntela en el microondas durante 20 segundos (no más) a media potencia y repita la operación al cabo de 20 minutos. Después de que haya subido, la masa tiene que permanecer hundida al apretarla con un dedo.

5 Aplaste la masa con el puño para que se desinfle. Colóquela sobre la superficie de trabajo espolvoreada con un poco de harina.

Pan de molde

6 Si va a hornear el pan en un molde metálico, pincele un molde de 1 kg con un poco de aceite. Dé forma cilíndrica a la masa e introdúzcala en el molde. También puede cortar la masa por la mitad y hornearla en dos moldes de 500 g.

Pan redondo

7 Pincele una hoja grande de papel sulfurizado con un poco de aceite. Dé forma de bola a la masa y colóquela en el centro del papel.

8 Pincele un trozo de *film* de plástico con un poco de aceite y extiéndalo con cuidado sobre la masa. Espere alrededor de 45 minutos a que vuelva a subir (1 hora para que duplique su tamaño). Compruebe si está lista presionando suavemente con el dedo. La masa debe recuperar la forma lentamente. Si la deja reposar demasiado tiempo, la masa fermenta demasiado y baja durante el horneado. Precaliente el horno a 230 °C, aproximadamente cuando haya transcurrido la mitad del tiempo de fermentación.

9 Espolvoree la masa con un poco de harina y hornéela durante unos 30 minutos hasta que se dore. Para comprobar si el pan está cocido, póngase unos guantes para horno y dele la vuelta o vuelque el molde y golpee suavemente la base con los nudillos. Debe sonar a hueco. Si hace falta, vuelva a introducir el pan en el horno durante un rato. Déjelo enfriar sobre una rejilla.

VARIANTES

Para obtener un pan de miga blanda, sustituya el agua por la misma cantidad de leche tibia.
Para elaborar un pan más sustancioso, que se conserva mejor, incorpore 25 g de mantequilla a la harina antes de verter el líquido o añádale 3 cucharadas de aceite de oliva.
Para conseguir otras texturas y sabores de base, sustituya la mitad o toda la harina blanca por harina integral o *granary* (integral de trigo entero malteado y granos de cebada) o hasta una cuarta parte de la harina blanca por harina de centeno integral o blanca, harina de espelta, de avena, de cebada o de maíz.
Para obtener otros sabores complementarios, añada a la masa varias cucharadas de semillas enteras o trituradas, como sésamo, pipas de girasol, de calabaza o de amapola o un puñadito de hinojo, albahaca, cilantro o cebollino picados, un puñado de nueces tostadas picadas o una porción generosa de parmesano rallado, que queda exquisito con una cucharadita de romero o tomillo picados.

DAR FORMA A PANECILLOS Y BARRAS

Una simple barra es algo delicioso, pero la masa de pan admite gran variedad de formas, y hasta se puede enroscar y trenzar. Cada forma posee una textura ligeramente distinta.

USO DE UNA PANIFICADORA

Estas máquinas se presentan en diversos tamaños, capacidades y versatilidad. Las cantidades de los ingredientes y el orden en que éstos deben incorporarse son esenciales para el éxito, por lo que es imprescindible seguir al pie de la letra las instrucciones del fabricante.

CONSERVACIÓN DE LA MASA DE PAN

Si va justo de tiempo o quiere tener pan recién hecho al día siguiente, puede refrigerar la masa de pan después de amasarla. Ponga la masa sin fermentar en un cuenco untado con un poco de aceite, cúbralo con *film* de plástico y consérvelo en el frigorífico durante unas 8 horas o toda la noche. Déjelo a temperatura ambiente durante 2 horas antes de darle forma, leudarlo y hornearlo. Para congelar la masa sin fermentar, colóquela dentro de una bolsa de congelación grande y untada con un poco de aceite, pero elimine todo el aire que pueda. Descongélela el día anterior en el frigorífico, deje la masa a temperatura ambiente, dele forma, déjela fermentar y hornéela. Se conserva hasta 3 meses en el congelador.

MODELAR PANECILLOS

La masa de pan básica admite casi cualquier forma, incluidos los panecillos individuales sencillos o más sofisticados. Después de aplastar la masa, córtela en 8 trozos iguales con un cuchillo grande. Deles alguna de las formas que se describen, cúbralos, déjelos fermentar y hornéelos (*véanse* págs. 206-207). Todos los panecillos individuales que aparecen a continuación necesitan un tiempo de horneado de unos 15 minutos en el horno precalentado a 230 °C.

MINI *FOCACCIA*

PANECILLOS INDIVIDUALES

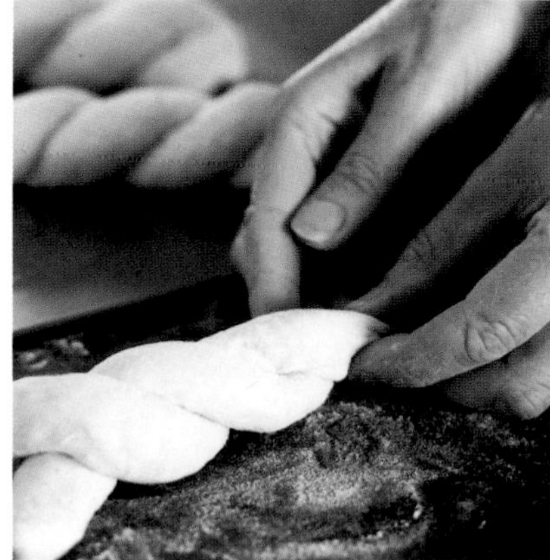

TRENZA

Panecillos individuales
Dé forma redonda a cada trozo de masa y deje un espacio de 5 cm entre cada panecillo individual en la placa de horno pincelada con aceite. Corte una cruz en la parte superior con unas tijeras.

Trenzas
Divida cada bola de masa por la mitad y haga girar cada mitad entre las palmas de las manos hasta obtener un cordón de unos 15 cm de largo. Trence los dos cordones uno alrededor del otro y presione los extremos para que no se suelten.

Mini *focaccia*
Dé forma redonda a cada trozo de masa con las manos. Pincele con aceite un aro metálico de 9 cm y una placa grande de horno. Ponga el aro sobre la placa e introduzca una bola de masa en el molde. Aplaste la masa y levante el molde. Siga el mismo procedimiento para dar forma a todos los trozos de masa. Haga varios agujeros en la superficie con el dedo enharinado. Rocíelos con aceite de oliva y espolvoréelos con sal marina y romero antes de hornear.

TRENZA

FOUGASSE

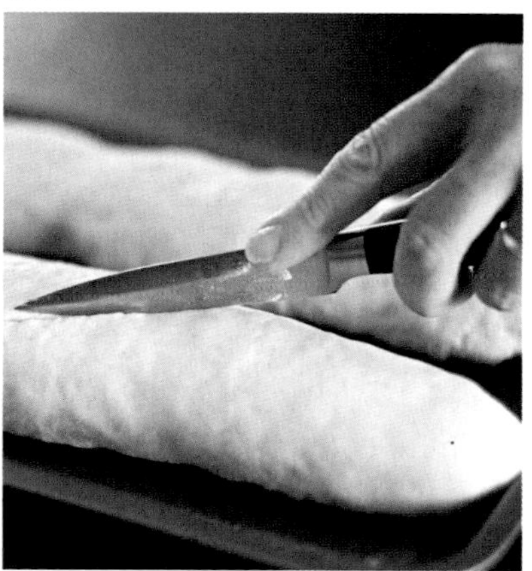
BARRAS CON FORMA DE *BAGUETTE*

PALITOS

HACER BARRAS
Aparte de las barras corrientes o las hogazas, la masa básica admite diversas formas decorativas. Estas barras deben cocerse en el horno precalentado a 230 °C, unos 30 minutos.

Trenza
Divida la masa en 3 trozos iguales. Haga rodar cada una entre las palmas de las manos hasta obtener un cordón grueso de unos 40 cm de largo. Coloque los tres cordones uno al lado de otro sobre la superficie de trabajo. Trence los cordones empezando por el centro y avanzando hacia uno de los extremos. Presione sobre las puntas. Trence los cordones hacia el otro extremo y selle las puntas. Coloque la trenza en una placa de horno y oculte las puntas selladas hacia abajo.

Fougasse
Corte la masa por la mitad y extienda cada mitad hasta que obtenga una forma ovalada, grande y fina. Coloque cada mitad sobre una placa de horno grande untada con aceite. Haga un corte longitudinal en el centro de cada óvalo con un cuchillo y varios cortes más pequeños en diagonal a cada lado. Abra los cortes con los dedos enharinados. Aplíqueles vapor antes de hornear (*véase* pág. 211).

Barras con forma de *baguette*
Corte la masa en cuatro trozos y haga rodar cada uno hasta obtener un cordón grueso de unos 30 cm de largo. Haga unos cortes transversales encima de cada barra. Sométala a la acción del vapor antes de hornear (*véase* pág. 211).

PALITOS
Extienda la masa hasta que obtenga un rectángulo de 38 x 23 cm. Cúbralo con un paño y déjelo reposar durante 10 minutos. Córtelo en tiras finas a lo largo y sepárelas un poco sobre la placa del horno. Después de pincelarlas con huevo batido (*véase* pág. 211), espolvoree los palitos con semillas de sésamo, queso parmesano rallado fino u orégano seco. Cueza en el horno precalentado a 230 °C durante unos 10 minutos.

CÓMO REALZAR LA TEXTURA Y EL SABOR

Para glasear la masa antes de hornearla hay que utilizar una brocha de repostería suave y tocar ligeramente la masa para que no se desinfle. La mayoría de los glaseados aplicados después del horneado son para panes dulces y deben extenderse mientras el pan todavía está caliente.

ENTALLAR LA MASA

Hacer unos cortes en la masa antes de hornearla realza su aspecto y ayuda a que ésta suba y se expanda. Utilice un cuchillo afilado y haga unas incisiones rápidas sin titubear sobre el pan justo antes de hornearlo. Si lo desea, pincele la masa antes de practicarle los cortes (*véase* inferior). Las tijeras de cocina pueden servir para decorar la corteza. Úselas para hacer unos cortecitos sobre los panecillos o para cortes transversales más profundos en una barra con forma de *baguette*. Haga varios cortes más pequeños a cada lado para imitar espigas de trigo.

ENTALLAR LA MASA

VAPORIZAR LA MASA

Es habitual aplicar vapor a los panes que requieren una corteza crujiente. La forma más sencilla consiste en pulverizar agua dentro del horno cuando el pan está en la placa (con cuidado de no mojar la luz del horno ni cualquier otro elemento caliente) o sobre la superficie de la masa justo antes de introducirla.

USO DE GLASEADOS

Los glaseados y las coberturas aportan más sabor y textura a los panes. Los glaseados se pueden aplicar antes o después del horneado para dar color y sabor al producto final, modificar la textura y proporcionar adherencia a las coberturas. Utilice una brocha o pincel de repostería suave y procure no pincelar los bordes del molde o de la placa de horno para que la masa no se pegue al metal y no pueda subir.

Glaseados para el prehorneado

Para obtener una corteza brillante y dorada, utilice huevo batido con una pizca de sal. Dé una segunda capa de huevo batido; una vez seca la primera permite lograr un acabado todavía más brillante. Un glaseado de leche le da al pan un brillo dorado pálido. Si quiere una corteza seca y crujiente, pincele la masa con agua con sal. Pulverizar la masa con aceite de oliva antes y/o después del horneado aporta sabor y un intenso color dorado.

Glaseados para después del horneado

Pincelar el pan después de hornearlo aporta sabor. Aplique miel clarificada cuando todavía esté caliente.

AÑADIR COBERTURAS

Adornar los panes glaseados con coberturas les aporta color, textura y sabor, y revela algunos de los ingredientes que contienen. Basta con espolvorear el pan con la misma harina con la que ha sido elaborado o esparcir un poco de trigo o salvado triturados.

AÑADIR COBERTURAS

PANES DE MASA ÁCIDA

Estos panes se elaboran, tradicionalmente, con una masa madre ácida, la cual aprovecha la levadura que está presente de forma natural en la harina y en el ambiente para fermentar el pan. Hay que dejarla reposar durante varios días antes de preparar el pan y, cuanto más tiempo pasa, más pronunciado es el sabor ácido del pan. La masa madre activada se puede conservar refrigerada de forma indefinida siempre que se alimente con regularidad (*véase* inferior). Horneela del mismo modo que el pan de molde básico de las págs. 206-207.

1

2

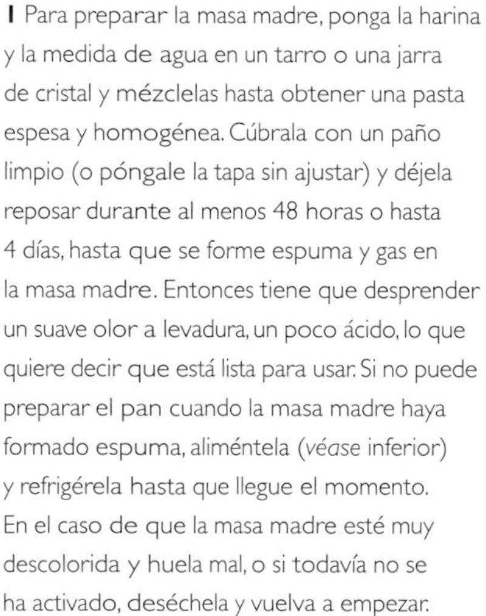

Para preparar 1 pan de 875 g

Para la masa madre
175 g de harina de fuerza blanca sin blanquear
225 ml de agua hervida templada

Para terminar el pan
400 g de harina de fuerza blanca sin blanquear
100 g de harina de fuerza integral o harina de centeno, más un poco para espolvorear
1 ½ cucharaditas de sal
2 cucharadas de aceite de oliva
250 ml de agua hervida templada

1 Para preparar la masa madre, ponga la harina y la medida de agua en un tarro o una jarra de cristal y mézclelas hasta obtener una pasta espesa y homogénea. Cúbrala con un paño limpio (o póngale la tapa sin ajustar) y déjela reposar durante al menos 48 horas o hasta 4 días, hasta que se forme espuma y gas en la masa madre. Entonces tiene que desprender un suave olor a levadura, un poco ácido, lo que quiere decir que está lista para usar. Si no puede preparar el pan cuando la masa madre haya formado espuma, aliméntela (*véase* inferior) y refrigérela hasta que llegue el momento. En el caso de que la masa madre esté muy descolorida y huela mal, o si todavía no se ha activado, deséchela y vuelva a empezar.

2 Para preparar el pan, ponga las harinas, la sal y el aceite en un cuenco. Pese 250 g de masa madre y añádalos al cuenco junto con la medida de agua. Mézclelo todo hasta obtener una masa y prosiga según el método de las págs. 206-207 a partir del paso 3. Los tiempos de fermentación de los panes de masa ácida no se pueden medir con tanta precisión como en el pan de levadura, por lo que es necesario comprobar la masa regularmente. Los panes de masa ácida se suelen hornear con forma de hogaza o de barra ovalada sobre la placa del horno. Después de la segunda fermentación, espolvoree la masa con un poco de harina y hágale varios cortes con un cuchillo enharinado.

CÓMO CONSERVAR LA MASA MADRE

Una vez separada la cantidad de masa madre que vaya a utilizar para preparar el pan, puede «alimentar» el resto en el frigorífico para tenerla siempre a mano. Agregue 75 ml de agua hervida templada y 50 g de harina a la masa madre sobrante. Tápela y déjela toda la noche a temperatura ambiente. A continuación, consérvela en el frigorífico hasta 2 semanas, alimentándola cada 48 horas, como acabamos de describir. Déjela a temperatura ambiente durante unas 6 horas o toda la noche antes de separar la cantidad que vaya a necesitar. Alimente y refrigere el resto como antes.

Masa madre «falsa»

En el caso de que la preparación de la masa madre le haya planteado algún problema, puede que tenga más éxito con este método algo más sencillo. Cuando vaya a mezclar la harina y el agua en el paso 1, añada primero 5 g de levadura de panadero fresca al agua o bien agregue 1 cucharadita de gránulos de levadura seca a la harina.

PAN DE SODA

Los panes de soda son mucho más fáciles y rápidos de hacer que los panes fermentados con levadura de panadero, porque no hace falta amasarlos ni esperar a que suban. La levadura se sustituye por bicarbonato sódico. Al mezclarlo con el resto de los ingredientes, el bicarbonato sódico desprende burbujas de gas que hacen subir la masa. Por eso, el pan de soda debe hornearse inmediatamente después de prepararlo y es mejor consumirlo durante ese día.

Para preparar 1 pan de 750 g

250 g de harina integral, más un poco para espolvorear
250 g de harina blanca
1 cucharadita de bicarbonato sódico
1 cucharadita de sal
50 g de mantequilla cortada en trocitos, más un poco para engrasar la placa
275 ml de suero de mantequilla o leche corriente agriada con 1 cucharada de zumo de limón

1 Tamice las harinas, el bicarbonato sódico y la sal sobre un cuenco. Añada la mantequilla y mézclela con las yemas de los dedos, como si estuviera preparando pasta quebrada (*véase* paso 1, pág. 189). Haga un volcán en el centro y añada el suero de mantequilla o la leche agria en el cráter. Mézclelo con un cuchillo de punta redonda hasta obtener una masa blanda. Colóquela sobre la superficie de trabajo espolvoreada con un poco de harina y amásela ligeramente para darle forma de bola. Póngala sobre una placa de horno engrasada y aplánela un poco. Espolvoréela con harina y hágale un corte profundo en forma de cruz en la parte superior.

2 Hornee la masa en el horno precalentado a 220 °C, durante unos 25 o 30 minutos hasta que suba, se dore y suene a hueco al golpear la base. Déjelo enfriar sobre una rejilla. Envuelva el pan caliente en un paño limpio hasta que se enfríe para que la corteza se ablande.

1

VARIANTES

Para pan de soda con hierbas, añada 1 cebolla tierna bien picada y 1 cucharada, respectivamente, de perejil, tomillo y romero picados.

Para pan de soda con dátiles y nueces, añada 100 g de azúcar mascabado, 75 g de nueces picadas y 125 g de dátiles picados.

Para panecillos de soda individuales, divida la masa en 8 trozos iguales y hornéelos en moldes engrasados (*véase* pág. 13).

PANECILLOS DE SODA INDIVIDUALES CON HIERBAS

PASTELES, PASTAS Y POSTRES

De todas las técnicas de pastelería, las más útiles y especializadas son el método cremoso y el batido. El método cremoso es una técnica muy versátil y constituye la base de recetas tan populares como el bizcocho Victoria y la tarta de chocolate, además de los panes para el té y los púdines. Los bizcochos batidos son pasteles muy ligeros y de textura seca que, a pesar de que no aguantan demasiado, son ideales para intercalar capas de suntuosos rellenos.

Las pastas para postre aquí presentadas son más delicadas que las de té y tienen una textura crujiente que contrasta muy bien con cremas, helados y compotas de fruta. Su horneado tiene que ser rápido por su alto contenido en azúcar y no hay que descuidarlas ni un momento. Nunca adquieren textura crujiente en el horno porque el azúcar está caliente y hay que esperar a que se enfríen para disfrutar de su característico crujido. Asegúrese de que se han enfriado del todo antes de conservarlas en un recipiente hermético. Casi todas aguantan varios días.

Solemos pensar que los postres son difíciles de hacer, pero el mejor helado de vainilla del mundo no es otra cosa que unas natillas congeladas y batidas para conferirles una consistencia cremosa. Lo mismo ocurre con los sorbetes, simples jarabes batidos y congelados, casi siempre a base de frutas. La apariencia vistosa de los postres seduce hasta a los cocineros más creativos; si bien moldear chocolate, jaspear o marmolear helados y decorar con caramelo son técnicas que, aunque parezcan exclusivas de los profesionales, son fáciles de aprender.

MOLDES REDONDOS

MOLDES CUADRADOS

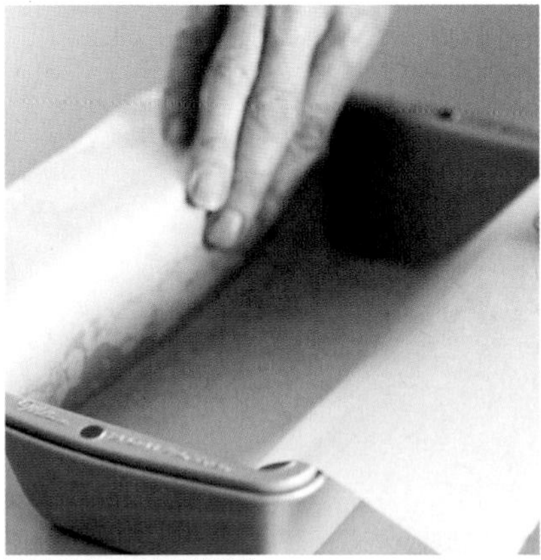

MOLDES ALARGADOS

MOLDES RECTANGULARES PLANOS
Y PARA BRAZO DE GITANO

FORRAR LOS MOLDES

Utilice papel para hornear o sulfurizado para forrar los moldes y mantequilla derretida para pincelarlos. En la mayoría de las recetas de pasteles es necesario forrar tanto el fondo como las paredes del molde, pero en algunas basta con forrar la base. En caso de duda, fórrelo todo. A continuación, pincele el papel con mantequilla derretida para que el pastel pueda subir. Las tartas y los pasteles horneados en moldes de corona decorativos se pueden untar con mantequilla y espolvorear con harina o forrar con papel y pincelar con mantequilla derretida.

MOLDES REDONDOS

1 Dibuje un círculo en el papel usando el molde como guía y recórtelo. Corte tiras de papel un poco más anchas que la altura del molde y doble una pestaña de alrededor de 1 cm de ancho. Haga unos cortes en la pestaña doblada a intervalos de 1,5 cm. Pincele la base y las paredes del molde con mantequilla derretida.

2 Forre las paredes del molde con las tiras de papel, apoyando la pestaña en el fondo. Presione el círculo sobre la base y pincele todo el papel con más mantequilla.

MOLDES CUADRADOS

Utilice la misma técnica que para los moldes redondos, aunque sólo tendrá que cortar las tiras de papel en las esquinas.

MOLDES ALARGADOS

Normalmente, basta con una tira larga de papel para cubrir la base y los costados largos. Por consiguiente, esto permite desmoldar el pastel con mucha facilidad levantando el papel por los extremos. En el caso de que haga falta forrar el molde del todo, añada otras 2 tiras de papel en los lados cortos.

MOLDES RECTANGULARES PLANOS Y PARA BRAZO DE GITANO

Corte un rectángulo de papel 8 cm más largo y ancho que el molde. Presione el papel contra el molde engrasado y haga unos cortes en las esquinas para que quede bien ajustado, sin arrugas.

MOLDES PARA BIZCOCHOS

MOLDES PARA BIZCOCHOS

Dibuje unos círculos de papel usando los moldes como guía y recórtelos. Engrase los moldes y forre las bases con los círculos de papel. Otra opción consiste en engrasar los moldes, espolvorearlos con un poco de harina y ladearlos para que la harina cubra tanto la base como las paredes. Elimine la harina sobrante.

MOLDES DE CORONA Y DE *GUGELHUPF*

Engrase la base y todos los laterales del molde. (Un *gugelhupf* es un pastel alemán con levadura horneado en un molde de corona alto y acanalado.) Espolvoree un poco de harina dentro del molde y ladéelo hasta que el interior quede cubierto por una película homogénea de harina. Retire la harina sobrante.

MOLDES DE CORONA Y DE *GUGELHUPF*

MOLDES DE PAPEL PARA PASTELES

MOLDES DE PAPEL PARA PASTELES

Estos moldes de papel pueden tener forma redonda o alargada y los hay de distintos tamaños. Colóquelos dentro de un molde del tamaño adecuado como soporte, de forma similar a como forraría cada cavidad de una placa para madalenas o pastelitos.

BIZCOCHOS BATIDOS

El batido es una técnica muy útil, puesto que constituye la base de muchas recetas de pastelería y repostería. Tanto los bizcochos como las genovesas (*véase* variantes en la parte inferior) se pueden congelar.

Para preparar 1 pastel redondo de 23 cm, que se puede cortar en 2 o 3 capas

mantequilla derretida para engrasar
125 g de azúcar blanquilla
5 huevos
125 g de harina

1 Forre la base de un molde redondo de 23 cm o cuadrado de 20 cm, de base desmontable, y engrase el papel (*véase* pág. 217). No engrase las paredes del molde. Ponga el azúcar y los huevos en un cuenco refractario grande y colóquelo encima de una cacerola con agua apenas agitándose a fuego lento. Asegúrese de que la base del cuenco no toca el agua. Bata la mezcla con una batidora eléctrica de mano o una batidora de varillas, hasta que quede muy ligera y aireada (la varilla tiene que dejar un rastro al levantarla del cuenco). Para ello hacen falta unos 10 minutos. Retire el cuenco del fuego y siga batiendo durante 2 minutos más, o hasta que la mezcla esté fría.

2 Tamice la mitad de la harina sobre el cuenco e incorpórela con una cuchara metálica grande. Para ello, introduzca la cuchara hasta el fondo del cuenco y levante la mezcla batida hasta cubrir la harina de encima. Vuelva a hundir la cuchara en otra zona del cuenco y remueva de nuevo la mezcla batida. Utilice la otra mano para hacer girar el cuenco despacio conforme trabaja. Cuando la haya incorporado casi toda, agregue el resto de la harina tamizada de la misma manera. Siga removiendo los ingredientes hasta que no quede ningún grumo de harina.

1

2

3

3 Vierta la mezcla en el molde, rebañándola bien con una espátula de goma. Sepárela de las paredes del molde con la ayuda de la espátula. Hornee el bizcocho en el horno precalentado a 190 °C, durante 25 minutos,

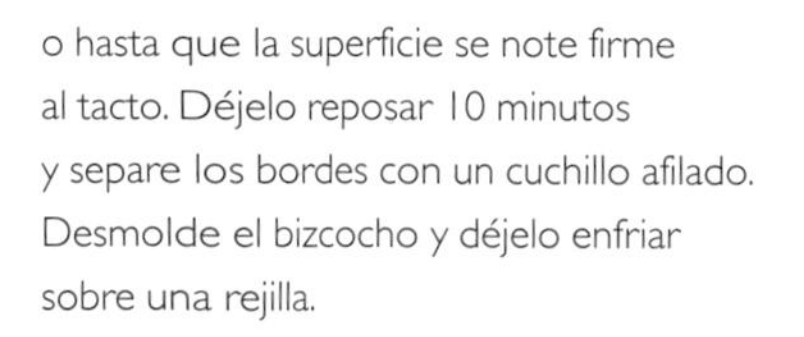

o hasta que la superficie se note firme al tacto. Déjelo reposar 10 minutos y separe los bordes con un cuchillo afilado. Desmolde el bizcocho y déjelo enfriar sobre una rejilla.

VARIANTE

Para preparar una genovesa, vierta 40 g de mantequilla derretida y fría alrededor de los bordes del cuenco después de incorporar la mitad de la harina. Agregue el resto.

CORTAR CAPAS

RELLENAR EL BIZCOCHO

ELABORAR UN BRAZO DE GITANO

CORTAR CAPAS

Es más fácil cortar el bizcocho al día siguiente de haberlo horneado. Decida si quiere cortarlo en 2 o 3 capas. Marque el lugar donde quiere hacer los pisos con la punta de un cuchillo pequeño y corte las capas de bizcocho con un cuchillo de sierra grande. Colóquelas sobre una placa metálica plana (lo ideal es el fondo de un molde para tartas) para que no se rompan.

La temperatura es importante
La temperatura de la mezcla de huevo no debe sobrepasar los 50 °C durante el batido para que el bizcocho acabado no quede duro. Utilice un termómetro para chocolate (*véase* pág. 12) para controlar la temperatura o sumerja el dedo en la mezcla de vez en cuando; tiene que notarla caliente pero sin que queme.

RELLENAR EL BIZCOCHO

Puede utilizar crema de leche ligeramente montada y aderezada con un poco de azúcar lustre o un toque de extracto o pasta de vainilla, o licor y conserva o mermelada de frutas. Asimismo, puede sustituirla por crema pastelera (*véase* pág. 171). Unas capas finas de bizcocho también pueden servir para estratificar *mousses* cuajadas con gelatina, como la *mousse* de maracuyá y naranja de la pág. 239. En tal caso, el pastel debe montarse dentro del molde limpio.

1 Forre las paredes del molde con una tira de papel sulfurizado y coloque una capa de bizcocho en el molde. Vierta la *mousse* por encima y alise con cuidado la superficie. Coloque la segunda capa de bizcocho encima, con el lado cortado hacia abajo.

2 Refrigere el pastel o déjelo en un lugar fresco varias horas hasta que se asiente. Desmóldelo con cuidado y retire la tira de papel sulfurizado con la punta de un cuchillo.

ELABORAR UN BRAZO DE GITANO

Vierta la mezcla de bizcocho en un molde para brazo de gitano de 33 x 23 cm engrasado y forrado (*véase* pág. 217) y mueva el molde con cuidado para que la masa se reparta bien en las esquinas. Horneélo durante unos 12 minutos, hasta que se note firme al tacto. Coloque una hoja de papel sulfurizado encima de un paño limpio y espolvoree el papel con azúcar blanquilla. Vuelque el bizcocho sobre el papel y retire el papel de la base. Recorte los bordes tostados con un cuchillo de sierra y cubra el bizcocho con una conserva o mermelada de frutas de calidad.

Para hacer el brazo de gitano, doble uno de los extremos cortos sobre el relleno y vaya enrollando el bizcocho levantando el papel espolvoreado con azúcar y empujándolo.

PASTELES CON EL MÉTODO CREMOSO

Estos pasteles se elaboran con harina con levadura, que incorpora un agente levador. Esto genera gases durante el horneado, lo que hace que la mezcla suba. Las proporciones de mantequilla, azúcar y harina para elaborar un pastel con el método cremoso básico son siempre las mismas.

Para preparar 1 bizcocho Victoria redondo de 18 cm

175 g de mantequilla ablandada, más un poco de mantequilla derretida para engrasar el molde
175 g de azúcar blanquilla
3 huevos batidos
175 g de harina con levadura, más un poco para espolvorear (opcional)
un chorro de leche, si hace falta

1 Prepare 2 moldes para bizcocho de 18 cm (*véase* pág. 217). Bata la mantequilla y el azúcar en un cuenco grande con una batidora eléctrica de mano hasta que la mezcla esté muy pálida, ligera y esponjosa. Para ello harán falta unos 10 minutos, y es esencial para obtener un pastel con una textura ligera.

2 Añada un poco de huevo batido y siga batiendo hasta que se haya incorporado bien. Continúe añadiendo huevo batido y batiendo antes de volver a agregar. En el caso de que, hacia el final del proceso de mezcla, los ingredientes empiecen a cortarse, añada una cucharada de harina. (Si hornea el pastel con la mezcla cortada le quedará duro.)

3 Tamice la harina sobre la mezcla e incorpórela (*véase* pág. 218). No bata la mezcla, ya que el aire se escaparía y el pastel quedaría duro. La mezcla debe tener una «textura resbaladiza», es decir, tiene que resbalar de una cuchara de madera al golpearla contra el borde del cuenco. Si es demasiado compacta, añádale la leche.

4 Vierta la mezcla en los moldes y alise la superficie con una espátula de goma. Cueza en el horno precalentado a 180 °C, de 20 a 25 minutos hasta que el bizcocho se note firme al tacto. Desmóldelo sobre una rejilla y déjelo enfriar.

RELLENAR EL PASTEL

El bizcocho Victoria se suele rellenar de confitura de frambuesa o de fresa y se espolvorea con azúcar lustre. Otra opción deliciosa es un relleno de frutas blandas chafadas y azucaradas y nata montada o *chantilly*.

RELLENAR EL PASTEL

VARIANTES

Para preparar un pastel de chocolate, sustituya 15 g de harina por la misma cantidad de cacao en polvo. Rellénelo con *ganache* de chocolate (*véase* pág. 246).

Para elaborar un pastel de café, añada 2 cucharaditas de café expreso soluble disueltas en 1 cucharada de agua hirviendo después de batir la mantequilla con el azúcar. Rellénelo con crema *chantilly* (*véase* pág. 223).

MARMOLADO DE DOS MEZCLAS

Vierta la mitad de la mezcla batida en otro cuenco y agréguele 1 cucharadita de café exprés soluble disuelta en 1 cucharadita de agua hirviendo, o 2 cucharadas de cacao en polvo. Llene el molde alternando cucharadas de ambas mezclas. Haga remolinos con un cuchillo para que se mezclen antes de hornear.

MARMOLADO DE DOS MEZCLAS

OTRAS TÉCNICAS COMO EL MÉTODO CREMOSO

Excepto los pasteles de fruta, todos los pasteles con el método cremoso deben hornearse inmediatamente después de prepararlos, porque el agente levante empieza a actuar en cuanto se mezcla con el resto de los ingredientes, como los huevos, la mantequilla y la leche. Los tiempos de cocción de los bizcochos y las tartas de fruta varían en función del horno y son más fáciles de calcular con un poco de experiencia. Uno de los errores más comunes es hornearlos demasiado, con lo que el resultado es una miga seca de aspecto poco apetitoso.

NIVELAR LA MEZCLA

Nivele la mezcla en el molde antes de introducirla en el horno para evitar que el pastel esté descompensado. Reparta bien la mezcla hacia los bordes con la ayuda de una cuchara metálica grande. En el caso de los pasteles de fruta, a veces se hace un corte en el centro de la mezcla para que no se abombe demasiado durante la cocción.

COMPROBAR LA COCCIÓN

Poco antes de sacar el pastel del horno hay que comprobar si está bien cocido. No abra el horno antes, porque el pastel podría bajar en el centro debido a la súbita irrupción de aire frío y, si esto ocurre, ya no vuelve a subir. La superficie del bizcocho tiene que notarse firme al presionar suavemente con la palma de la mano. Los pasteles de frutas y otros pasteles altos deben pincharse en el centro con una broqueta y ésta tiene que salir limpia. Deje el pastel un rato más en el horno si la broqueta sale con algo de mezcla cruda enganchada. Algunas excepciones a esta norma son los pasteles de chocolate muy húmedos y los *brownies*, que deben estar muy blandos debajo de la costra y la broqueta puede no salir limpia.

ENFRIAR SOBRE UNA REJILLA

Los bizcochos deben desmoldarse en cuanto se sacan del horno, para que no sigan cociéndose dentro del molde caliente. Si las paredes del molde no están forradas con papel y el pastel se ha pegado en alguna parte, sepárelo con un cuchillo. Los pasteles con fruta o los *plumcakes* con mucho azúcar deben dejarse enfriar dentro del molde, al menos durante un tiempo, porque es más fácil que se rompan si se desmoldan cuando todavía están calientes.

CONSERVACIÓN

Los bizcochos ligeros y mantecosos están más buenos si se comen recién horneados, mientras que otros pasteles, como el pan de jengibre, el *parkin* y los pasteles de fruta mejoran si se conservan durante unos cuantos días. No reserve nunca los pasteles en el frigorífico, porque se endurecen, la miga pierde su blandura y también pierden sabor. Los pasteles rellenos de nata o crema deben conservarse en un lugar fresco.

NIVELAR LA MEZCLA

COMPROBAR LA COCCIÓN: MOLDE PARA TARTAS

COMPROBAR LA COCCIÓN: MOLDE HONDO

ENFRIAR SOBRE UNA REJILLA

COBERTURAS Y RELLENOS PARA PASTELES

Los pasteles decorados que no están demasiado sobrecargados resultan muy apetitosos, y los remolinos y picos del glaseado o la crema hacen todavía más irresistible el interior. Normalmente, basta con unas sencillas nociones para convertir cualquier pastel en algo especial.

1

3

CREMA DE MANTEQUILLA

Esta crema de mantequilla tiene un brillo satinado y una textura sedosa que no se consigue simplemente batiendo mantequilla y azúcar.

Para preparar 300 g

75 g de azúcar blanquilla
5 cucharadas de agua
3 yemas de huevo
200 g de mantequilla ablandada

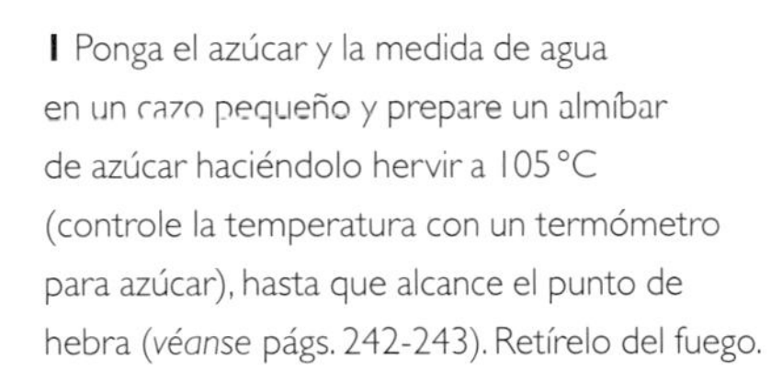

1 Ponga el azúcar y la medida de agua en un cazo pequeño y prepare un almíbar de azúcar haciéndolo hervir a 105 °C (controle la temperatura con un termómetro para azúcar), hasta que alcance el punto de hebra (*véanse* págs. 242-243). Retírelo del fuego.

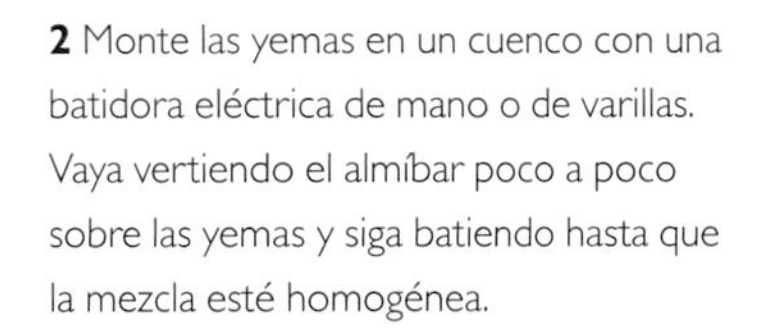

2 Monte las yemas en un cuenco con una batidora eléctrica de mano o de varillas. Vaya vertiendo el almíbar poco a poco sobre las yemas y siga batiendo hasta que la mezcla esté homogénea.

3 Incorpore la mantequilla derretida sin dejar de batir y añada el sabor que desee (*véase* inferior).

VARIANTES

Para preparar una crema de mantequilla al chocolate, mezcle 50 g de chocolate negro derretido con la mantequilla.
Para elaborar una crema de mantequilla al café, mezcle 2 cucharaditas de café expreso soluble disueltas en 1 cucharada de agua hirviendo con la mantequilla.
Para obtener una crema de mantequilla a la vainilla, mezcle 1 cucharadita de extracto o pasta de vainilla con la mantequilla.

CREMA *CHANTILLY*

CREMA *CHANTILLY*

Se trata de una simple crema de leche espesa ligeramente montada con un poco de azúcar lustre para endulzar. Añada 2 cucharadas de azúcar lustre por 300 ml de crema de leche espesa.

Bata la crema con el azúcar en un cuenco con una batidora eléctrica de mano o una batidora de varillas hasta que empiece a espesar. Si utiliza la batidora eléctrica, reduzca la velocidad al mínimo. Siga batiendo muy despacio, hasta que la crema empiece a formar picos. Tenga en cuenta que la posterior manipulación de la crema, por ejemplo al extenderla con una cuchara o una paleta sobre el pastel, la hará espesar todavía más. Si se pasa, la crema se espesará demasiado y se volverá granulada. La crema *chantilly* se puede aromatizar con extracto, pasta o semillas de vainilla o con 2 o 3 cucharadas de licor de limón o de almendras antes de batirla.

COBERTURA DE PASTELES

Cubrir la parte superior y los laterales de un bizcocho con nata, chocolate o glaseado causa sensación y mantiene el bizcocho húmedo. A no ser que vaya a bañarlo con chocolate o a espolvorearlo con frutos secos, aplique la cobertura en la fuente donde vaya a servirlo para no tener que moverlo una vez decorado.

CUBRIR CON CREMAS

La crema de mantequilla, la crema *chantilly* (*véase* pág. 223) o el *ganache* de chocolate (*véase* pág. 246) se pueden utilizar como relleno o cobertura de pasteles. Si los usa para rellenar, extienda una capa gruesa de crema sobre la base antes de añadir la capa superior.

1 Cubra los laterales del pastel extendiendo una fina capa de crema con una paleta (*véase* pág. 8). En esta fase, el pastel y algunas migas sueltas todavía se entrevén a través de la crema. Esta capa fina sólo sirve de base.

2 Añada una segunda capa de crema más gruesa y repártala bien con la paleta.

3 También puede utilizar un raspador liso o dentado (*véase* pág. 13) para extender la crema alrededor del pastel y darle un acabado liso u ondulado. Por último, extienda el resto de la crema encima de la tarta para cubrirla del todo.

1

2

3

1

2

CUBRIR LOS LATERALES

Para cubrir los lados de un pastel con praliné, almendras tostadas en láminas o frutos secos tostados picados, prepare antes los frutos secos y espárzalos sobre una hoja de papel sulfurizado antes de empezar a cubrir el pastel.

1 Tendrá que sostener el pastel en la palma de una mano y extender la crema alrededor de los laterales con la otra mano.

2 Sostenga la parte superior del pastel con la mano libre y haga que ruede de costado sobre los frutos secos, ladeándolo para que los lados queden bien cubiertos. Colóquelo con cuidado en una fuente. Use una pala grande para retirar la mano de debajo del pastel. Acabe de decorar la parte superior con crema y adórnela con un poco de fruta blanda.

BAÑAR CON UN GLASEADO DE CHOCOLATE

Este glaseado caliente se puede verter sobre la parte superior y los laterales de cualquier pastel de chocolate.

Para cubrir un pastel de 20-25 cm

1 cucharada de confitura de albaricoque sin grumos
1 cucharada de agua
200 g de chocolate negro troceado
150 ml de crema de leche espesa
4 cucharadas de azúcar lustre
4 cucharadas de agua

1 Coloque el pastel sobre una rejilla encima de una fuente para recoger las gotas de glaseado. Derrita la confitura con el agua y pincele el pastel con la mezcla. Ponga el chocolate en un cuenco refractario. Caliente la crema, el azúcar lustre y la medida de agua hasta que hiervan y viértalo sobre el chocolate. Espere a que el chocolate se haya derretido del todo; remueva con frecuencia.

2 Vierta la mezcla sobre el pastel mientras todavía esté caliente. Extienda el glaseado para que resbale por los laterales. Déjelo endurecer a temperatura ambiente.

1

2

PASTAS DE POSTRE

Estas pastas finas y crujientes son ideales para acompañar postres cremosos. Son fáciles de preparar y, una vez frías, hay que conservarlas en recipientes herméticos para que no se reblandezcan. De este modo aguantan varios días.

1

2

SABLÉS DE VAINILLA

Para preparar unos 18

150 g de harina, más un poco para espolvorear
100 g de mantequilla dura, cortada en trozos, más un poco para engrasar
50 g de azúcar lustre, más un poco para espolvorear
1 yema de huevo
1/2 cucharadita de extracto de vainilla

1 Engrase una placa de horno grande. Ponga la harina y la mantequilla en el robot y pulse hasta que la mezcla se asemeje a pequeñas migas de pan. Añada el azúcar, la yema y el extracto de vainilla y mézclelo de nuevo hasta obtener una pasta. Envuélvala y refrigérela durante 1 hora. Espolvoree la superficie de trabajo con un poco de harina y extienda la masa hasta que esté fina. Corte círculos o cualquier otra forma con un cortapastas y colóquelas sobre la placa del horno.

2 Hornéelas en el horno precalentado a 200 °C, de 6 a 8 minutos, o hasta que los bordes se doren. Déjelas enfriar sobre una rejilla. Sírvalas espolvoreadas con un poco de azúcar lustre.

VARIANTE

Cortar los *sablés*, dele a la masa forma de cilindro largo y fino de unos 18 x 4 cm de diámetro antes de dejarla reposar en el frigorífico. Una vez fría, haga rodar el tronco sobre 50 g de azúcar blanquilla aromatizado con 1 cucharadita de canela en polvo o una mezcla de especias. Corte el tronco en rodajas de 5 mm y colóquelas sobre la placa, dejando un espacio entre cada una. Hornéelas igual que antes.

CORTAR LOS *SABLÉS*

1

2

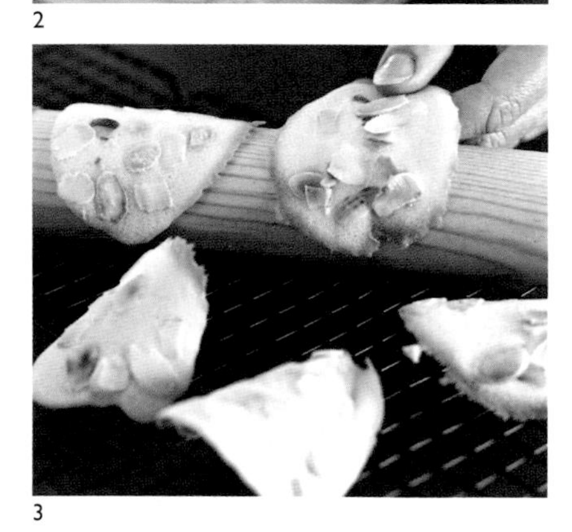
3

Hornear por tandas pequeñas
Hornee las tejas y los barquillos de brandy en cantidades pequeñas para que no se endurezcan antes de que haya podido darles forma. Si alguno se endurece, vuelva a introducirlo en el horno durante unos 30 segundos para reblandecerlo e inténtelo de nuevo.

TEJAS

Para preparar unas 20
25 g de mantequilla, más extra derretida para engrasar
3 claras de huevo
100 g de azúcar blanquilla
5 cucharadas de harina
2 cucharadas de crema de leche espesa
25 g de almendras fileteadas ligeramente tostadas (opcional)

1 Forre 2 placas con papel sulfurizado y pincélelo con un poco de mantequilla derretida. Derrita el resto de la mantequilla. Bata las claras y el azúcar en un cuenco con una batidora de varillas hasta que obtenga una mezcla homogénea. No hace falta airearla. Agregue la harina, la crema y la mantequilla derretida para preparar una pasta fina. Vierta 6 cucharadas rasas de la mezcla en una de las placas para hornear dejando un espacio entre cada una. Extienda cada cucharada hasta obtener un círculo de unos 7 cm de diámetro. Si lo desea, espolvoréelo con las almendras fileteadas.

2 Cueza las tejas en el horno precalentado a 190 °C, durante unos 8 minutos, hasta que los bordes estén dorados. Mientras están en el horno, prepare una segunda tanda en la otra placa.

3 Introduzca la bandeja en el horno en cuanto saque la primera hornada. Retire el papel de las tejas recién horneadas y repártalas sobre un rodillo de amasar para que adquieran forma curvada. Páselas a una rejilla al cabo de unos 5 minutos, saque la segunda hornada y continúe moldeando las tejas.

VARIANTES

Para preparar unas tejas aromatizadas, añada 1 cucharadita de ralladura de naranja o de limón o sustituya 1 cucharada de harina por 1 cucharada de cacao en polvo.
Para elaborar unas tejas tubulares, envuélvalas alrededor de un rodillo de amasar fino.

BARQUILLOS DE BRANDY

BARQUILLOS DE BRANDY

Para preparar 18-20
100 g de mantequilla
100 g de azúcar blanquilla
100 g de jarabe de melaza dorado
100 g de harina
1 cucharadita de jengibre molido
la ralladura de 1 limón
aceite vegetal para engrasar

1 Forre 2 placas con papel sulfurizado. Ponga la mantequilla, el azúcar y el jarabe de melaza en un cazo y caliéntelo a fuego lento hasta que la mantequilla se haya derretido. Retírelo del fuego. Incorpore la harina, el jengibre y la ralladura de limón. Ponga 4 cucharaditas colmadas de la mezcla, bien espaciadas, en una de las placas para hornear. Cueza en el horno precalentado a 190 °C, durante unos 8 minutos, hasta que la mezcla se haya extendido. Las pastas tienen que burbujear y estar un poco doradas. Mientras se cuecen, prepare una segunda hornada en la otra placa.

2 Deje las pastas recién horneadas en la placa durante 30 segundos y suéltelas con una paleta impregnada con un poco de aceite. Colóquelas alrededor del mango de una cuchara de palo y retire la cuchara. Haga lo mismo con todos los barquillos. Sírvalos fríos tal cual, rellenos de *ganache* de chocolate (*véase* pág. 246) o crema *chantilly* (*véase* pág. 223) o bañados en chocolate derretido.

PARFAIT DE JENGIBRE FRESCO

Los *parfaits* se parecen más a una *mousse* que a un helado y se elaboran con almíbar de azúcar, huevos y crema. Para preparar un *parfait* no hace falta una heladora, puesto que son ligeros y están llenos de aire. Se pueden dejar cuajar en moldes individuales y servir desmoldados o en cualquier platito de servir apto para el congelador. Téngalos a mano, porque es mejor congelar los *parfaits* enseguida.

1

Para 6 raciones

125 g de azúcar blanquilla
50 ml de agua
4 yemas de huevo
2 claras de huevo
50 g de raíz de jengibre fresco pelado y rallado
1 cucharadita de mezcla de especias molidas
300 ml de crema de leche espesa

1 Ponga el azúcar en un cazo con la medida de agua y caliéntelo a fuego lento, hasta que se disuelva. Bata las yemas, las claras, el jengibre y la mezcla de especias en un cuenco con la batidora eléctrica. Lleve el almíbar a ebullición y hiérvalo hasta que adquiera el punto de hebra (*véanse* págs. 242-243).

2 Vaya vertiendo poco a poco el almíbar caliente sobre la mezcla de huevo batida y bátalo todo bien. Compruebe que el almíbar queda bien incorporado a la mezcla y no se queda pegado a las varillas.

3 Siga batiendo hasta que la mezcla esté espesa y espumosa.

2

3

4

5

4 Monte la crema de leche hasta que espese y conserve la forma y viértala sobre la mezcla de *mousse* con una cuchara. Mézclelo todo con cuidado con una cuchara grande metálica o una espátula de goma.

5 Vierta la mezcla en moldes pequeños e introdúzcala en el congelador durante al menos 4 horas o toda la noche. Si va a servir los *parfaits* en los moldes, téngalos antes 30 minutos en el frigorífico para que se ablanden un poco. Puede espolvorear cada *parfait* con cacao en polvo y usar una plantilla para dibujar formas si tiene alguna. Si va a desmoldar los *parfaits*, sumérjalos en agua caliente durante unos segundos y vuélquelos en platos de servir.

VARIANTES

Para preparar un *parfait* de vainilla, sustituya el jengibre por 2 cucharaditas de extracto o pasta de vainilla.

Para elaborar un *parfait* al aroma de licor, añada un chorrito de licor de café, naranja, limón o almendras, de brandy o ron, a los huevos en el momento de batirlos.

HELADO DE PISTACHO

1

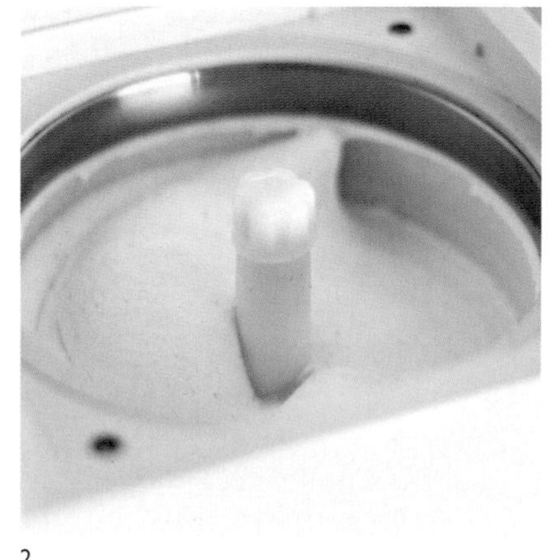

2

3

HELADOS

Esta receta admite prácticamente un número ilimitado de sabores, que se consiguen aromatizando la crema antes de batirla en la heladora. El proceso de batir el helado en vez de congelarlo también permite añadir ondas o capas de otros sabores. La mejor forma de servir el helado es ligeramente derretido y no recién sacado del congelador. Ello hace que sea más fácil de servir y revela todo su sabor y su consistencia cremosa. Para un óptimo resultado, traspase el helado al frigorífico de 45 a 60 minutos antes de servirlo.

HELADO DE VAINILLA

Para 4 raciones

1 vaina de vainilla
300 ml de leche entera
4 yemas de huevo
125 g de azúcar blanquilla
300 ml de crema de leche espesa

1 Prepare la crema siguiendo el mismo método que para la crema inglesa de la pág. 38, pero sin añadir la crema de leche. Déjela enfriar completamente.

2 Si utiliza una heladora, incorpore la crema de leche a la crema y déjelo batir hasta que espese. El helado se puede servir directamente de la máquina. Si prepara el helado con antelación, también puede pasarlo a un recipiente que pueda ir al congelador y conservarlo en él hasta que vaya a utilizarlo.

3 Si prepara el helado a mano, monte la crema de leche hasta que empiece a formar picos e incorpórela a la crema. Ponga la mezcla en un recipiente e introdúzcalo en el congelador hasta que una capa de 3 cm de grosor de la crema se haya congelado alrededor de los bordes. Rebañe los bordes hacia el centro blando y bátalo con una batidora de varillas manual o eléctrica hasta que no quede ningún grumo. Introdúzcalo en el congelador hasta que se vuelva a formar una capa más gruesa de crema alrededor de los bordes. Vuelva a batir y congélelo hasta que adquiera consistencia. Repita el proceso de batido y congelación una o dos veces más para un resultado más cremoso.

VARIANTES

Para preparar helado de chocolate, añada 150 g de chocolate negro troceado a la crema después de retirarla del fuego. Remueva hasta que se haya derretido y siga los mismos pasos que antes.

Para elaborar helado con pepitas de chocolate, añada 150 g de chocolate negro, con leche o blanco en trocitos pequeños a la crema ya fría y siga los mismos pasos que antes.

Para obtener helado de café, disuelva 1 cucharada de café expreso instantáneo en 2 cucharadas de agua hirviendo. Incorpórelo a la crema fría y siga los mismos pasos que antes.

Para preparar helado de praliné, añada 100 g de praliné (*véase* pág. 245) al helado hacia el final del proceso de batido.

Para elaborar helado de pistacho, pele 125 g de pistachos con cáscara (*véase* pág. 142) y pique los frutos. Añádalos al helado hacia el final del proceso de batido.

Preparar un cuenco de hielo

Los cuencos de hielo son una espléndida forma de presentar cualquier postre helado. Se pueden crear fantásticos diseños colocando especias o flores enteras en el hielo. Si se tiñe el agua con colorantes alimentarios se consiguen efectos espectaculares para las fiestas de verano. Sírvalos en una fuente con bordes para recoger el agua cuando el hielo se empiece a derretir, aunque si la temperatura ambiente no es demasiado alta, tardará unas cuantas horas. Sea cual sea el tamaño elegido, utilice 2 cuencos de vidrio o de plástico resistentes al frío que encajen uno dentro del otro con cierta holgura: unos 3 cm para los cuencos grandes y 1,5 cm para los pequeños. Ponga un poco de hielo picado en el cuenco grande para asentar el pequeño encima y dejar el espacio requerido. Sujete con cinta adhesiva los bordes superiores para asegurarse de que la separación sea la misma en todo el contorno. Vierta un poco de agua hervida refrigerada en el hueco hasta que cubra una tercera parte de la altura. Sumerja las hierbas y las flores, las especias o los cítricos cortados en rodajas finas que desee en el agua e introduzca los cuencos en el congelador de 2 a 3 horas. Añada más adornos y llene de agua a dos tercios. Vuelva a introducirlos en el congelador hasta que el agua se haya congelado casi del todo. Cúbrala con más adornos y rellene con agua hasta el borde. Déjelo en el congelador toda la noche.

Para desmoldar el cuenco de hielo, retire la cinta adhesiva y llene el cuenco interior con agua caliente, pero no hirviendo. Retire el cuenco interior con cuidado. Sumerja el cuenco exterior en agua caliente durante unos segundos y sáquelo para comprobar si el cuenco de hielo se ha soltado. Repita esta operación hasta que el cuenco de hielo se suelte al volcarlo sobre la superficie de trabajo. Vuelva a introducirlo en el congelador si es necesario.

TÉCNICAS DE HELADERÍA

INTERCALAR CAPAS

FORMAR VETAS

INTERCALAR CAPAS

Las terrinas o los moldes rectangulares se pueden utilizar para colocar dos o tres capas de diferentes helados, por ejemplo, de vainilla, chocolate y praliné, y cortar la pieza en porciones una vez desmoldada. Cuando el primer sabor haya adquirido suficiente consistencia en la heladora como para conservar la forma, viértalo en un molde o una fuente resistente al frío forrado con *film* de plástico e introdúzcalo en el congelador hasta que se endurezca. Extienda la segunda capa por encima y vuelva a introducirlo en el congelador. Espere a que se endurezca antes de añadir la última capa. Desmóldelo en una fuente plana volcando el molde y retirando el *film* de plástico antes de cortarlo.

FORMAR VETAS

Añada una salsa de chocolate, caramelo o frutas (*véase* inferior) a un helado de vainilla removiendo con un cuchillo para crear un efecto veteado. Lo mejor es agregar la salsa cuando el helado ya está espeso, pero todavía está demasiado blando para tomarlo con una cuchara. Ponga una cuarta parte del helado en un recipiente resistente al frío y vierta por encima un tercio de la salsa elegida. Añada otro cuarto de helado y la mitad de la salsa restante. Repita los pasos y termine con una capa de helado.

Remueva el helado con un cuchillo de punta redonda a través de todo el recipiente, dejando un espacio de 3 cm entre cada pasada. No caiga en la tentación de mezclar demasiado los sabores o el efecto veteado se perderá.

VETAS DE SABORES

Para crear vetas de chocolate, utilice la mitad de la *ganache* de chocolate de la pág. 246.
Para formar vetas de caramelo, emplee la salsa cremosa de caramelo de la pág. 39.
Para obtener vetas de frambuesa, utilice un *coulis* de frambuesa (*véase* pág. 36) o 150 g de fruta en conserva de buena calidad.

MARMOLADO

MARMOLADO

Para poder crear un efecto marmolado con 2 helados diferentes, éstos deben tener la misma consistencia, es decir, tienen que estar recién batidos y espesos, pero blandos. Puede que sea necesario introducir una parte en el congelador mientras bate una segunda en la heladora. Ponga varias cucharadas de un sabor en un recipiente resistente al frío, dejando espacios del tamaño de una cucharada en medio.

Rellene los huecos con cucharadas del segundo sabor. Vaya poniendo capas de helado en el recipiente intercalando los sabores. Cuando esté llegando al borde superior del recipiente o se le haya acabado el helado, remuévalo con un cuchillo de punta redonda por todo el recipiente. Deje un espacio de 3 cm entre cada pasada, hasta que haya removido todo el helado.

BOMBAS DE HELADO

Las bombas son moldes metálicos redondeados en la parte superior y de base plana, o totalmente esféricos (*véase* pág. 13). Normalmente, se rellenan con 3 capas diferentes de helado, aunque también se pueden hacer con sólo 2 capas. Introduzca el molde vacío en el congelador durante 15 minutos antes de usarlo. Sacar el helado de un molde de bomba requiere habilidad y paciencia.

1 Bata el helado hasta que esté espeso pero demasiado blando para tomarlo con una cuchara. Viértalo en el molde y repártalo sobre el fondo y las paredes formando una capa gruesa y uniforme. Introdúzcalo en el congelador hasta que se endurezca.

2 Añada una segunda capa de helado siguiendo el mismo procedimiento y vuelva a introducirlo en el congelador hasta que se endurezca. Ponga un tercer sabor en el centro y alise la superficie. Introdúzcalo en el congelador hasta que se endurezca.

3 Para desmoldar el helado, sumerja el molde hasta el borde en agua muy caliente durante 3 segundos. Introduzca un cuchillo entre el helado y el molde y deslícelo por las paredes para que se suelte. Ponga un plato encima y vuelque el helado. Retire el molde.

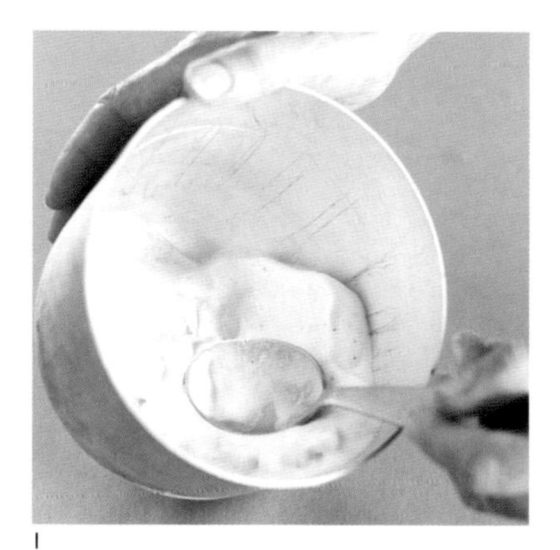

1

2

3

Desmoldar el helado

Si el helado no sale del molde, vuelva a sumergirlo durante unos segundos y pruebe de nuevo. Es probable que tenga que repetir esta operación varias veces para que el helado se suelte, pero no lo tenga sumergido durante demasiado tiempo para que no se derrita.

OTROS MOLDES PARA HELADO

Casi todos los recipientes resistentes al frío sirven como molde para helado, dependiendo del tamaño o la forma que desee. Los helados preparados en moldes individuales quedan muy vistosos una vez decorados.

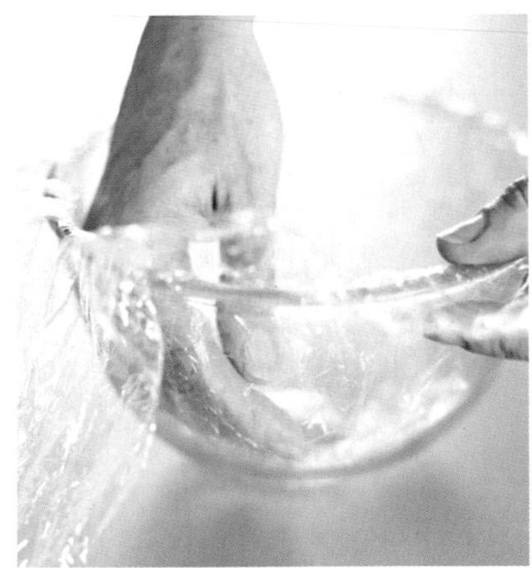

FORRAR UN CUENCO

CUENCOS

Una alternativa más sencilla a los moldes de bomba consiste en utilizar un cuenco de vidrio y forrarlo con *film* de plástico de forma que sobresalga por los bordes. El *film* de plástico se desprende enseguida al sumergir el cuenco en agua caliente, de modo que no cuesta nada separarlo y desmoldar el helado.

OTROS MOLDES

Los moldes de metal individuales, los moldes pequeños para púdines (*véase* pág. 13) o los moldes para gelatina también van bien para hacer helados de un único sabor o con capas de más de un sabor.

DECORAR HELADOS MOLDEADOS

Los helados elaborados en terrinas, moldes rectangulares o moldes individuales causan mayor sensación si se sirven adornados o con alguna salsa o *coulis* (*véase* pág. 36). Dibuje unas líneas con chocolate negro, con leche o blanco derretido, decore el helado con otros adornos de chocolate (*véanse* págs. 245-246) o cúbralo con una capa fina de praliné (*véase* pág. 245).

CÓMO DECORAR HELADOS PREPARADOS EN MOLDE

HELADOS DE AGUA

Los helados de agua pueden ser sorbetes y granizados. Ambos contienen almíbar de azúcar y algún ingrediente que les confiere el sabor, pero no llevan ingredientes lácteos ni huevos. Los sorbetes deben batirse en la heladora y adquirir una textura lo bastante dura como para servirlos con cuchara. Los granizados tienen una consistencia de aguanieve. Use un recipiente de acero inoxidable, con tapa de plástico, para acelerar el proceso de congelación. Otros metales pueden reaccionar con los ácidos de los granizados.

1

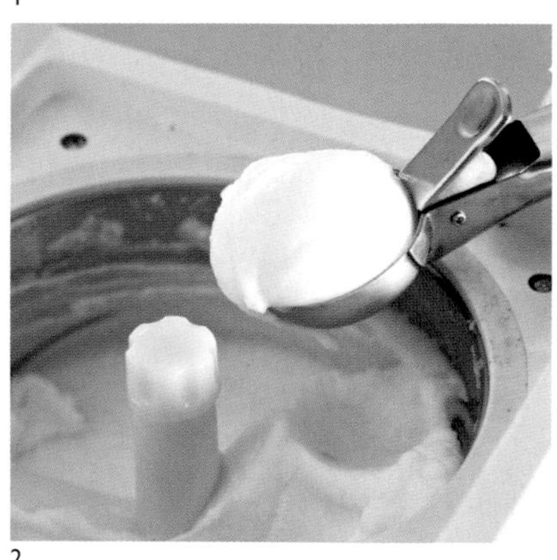

2

3

ELABORACIÓN DE UN SORBETE DE LIMÓN

Para 6 raciones

200 g de azúcar blanquilla
300 ml de agua
la corteza y el zumo de 5 limones grandes sin encerar
1 clara de huevo orgánico

1 Ponga el azúcar y el agua en un cazo y caliéntelo a fuego lento hasta que se disuelva. Llévelo a ebullición y déjelo hervir durante 2 minutos. Retírelo del fuego y agréguele la ralladura y el zumo de limón. Déjelo enfriar.

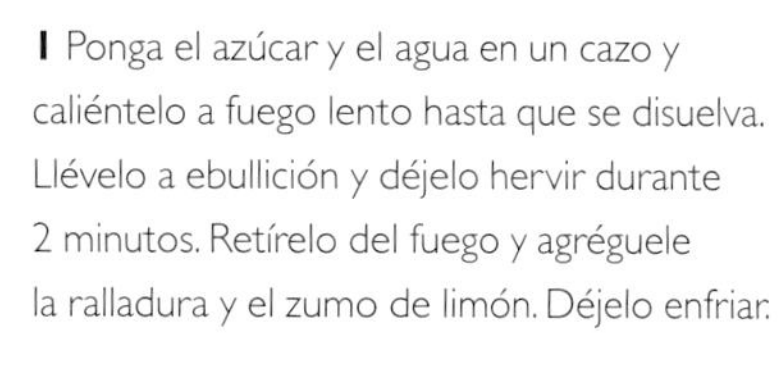

2 Si utiliza una heladora, filtre el almíbar por un tamiz y bátalo en la máquina hasta que espese. Bata un poco el huevo hasta que esté espumoso y añádalo a la máquina. Siga batiendo hasta que esté firme.

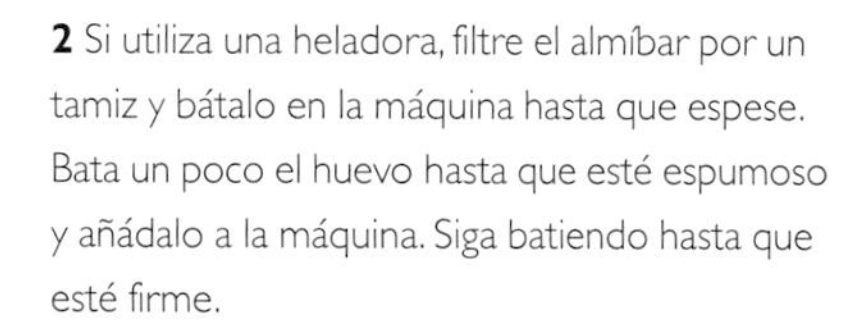

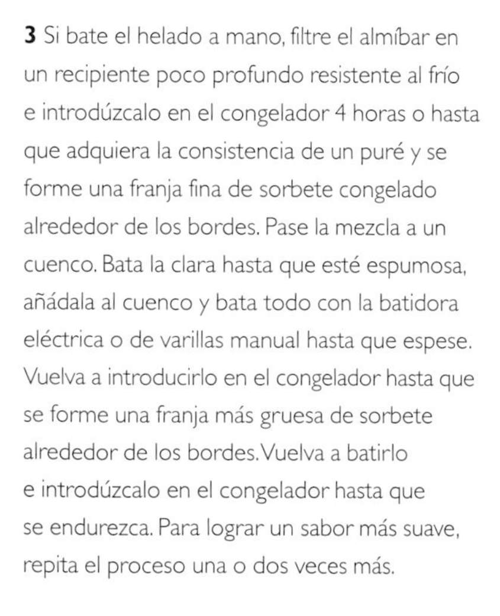

3 Si bate el helado a mano, filtre el almíbar en un recipiente poco profundo resistente al frío e introdúzcalo en el congelador 4 horas o hasta que adquiera la consistencia de un puré y se forme una franja fina de sorbete congelado alrededor de los bordes. Pase la mezcla a un cuenco. Bata la clara hasta que esté espumosa, añádala al cuenco y bata todo con la batidora eléctrica o de varillas manual hasta que espese. Vuelva a introducirlo en el congelador hasta que se forme una franja más gruesa de sorbete alrededor de los bordes. Vuelva a batirlo e introdúzcalo en el congelador hasta que se endurezca. Para lograr un sabor más suave, repita el proceso una o dos veces más.

SERVIR LOS SORBETES

La mejor forma de servir el sorbete, igual que el helado, es un poco descongelado y no recién sacado del congelador, para que despliegue todo su sabor. Los sorbetes se derriten más deprisa que los helados porque contienen más azúcar, por lo que hay que pasarlos al frigorífico unos 30 minutos antes de servir.

VARIANTES

Para preparar un sorbete de naranja o lima, sustituya la corteza de limón por la corteza de la fruta en cuestión, y el zumo de limón, por el zumo de 3 o 4 naranjas medianas y 1 limón, o de 8 o 9 limas.

Para elaborar un sorbete de frutos rojos, reduzca la cantidad de azúcar a 150 g, y el agua, a 200 ml. Triture 500 g de frambuesas, fresas, moras, zarzamoras, grosellas rojas o negras (o una mezcla) y tamice el puré.

Proporción de azúcar

La proporción correcta de azúcar en un sorbete es esencial para lograr una textura y un sabor adecuados. Si hay demasiado azúcar, el sorbete sale demasiado dulce y es probable que no se hiele. Los cocineros profesionales utilizan un valor de 30 medido con un sacarómetro para controlar la densidad de azúcar del almíbar. Si no dispone de sacarómetro, piense que la receta debe contener alrededor de un tercio del volumen de azúcar.

GRANIZADOS

Los granizados contienen menos azúcar que los sorbetes y forman cristales de hielo grandes durante el proceso de congelado que hay que romper para transformar en fragmentos de hielo granulares. Se derriten muy deprisa, por lo que hay que servirlos recién sacados del congelador y removerlos antes con un tenedor para separar los fragmentos que hayan podido quedarse pegados.

GRANIZADO DE CAFÉ

Los granizados al aroma de café son muy populares. Antes de congelarlo, el almíbar de café tiene un sabor y un aspecto muy concentrados, pero se diluye cuando el almíbar se hiela.

Para 6 raciones

5 cucharadas de café expreso instantáneo
1 litro de agua hirviendo
150 g de azúcar mascabado
crema montada para servir

1 Prepare un café expreso fuerte en una cafetera con el café instantáneo y el agua hirviendo. Cuélelo en un recipiente poco profundo apto para el congelador. Agréguele el azúcar y remueva hasta que se haya disuelto. Déjelo enfriar completamente, cúbralo e introdúzcalo en el congelador durante unas 2 horas o hasta que se forme una gruesa franja de hielo alrededor de los bordes. Rompa los cristales de hielo de los bordes del recipiente con un tenedor y machaque el granizado para mezclar bien todos los ingredientes.

2 Vuelva a introducirlo en el congelador hasta que se forme hielo alrededor de los bordes. Repita el proceso de chafar con el tenedor y congelar hasta que el granizado tenga la consistencia de aguanieve y adquiera un color más pálido. Consérvelo en el congelador hasta que lo sirva. Preséntelo en vasos altos decorado con nata montada y virutas de chocolate.

VARIANTES

Para preparar un granizado de flores de saúco, mezcle 300 ml de licor de flores de saúco con 900 ml de agua fría. Viértalo en un recipiente poco hondo apto para el congelador y siga el procedimiento descrito antes.

Para elaborar un granizado de ruibarbo, cueza 500 g de ruibarbo en rodajas en 300 ml de agua hasta que esté muy tierno. Tritúrelo, tamícelo, agréguele 200 g de azúcar blanquilla y remueva hasta que se disuelva. Añada 150 ml más de agua. Vierta la mezcla en un recipiente poco hondo apto para el congelador y siga el procedimiento anteriormente descrito.

RECIPIENTES PARA CONGELAR

Utilice un recipiente de acero inoxidable, con tapa de plástico, para acelerar el proceso de congelación. No use ningún otro metal; puede reaccionar con los ácidos del granizado.

Añadir alcohol

Es posible añadir alcohol en pequeñas cantidades a los helados, sorbetes y granizados. No sea demasiado generoso, ya que la temperatura de congelación del alcohol es más baja que la de otros líquidos y, si hay demasiado, puede impedir el proceso de congelación.

1

2

GELATINAS Y *MOUSSES*

Las gelatinas y las *mousses* llevan gelatina para que cuajen. La gelatina se puede adquirir en forma de láminas o en polvo (*véase* pág. 238). La cantidad empleada es esencial para el éxito del postre. Si lleva poca, el postre no cuaja, y si lleva en exceso, queda demasiado sólido, gomoso y poco apetecible. Cuanto más tiempo transcurra, más firmeza adquirirá el postre.

ELABORACIÓN DE UNA GELATINA DE FRUTAS BLANDAS

Para 6 raciones

9 hojas de gelatina o 1 cucharada de gelatina en polvo
1 kg de frutas frescas de verano variadas, como fresas, frambuesas, grosellas negras, grosellas rojas y zarzamoras
250 ml de agua
2 cucharadas de zumo de limón
275 g de azúcar blanquilla

1 Prepare la gelatina de su elección (*véase* pág. 238). Déjela en remojo mientras prepara las frutas. Ponga las frutas en un cazo y corte las fresas por la mitad si son grandes. (No se moleste en retirar las semillas ni los tallos de las frutas, ya que se pasan por el tamiz una vez cocidas.) Añada la medida de agua, el zumo de limón y el azúcar. Llévelo a ebullición, baje el fuego y deje cocer suavemente de 6 a 8 minutos, hasta que las frutas estén muy blandas y casi deshechas. Vierta la mezcla de fruta en un cuenco a través de un tamiz grande. Aplaste la mezcla con el dorso de una cuchara para extraer todo el zumo. Deseche la pulpa.

2 Añada las hojas de gelatina remojadas o la mezcla esponjada al jugo caliente. Remueva hasta que se haya disuelto. Déjelo enfriar hasta que empiece a espesar.

3 Enjuague un molde de acero inoxidable, de cristal o de plástico de 1,2 litros o 6 moldes individuales de 200 ml. Deje reposar los moldes pequeños en el frigorífico durante 6 horas, o durante toda la noche si utiliza un molde grande, hasta que adquiera consistencia.

1

2

3

USAR GELATINA EN LÁMINAS

Es el mejor tipo de gelatina, ya que tarda más en cuajar que la gelatina en polvo y, por tanto, le cuesta más tornarse gomosa. Además, es más fácil de usar porque no forma grumos. El tamaño de las láminas varía según las marcas, pero en general basta con 25 g de gelatina en láminas para 1,2 litros de líquido.

Sumerja las láminas de gelatina en agua fría y déjelas en remojo durante 10 minutos, hasta que se reblandezcan. Sáquelas del agua y escúrralas bien. Las láminas reblandecidas de gelatina se pueden mezclar directamente en un puré o líquido caliente (*véase* paso 2, pág. 237), removiendo hasta que la gelatina se haya disuelto. En las recetas en las que sólo se calienta una pequeña cantidad de líquido, como una *mousse*, las láminas de gelatina se pueden ablandar en el líquido y romperlas si es necesario. Una vez ablandadas, coloque el cuenco sobre un cazo con agua apenas agitándose y déjelo hasta que la gelatina se haya disuelto (*véanse* pasos 1 y 3, pág. 239).

USAR GELATINA EN POLVO

Utilice 3 cucharaditas para 600 ml de líquido. Espolvoree la gelatina sobre 3 cucharadas de agua fría en un cuenco pequeño y deje reposar durante 5 minutos, hasta que aumente de volumen y se vuelva esponjosa. Entonces se puede añadir a un puré o líquido caliente, como en la gelatina en láminas. Remueva con suavidad, hasta que la gelatina se haya disuelto del todo antes de añadir el resto de los ingredientes. En las recetas en las que sólo se calienta una pequeña cantidad de líquido, como una *mousse*, coloque el cuenco con la gelatina esponjada sobre un cazo con agua apenas agitándose y déjelo hasta que la gelatina se haya disuelto y el líquido adquiera la consistencia de un almíbar.

GELIFICANTE VEGETAL

La gelatina se extrae de las partes gelatinosas de algunos animales, como las manitas de cerdo. El agar-agar, que se extrae de ciertas algas marinas, constituye una alternativa vegetal y se utiliza igual que la gelatina en polvo.

DESMOLDAR GELATINAS

Desmolde los postres de gelatina justo antes de servir para que no pierdan la forma. Llene hasta la mitad un cuenco más grande que el molde con agua muy caliente. Sumerja el molde durante unos instantes en el agua, retírelo y coloque el plato de servir sobre la base invertida. Vuelque el molde y el plato y sacúdalos con suavidad hasta que oiga cómo la gelatina se desliza en el plato. Levante el molde con cuidado. Si la gelatina se resiste a separarse del molde, vuelva a sumergirlo en el agua caliente.

En general, los moldes de metal son más fáciles de usar, ya que conducen mejor el calor y basta con sumergirlos de 2 a 3 segundos. Los moldes cerámicos o de vidrio más gruesos tardan un poco más. Vaya con cuidado, porque la gelatina se derrite si se deja demasiado tiempo en el agua. Es mejor sumergir el molde varias veces durante poco tiempo.

Un método más prudente de desmoldar las gelatinas consiste en volcar el molde con la gelatina sobre un plato y cubrirlo con un paño muy caliente, presionando firmemente alrededor del molde. Al final, la gelatina se desprende de él.

FRUTAS SUSPENDIDAS EN GELATINA

Si quiere que su gelatina tenga alguna fruta blanda o uvas dentro, vierta un poco de gelatina en los vasos y reparta las frutas por encima cuando empiece a cuajar. Introdúzcala en el frigorífico hasta que cuaje antes de cubrirla con más gelatina. Repita el proceso en función de la cantidad de fruta que desee incorporar.

GELATINA INCLINADA

Una forma muy original de presentar la gelatina es servirla en copas formando una inclinación. El vacío que queda a un lado al poner las copas de pie se puede rellenar con crema batida o una gelatina de otro color que contraste. Incline las copas vacías dentro de un recipiente apoyando en su borde el de la copa y llénelas con la gelatina fría casi hasta arriba. Refrigere la gelatina hasta que haya cuajado antes de poner las copas de pie y rellenar el otro lado.

FRUTAS SUSPENDIDAS EN GELATINA

MOUSSES DE FRUTAS

La cantidad adecuada de gelatina en una *mousse* apenas tiene que amalgamarla y proporcionar una textura ligera y etérea. A veces, las *mousses* cuajadas con gelatina y no horneadas se denominan erróneamente suflés, sobre todo si se elaboran en un molde para suflé de paredes altas.

MOUSSE DE MARACUYÁ Y NARANJA

Para 6 raciones

el zumo de 2 naranjas
2 cucharadas de zumo de limón
8 maracuyás
2 huevos grandes a temperatura ambiente, separadas las claras de las yemas
3 yemas de huevo grandes a temperatura ambiente
100 g de azúcar blanquilla
10 hojas de gelatina en láminas o 1 cucharada de gelatina en polvo
300 ml de crema de leche espesa

1 Vierta los zumos de naranja y de limón en un cuenco refractario pequeño. Corte el maracuyá por la mitad y añada la pulpa en el cuenco aplastándola a través de un tamiz. Agregue la gelatina al cuenco. Trocee las láminas si fuese necesario o espolvoree la gelatina por encima si es en polvo. Déjela reposar durante 10 minutos.

2 Bata las yemas con 75 g del azúcar con una batidora de varillas o eléctrica de mano hasta que estén pálidas y cremosas.

3 Coloque el cuenco con el zumo de fruta y la gelatina remojada sobre un cazo con 3 cm de agua apenas agitándose. Déjelo hasta que la gelatina se haya disuelto. Tardará de 4 a 5 minutos.

4 Vierta la mezcla de zumo de fruta y gelatina sobre las yemas montadas, batiéndolo todo bien para que la gelatina se incorpore de forma homogénea. Espere a que se enfríe y empiece a espesarse.

3

4

5

6

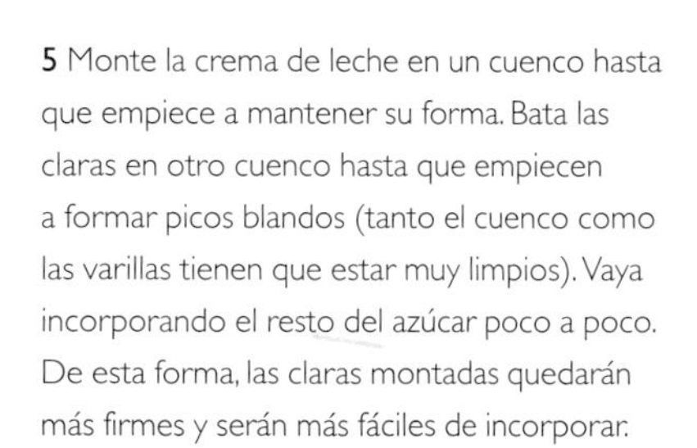
5 Monte la crema de leche en un cuenco hasta que empiece a mantener su forma. Bata las claras en otro cuenco hasta que empiecen a formar picos blandos (tanto el cuenco como las varillas tienen que estar muy limpios). Vaya incorporando el resto del azúcar poco a poco. De esta forma, las claras montadas quedarán más firmes y serán más fáciles de incorporar.

6 Agregue la crema batida y, a continuación, las claras montadas a la mezcla de fruta (*véase* pág. 149, técnica para incorporar) con la ayuda de una cuchara metálica grande o una espátula de goma. Vierta enseguida la mezcla en copas o tazas individuales y déjela reposar en el frigorífico durante al menos 3 horas antes de servir.

1
2
3
4

PÚDINES AL VAPOR

Este tipo de púdines se elabora tradicionalmente en moldes especiales grandes y se cuece al vapor sobre los fogones durante horas, bien en una cacerola grande bien en una cacerola doble (*véase* pág. 10). Los púdines individuales modernos se pueden cocer en el horno al baño María (*véase* pág. 10).

5

PÚDINES DE CARAMELO INDIVIDUALES

Para 8 raciones

175 g de dátiles deshuesados y picados gruesos
150 ml de agua
125 g de mantequilla ablandada, más un poco para engrasar
100 g de azúcar mascabado
2 cucharaditas de extracto o pasta de vainilla
3 huevos
175 g de harina con levadura
1 cucharadita de levadura en polvo
salsa de caramelo cremosa (*véase* pág. 39) y nata o helado de vainilla para servir

1 Unte con mantequilla 8 moldes metálicos individuales y forre las bases con círculos de papel sulfurizado. Ponga los dátiles en una sartén con el agua. Llévelo a ebullición, baje el fuego y déjelos cocer a fuego lento durante unos 6 u 8 minutos, hasta que estén blandos y un poco deshechos. Retírelos del fuego y déjelos enfriar.

2 Ponga la mantequilla, el azúcar, el extracto o la pasta de vainilla, los huevos, la harina y la levadura en polvo en un cuenco y bátalo hasta que tenga una textura cremosa. Agréguele la mezcla de dátiles.

3 Reparta la mezcla entre los moldes ya preparados y colóquelos en una fuente de horno honda y grande. Llénela con agua caliente hasta una altura de 3 cm. Cubra la fuente con un trozo grande de papel de aluminio y doble los extremos sobre la fuente para atrapar el vapor. Hornee los púdines en el horno precalentado a 180 °C, durante unos 40 minutos. Levante con cuidado una de las esquinas del papel de aluminio para comprobar si los púdines están totalmente cocidos; debe notarlos firmes al tacto. Déjelos un poco más si hace falta.

4 Desmolde los púdines; para ello, suelte las paredes con el filo de un cuchillo y vuelque el molde sobre una fuente de servicio.

5 Rocíelos con abundante salsa cremosa de caramelo caliente (*véase* pág. 39) y sírvalos acompañados de nata o helado de vainilla.

PÚDINES AL VAPOR GRANDES

Los púdines grandes y esponjosos se elaboran siguiendo la técnica descrita antes. El pudin ya cocido se suele cubrir con un paño limpio para poder manejarlo (*véase* pág. 62). Otra opción consiste en cubrir el molde con papel sulfurizado y de aluminio, doblando los extremos debajo del reborde para asegurarlo. Realce un asa atando un trozo de cordel debajo el reborde y sujetando dos trozos largos de cordel a cada lado por la parte superior del molde.

PÚDINES AL VAPOR GRANDES

TRABAJAR EL AZÚCAR

El almíbar de azúcar, que se elabora poniendo a cocer azúcar y agua, desempeña un papel importantísimo en los postres y la pastelería. Admite diversos grados de cocción dependiendo del uso final que se le quiera dar. El almíbar utilizado para ensaladas de frutas, frutas cocidas y sorbetes tiene que cocerse muy poco y mantiene su transparencia. En cambio, para las salsas de caramelo y para decorar, hay que cocerlo hasta que está muy dorado. Para determinar la temperatura exacta se puede usar un termómetro para azúcar (*véase* pág. 12), aunque existen otras formas más sencillas de comprobar la temperatura.

1

2

ELABORACIÓN DEL ALMÍBAR DE AZÚCAR

1 Ponga 75 ml de agua en un cazo pequeño y añada 200 g de azúcar blanquilla. Caliéntelo a fuego lento, removiendo suavemente con una cuchara de madera hasta que el azúcar se haya disuelto del todo. Utilice un pincel húmedo para limpiar las paredes del cazo y evitar que se formen cristales de azúcar. Agregue una cucharada de glucosa líquida (opcional, *véanse* recomendaciones en la pág. siguiente). Suba el fuego y, si dispone de uno, fije un termómetro para azúcar en la pared del cazo. Cueza el almíbar hasta la temperatura necesaria (*véase* pág. siguiente).

2 Cuando el almíbar haya alcanzado la temperatura deseada, sumerja brevemente la base del cazo en un cuenco con agua muy fría para detener la cocción.

RECOMENDACIONES PARA LA ELABORACIÓN DE ALMÍBARES Y CARAMELO

Es fundamental que el azúcar se disuelva antes de que alcance el punto de ebullición, porque si no cristaliza, el almíbar se vuelve opaco y se solidifica. Añadir una cucharada de glucosa líquida al almíbar cuando el azúcar se ha disuelto ayuda a evitar la cristalización, pero no es imprescindible. Utilice un cazo de calidad y de base gruesa para que la cocción sea uniforme y resulte más difícil que el almíbar se queme. El azúcar se puede remover suavemente mientras se disuelve, pero nunca mientras está hirviendo. Preste atención al almíbar y nunca lo deje desatendido. Cuando empieza a tomar color se cuece muy deprisa. Cuando el azúcar se oscurece tanto que no se puede ver a través es que se ha quemado y tendrá un desagradable sabor amargo. Déjelo enfriar en el cazo y ablándelo calentándolo con un poco más de agua antes de desecharlo. Cuando ya tenga el caramelo a punto, deberá trabajar deprisa, porque empezará a solidificarse en el cazo. Si se endurece antes de que haya podido utilizarlo, caliéntelo a fuego muy suave para que recupere el estado líquido. Si lo recalienta demasiado seguirá cociéndose.

TEMPERATURAS DE EBULLICIÓN DEL AZÚCAR

	TEMPERATURA	CONSISTENCIA
ALMÍBAR	100 °C	El azúcar cubre suavemente el dorso de una cuchara metálica con una capa brillante.
HEBRA	105 °C	Enfríese el pulgar y el índice en agua helada. Tome un poco de almíbar con una cuchara y pellizque un poco entre el pulgar y el índice. Al separar los dedos se formará una hebra fina de almíbar que terminará por romperse.
BOLA BLANDA	118 °C	Vierta un poco de almíbar en un cuenco con agua helada. Tome el almíbar con los dedos; tiene que estar lo bastante blando para formar una bola al hacerlo rodar entre los dedos.
BOLA DURA	122 °C	Utilice la misma técnica que con la bola blanda. El almíbar tiene que formar una bola más dura, pero todavía flexible.
CARAMELO CLARO	155 °C	El almíbar ha adquirido color de caramelo pálido.
CARAMELO OSCURO	170 °C	El almíbar se ha convertido en un caramelo oscuro de color ámbar.

CARAMELO

Cuando el almíbar de azúcar alcanza el punto de caramelo, se puede utilizar para realizar fantásticas decoraciones para postres. También se puede quemar para cubrir una crema quemada con una capa caramelizada.

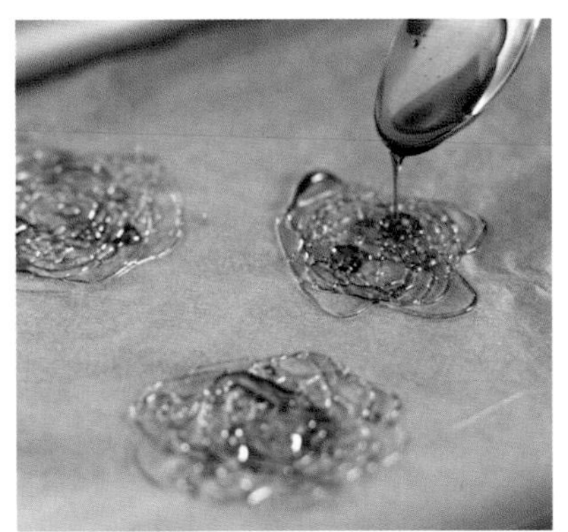

FIGURAS DE CARAMELO

CARAMELO LÍQUIDO

Hierva el almíbar a punto de caramelo claro (*véanse* págs. 242-243). Retírelo del fuego y déjelo reposar durante 2 minutos. Viértalo directamente por encima de los postres o utilícelo para preparar frutas caramelizadas y azúcar hilado para decorar merengues, helados, *mousses*, pasteles y postres cremosos.

Figuras de caramelo

Forre una placa de hornear con papel sulfurizado. Tome una cucharadita de caramelo líquido y deje caer unos hilos sobre el papel. Déjelos endurecer (alrededor de 10 minutos) antes de despegarlos con cuidado del papel. Se conservan hasta 3 días envueltos en *film* de plástico untado con un poco de aceite, siempre que no quede nada de aire dentro.

Frutas caramelizadas

Forre una placa con papel sulfurizado. Prepare unas broquetas de fruta con fresas, uvas, gajos de naranja y cuñas de manzana o pera en palitos de bambú y sumérjalas en el caramelo líquido, moviéndolas para que queden bien bañadas. Déjelas endurecer sobre el papel durante 10 minutos y retire los palitos para usar las frutas para decorar. También puede presentarlas en las broquetas de bambú. Sírvalas en el transcurso de una hora.

Azúcar hilado

Las creaciones de azúcar hilado más delicadas y vaporosas pueden tener tras de sí años de experiencia, pero esta versión simplificada es relativamente fácil.

1 Forre la superficie de trabajo con una cantidad generosa de papel sulfurizado y unte un rodillo con un poco de aceite. Sujete el rodillo con una mano y, con la otra, moje un par de tenedores en el caramelo líquido. Mueva rápidamente los tenedores de un lado a otro del rodillo para que el caramelo caiga formando hilos largos y finos, que se vuelven quebradizos enseguida. Retírelos del rodillo con cuidado y colóquelos sobre el papel.

2 Reúna un puñado de hilos y colóquelos encima del postre o el pastel como si fueran un nido (*véase* la Pavlova de la pág. 162). El azúcar también se puede hilar directamente sobre los postres. Tome el caramelo con 1 o 2 tenedores y enrolle las hebras alrededor del postre con movimientos rápidos. Moje los tenedores y vaya enrollando los hilos hasta envolver el postre. Déjelo reposar en un lugar fresco como máximo durante 2 horas, momento en que el caramelo empezará a reblandecerse. Si lo prepara con antelación, cúbralo con *film* de plástico untado con aceite.

1

2

NIDOS DE CARAMELO

Estos nidos se pueden usar como decoración sofisticada de postres, sorbetes, helados y *parfaits* elaborados en moldes pequeños. Vuelque varios moldes metálicos para púdines individuales o cuencos de tamaño similar y cubra cada uno con un trozo de *film* de plástico. Unte el *film* con muy poco aceite. Cueza un almíbar de azúcar a punto de caramelo claro (*véanse* págs. 242-243) y déjelo reposar durante 2 minutos. Con la ayuda de una cucharita, deje caer hilos de caramelo sobre los moldes cubiertos con *film*, moviendo la cucharita en zigzag en distintas direcciones hasta que el molde quede cubierto por una redecilla uniforme de caramelo. Déjelo reposar durante 10 minutos. Separe el *film* de plástico del molde con cuidado y retírelo. Los nidos de caramelo se pueden preparar con antelación y conservar sobre el *film* de plástico después de separarlos de los moldes, cubriendo la parte exterior con más *film* de plástico untado con un poco de aceite sin que se formen bolsas de aire. Una vez envueltos, se conservan de 1 a 2 días en un lugar fresco.

PRALINÉ

El praliné se utiliza para aromatizar helados, postres cremosos, pasteles y dulces. Se suele elaborar con almendras, aunque también puede llevar cualquier otro fruto seco. Una vez preparado se puede conservar en recipientes herméticos durante una semana como máximo. Pincele una placa de horno con un poco de aceite. Cueza el almíbar de azúcar a punto de caramelo claro (*véanse* págs. 242-243) y agréguele 150 g de almendras fileteadas. Remuévalo todo rápido, vuélquelo sobre la placa de hornear y extienda la mezcla en una capa fina. Déjelo reposar alrededor de 1 hora o hasta que haya cristalizado del todo. Rómpalo en trozos pequeños y tritúrelo en el robot.

NIDOS DE CARAMELO

PRALINÉ

CREMA QUEMADA

COBERTURA PARA LA CREMA QUEMADA

La crema quemada se puede quemar bajo el grill o con un soplete, lo que resulta algo más lento pero ofrece un mayor control. Espolvoree las cremas ya frías con una capa uniforme y generosa de azúcar blanquilla. Calcule aproximadamente 1 ½ cucharadas de azúcar por ramequín. Precaliente el grill del horno y no pierda de vista la crema mientras el azúcar empieza a burbujear y a dorarse. Puede que tenga que girar los moldes si el calor del grill no es uniforme. Si utiliza un soplete, mueva la llama sobre el azúcar hasta que empiece a formar burbujas y adquiera una tonalidad dorada intensa. Una superficie caramelizada de forma irregular resulta muy apetitosa, sobre todo si todavía queda algún resto de azúcar blanca.

CHOCOLATE

El chocolate es un ingrediente extraordinario para decorar: se puede derretir y aplicar con una manga o moldear o esculpir en la forma que se desee. El chocolate negro aporta un sabor a chocolate más genuino tanto en las recetas como en la decoración. Compre una buena marca que contenga entre 70 y 80% de sólidos de cacao. Encontrará esta información en el envoltorio. El chocolate con leche y el chocolate blanco también se emplean en repostería, sobre todo como contraste ornamental al chocolate negro, pero su sabor no es tan pronunciado.

DERRETIR CHOCOLATE

Rompa o trocee el chocolate en trocitos y póngalos en un cuenco refractario. Coloque el cuenco encima de un cazo con agua apenas agitándose. Compruebe que la base del cuenco no toca el agua, o bien utilice una cacerola doble (*véase* pág. 10). Cuando el chocolate empiece a derretirse, apague el fuego y déjelo reposar hasta que se haya derretido del todo. Remuévalo con suavidad para comprobar el progreso, ya que, a veces, el chocolate no pierde la forma de bloque aunque se haya derretido.

El chocolate también se puede derretir en el microondas (1 minuto a potencia media para 100 g) o en el horno al nivel más bajo, a poder ser con él apagado después de haberlo utilizado. El chocolate para pasteles y postres se puede derretir con otros ingredientes, como mantequilla, crema, licor u otros líquidos. En este caso tardará menos tiempo debido al mayor contenido en grasa y azúcar de los otros ingredientes.

GANACHE DE CHOCOLATE

Esta versátil mezcla de chocolate y crema de leche se utiliza para rellenar o cubrir pasteles y postres o, cuando está recién hecha, como salsa. Trocee 200 g de chocolate negro y póngalo en un cuenco. Lleve a ebullición en un cazo 150 ml de crema de leche espesa. Retírela del fuego y déjela enfriar durante 1 minuto. Vierta la crema por encima del chocolate y remueva la mezcla frecuentemente durante un par de minutos hasta que esté homogénea. Déjela enfriar por completo. La *ganache* se espesa al enfriarse y se puede extender con una paleta o aplicar con una manga.

USO DEL TERMÓMETRO PARA CHOCOLATE

Cuando se dejan enfriar los adornos de chocolate, a veces se forma una película o unas vetas blancas. Ello se debe a que el chocolate se ha calentado demasiado durante el derretido. Una forma de evitarlo es usar un termómetro para chocolate (*véase* pág. 12). Póngalo en el cuenco donde esté derritiéndose el chocolate y controle la temperatura. Cuando se haya derretido, el chocolate no debe superar los 50 °C.

GANACHE DE CHOCOLATE

TERMÓMETRO PARA CHOCOLATE

Evitar que el chocolate fundido se agarre

El chocolate es sensible al calor y no siempre se mezcla bien con otros ingredientes. Cuando se derrite chocolate para decorar es esencial que el vapor que se desprenda del cazo no caiga sobre el chocolate. Las gotitas de agua pueden hacer que solidifique o se agarre. Seque con un paño las gotas de condensación de la base del cuenco cuando vaya a volcar el chocolate sobre papel sulfurizado. El chocolate agarrado no se puede volver a derretir.

1

VIRUTAS GRANDES

PREPARAR VIRUTAS DE CHOCOLATE

1 Vierta chocolate negro, con leche o blanco derretido sobre una superficie fría. Lo mejor es una tabla de mármol, pero también se puede reemplazar por una tabla de plástico. Extienda el chocolate en una capa fina y mueva la superficie de un lado a otro para que el chocolate quede bien nivelado. Déjelo enfriar.

2 Cuando el chocolate se haya endurecido pero aún no esté quebradizo, deslice un cuchillo de filo fino en un ángulo de unos 45° y vaya desprendiendo virutas grandes de chocolate. Si la pastilla es demasiado quebradiza y se rompe, póngala en un lugar cálido durante unos cuantos minutos y vuelva a probar. Si está demasiado blanda, introdúzcala en el frigorífico durante unos minutos, pero no la deje demasiado tiempo. Las virutas ya hechas se pueden guardar en capas dentro de recipientes herméticos intercaladas entre hojas de papel de cocina y conservarse hasta 3 semanas en un lugar fresco.

2

VARIANTE

Preparar virutas grandes, siga el paso 1 descrito antes, pero extendienda una capa finísima de chocolate sobre la superficie fría. En cuanto se endurezca, pase una rasqueta (*véase* pág. 13) sobre el chocolate y obtendrá unas virutas gruesas. El tamaño de las virutas dependerá del ángulo con que sostenga la rasqueta, y la anchura de la rasqueta determinará la longitud de las virutas, que puede oscilar entre 5 y 10 cm.

APLICAR CHOCOLATE CON LA MANGA PASTELERA

El chocolate derretido se puede aplicar con una manga pastelera para crear cualquier forma que se desee, pero es mejor no hacerlas demasiado grandes ni delicadas porque son muy frágiles y se podrían romper al separarlas del papel. Derrita chocolate negro, con leche o blanco y póngalo en una manga pastelera de papel (*véase* pág. 13). Forre una placa con papel sulfurizado. Deje enfriar del todo las figuras antes de despegarlas con cuidado del papel.

Garabatos

Corte la punta del cucurucho de papel con unas tijeras y garabatee unas figuras como haría con un lápiz sobre el papel. Lo mismo se puede hacer, directamente sobre pasteles y postres.

Figuras realizadas con manga

Dibuje el contorno de figuras, como corazones o números, sobre el papel sulfurizado. El centro de las figuras se puede rellenar de chocolate para que tengan una base sólida. Utilice el mismo chocolate u otro que contraste. Llene las esquinas de chocolate con la punta de un palillo.

Virutas de tabletas de chocolate

Hacer virutas con chocolate negro, con leche o blanco es rápido y fácil, pero el chocolate tiene que estar a la temperatura óptima. Separe virutas de una tableta grande con la ayuda de un pelador. Si está demasiado frío, el chocolate se romperá en trocitos pequeños y tendrá que calentarlo en el microondas a media potencia unos 10 segundos. Pruebe de nuevo y, si es necesario, vuelva a introducirlo en el microondas unos segundos más.

GARABATOS

FIGURAS APLICADAS CON MANGA

MOLDEADO DEL CHOCOLATE

El chocolate moldeado en forma de cuenco, copa o cualquier otro recipiente se puede rellenar con *mousses*, postres cremosos, frutas, trufas de chocolate u otros dulces. Utilice chocolate negro, con leche o blanco.

1

2

COPAS DE CHOCOLATE

1 Forre una placa con papel sulfurizado. Corte una tira de acetato (*véase* pág. 13) de 23 x 6 cm para cada copa y enróllela dentro de un cortapastas o de un anillo metálico de 6 cm dispuesto sobre el papel. Fije los extremos superpuestos de la tira de acetato por la parte exterior con cinta adhesiva para evitar que se abra al retirar el molde metálico.

2 Ponga un poco de chocolate derretido dentro del anillo con una cuchara. Sujete el anillo con una mano y extienda el chocolate sobre las paredes con la ayuda de un pincel pequeño. Deje la parte superior con un acabado irregular. Retire el cortapastas y deje que el chocolate se endurezca antes de quitar el acetato con cuidado.

Lazos de chocolate

Corte varias tiras de acetato de 15 x 5 cm cada una y cúbralas con una capa de chocolate derretido; deje 5 mm sin pintar en las puntas. Doble los extremos uno sobre el otro y fíjelos con cinta adhesiva para mantenerlos en su sitio hasta que el chocolate se endurezca. Corte la cinta con cuidado y separe el acetato.

CORONAS DE CHOCOLATE

Las coronas de chocolate quedan muy bien alrededor de tartas y pasteles y también sirven para ocultar las imperfecciones.

1 Corte un trozo de acetato 1 cm mayor que la altura y la circunferencia del pastel. Cubra el acetato con chocolate derretido hasta los bordes y deje 1 cm sin cubrir en uno de los extremos. Déjelo reposar durante 2 minutos para que el chocolate no gotee pero tampoco empiece a estar duro.

2 Coloque la corona alrededor del pastel y sujete los extremos con cinta adhesiva de modo que el extremo sin cubrir quede encima del otro. Espere a que se endurezca antes de retirar el acetato con cuidado.

1

1

2

VASOS DE FANTASÍA

1 Corte un trozo de papel de aluminio resistente, dóblelo por la mitad y envuelva con él un cuenco pequeño puesto boca abajo. Aplánelo bien alrededor del cuenco para alisar la mayor cantidad de arrugas posible. Para obtener copas más pequeñas se pueden utilizar cítricos o recipientes pequeños. Retire el papel con cuidado asegurándose de que conserva la forma del molde. Si utiliza frutas como molde, presione suavemente la fruta envuelta en papel de aluminio para obtener una base plana.

2

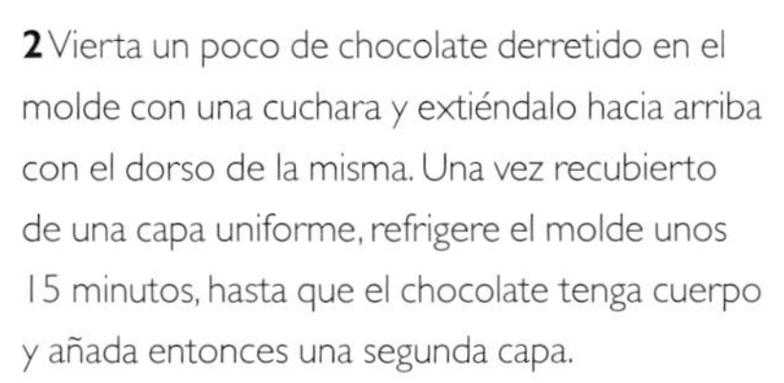

2 Vierta un poco de chocolate derretido en el molde con una cuchara y extiéndalo hacia arriba con el dorso de la misma. Una vez recubierto de una capa uniforme, refrigere el molde unos 15 minutos, hasta que el chocolate tenga cuerpo y añada entonces una segunda capa.

3 Déjelo en el frigorífico hasta que esté quebradizo y retire el papel de aluminio con cuidado. También se pueden hacer recipientes de chocolate todavía más pequeños con moldes de madalena, de *muffins* o de *petit-four*.

3

OTRAS TÉCNICAS CON CHOCOLATE

El chocolate es un ingrediente muy versátil y con él se pueden conseguir resultados impresionantes, tanto en las coberturas como en las figuras decorativas. El chocolate negro, con leche y blanco se puede combinar para conseguir un efecto decorativo.

MILHOJAS DE CHOCOLATE

FRUTAS BAÑADAS EN CHOCOLATE

HOJAS DE CHOCOLATE

MILHOJAS DE CHOCOLATE

Extienda una capa fina de chocolate derretido sobre una hoja de papel sulfurizado. Si lo desea, dibuje unas líneas encima con más chocolate derretido, de un color que contraste, y difumínelas. Espere a que se endurezca pero sin llegar a estar quebradizo. Córtelo en cuadrados de 7 cm y espere a que se endurezca del todo antes de retirar el papel. Utilice los rectángulos para ir separando capas de crema y chocolate, frutas, helado y frutos secos.

FRUTAS BAÑADAS EN CHOCOLATE

Para decorar pasteles y postres de chocolate, sumerja hasta la mitad las frutas enteras, por ejemplo, fresas, cerezas, uvas espinas y dátiles, en chocolate negro, con leche o blanco fundido. Escurra el chocolate sobrante dejando que gotee en el cuenco. Déjelas secar sobre el papel sulfurizado. Emplee la misma técnica para bañar frutos secos enteros, dulces de azúcar (*fudges*) o trufas. Un tenedor para bañar chocolate (*véase* pág. 9) resulta útil para bañar frutos secos enteros o trufas, ya que el chocolate gotea fácilmente sobre los dientes.

HOJAS DE CHOCOLATE

Las hojas comestibles firmes y flexibles, como las de laurel o rosal, son ideales para crear adornos con forma de hoja. Lave las hojas a conciencia y séquelas bien. Extienda el chocolate derretido sobre el dorso de las hojas pequeñas con un pincel o utilice una cucharita para extender el chocolate en las hojas más grandes. Espere a que adquiera cuerpo y retire con cuidado las hojas.

CHOCOLATE DIFUMINADO

1 Este efecto se puede conseguir con cualquier tipo de salsa de chocolate o chocolate derretido de colores que contrasten y es ideal para decorar la parte superior de pasteles y tartas o los platos de los postres de chocolate. Si utiliza chocolate derretido, añada un poco de crema de leche al fundirlo para que no se torne quebradizo al solidificarse. Extienda una capa fina de uno de los dos tipos de chocolate.

1

2

2 Ponga el otro tipo de chocolate en una manga pastelera de papel (*véase* pág. 13) y corte la punta del cucurucho. Trace varias líneas con una separación de 1,5 cm sobre el chocolate o dibuje una línea ondulada. Acto seguido, mezcle los chocolates con la punta de un palillo en distintos puntos a lo largo de la raya dibujada para difuminarla.

ÍNDICE